飯田芳也著

観光文化学

旅から観光へ

古今書院

口絵1　サンティアゴ・デ・コンポステーラ大聖堂（本文 29 頁参照）

口絵2　トマス・クック（1808 ～ 1892）（本文 98 頁参照）
（トマス・クック社資料室提供）

口絵 3　レオンのパラドール（スペイン国営ホテル）（本文 201 頁参照）
口絵 4　バリ島　ケチャ（本文 214 頁参照）（二井内優氏提供）

はじめに

近代観光の誕生時期についてはいくつかの説がある。一八世紀のグランドツアー（英国貴族の子弟の大陸教育旅行）が起源だという人もいれば、一九世紀半ばのトマス・クックの最初の団体旅行だと主張する人もいる。いずれにせよ、観光は近代文明の生んだ意外に新しい現象なのである。無論、それ以前に人間の歴史の原初から、様々な目的をもった旅や旅行が存在したことは知られている。

そして、近代観光が大発展を遂げるためには、グランドツアーの時代から、さらに二〇〇年を経て二〇世紀まで待たなければならなかった。二〇世紀後半五〇年の観光の拡大は過去に例を見ないものであった。全世界規模では、二〇二〇年には一六億人が国境を越えて国際旅行をすると予測されている。本来、個人の楽しみや趣味の対象である観光が、いつの間にか巨大な社会現象となったのである。そして、この人の流れがもたらす膨大な経済効果が注目されている。

しかし、観光は経済現象として重要であるだけではない。これほど、観光がすべての人にとって身近なものになった時代はなかった。我が国でも、二〇世紀前半までに生きた世代にとっては夢の世界であった海外旅行も、多くの人に可能なものになった。一九六四（昭和三九）年の海外旅行自由化とともに、おずおずと団体を組んで欧米諸国への旅行に出発した日本人も、今や世界中をひとりで気ままに歩きまわる時代になった。海外旅行の経験は、私たちの外国認識に新しい視界を与え、個人としてのライフスタイルに大きな刺激をもたらした。

観光は経済活動である以前に、私たちひとりひとりの生活の一部であり、喜びであり、生きがいである。その内容や形態に多少の違いはあるにせよ、どの地域にも、どの民族にも存在した現象であり、習慣である。つまり、観光行為そのものが、人間がつくりあげた貴重な文化なのである。

本書では、文化としての観光が私たちの生活や生き方にとってどういう意味を持っているのか、また社会全体ではどのように受け入れられているのかという基本的なテーマを考えるのが目的である。

そのために、本書の前半では旅や観光という現象が人間の歴史のはじまりから、どのような形で行われ、それが社会に与えた影響や時代ごとの評価など、過去の観光の姿をできる限り詳しく説明する。後半では、私たちが生きた二〇世紀における観光の特徴的な動きを、主要テーマ（個人旅行、海外旅行、リゾート、テーマパーク、イベントなど）ごとに紹介することにより、現代人が好み、求める観光の形を把握する。

現代の観光は、これまでのどの時代にもなかった程多彩で魅力的であるが、同時に、いくつかの問題も提起されており、それを克服しようとする試みもはじまっている。

最終章では、前世紀末から議論されている新しい観光の理念を紹介するとともに、現代社会において観光がどのように評価されているかを検証し、その状況の中で、私たちはこれから観光にどう向き合って行くべきかを考えたい。

この本を読んでくださるみなさんが、観光の基本構造についての理解を深め、生活文化としての観光の意義と重要性を一層深く認識していただくことを願ってやまない。

なお、書名は、私たちの暮らしの中での文化的現象である観光のあり方を学ぶという意味で、「観光文化学」とした。

目次

目次

第一章　旅の話

第一節　観光と文化

一　旅の原点

「はじめに」で、観光は文化であると述べたが、同時に、観光行動は多くの既存の文化と密接な接点をもつ。最初に、観光と文化の様々な関わりを整理しておきたい。

まず、一つの文章を紹介したい。人はなぜ旅に出るのかというテーマについては過去から様々な理論や解釈があるが、わかりやすい一例として、家島彦一の「イブン・バットゥータの世界大旅行」の「旅の原点は何か」の一部を引用する。

移動あるいは旅は、単純にいえば、体を動かして狭い自世界から外に出ることであるが、単に未知の境界（フロンティア）に向けての空間的移動を意味するだけでなく、政治・社会・文化・精神などの様々な境界（バリア）をまたいで越えることでもある。それによって人は、自分とは異なる価値観をもつ異質な世界と遭遇し、そして自と他とをつなぐための同化・異化の交信運動を開始することになる。

たとえば、移動を通じて、それまでの自世界と違った自然地理環境との出会いがあり、異質な民族・集団や文化に接し、また異なる宗教、価値観や世界観を持った人々がいることを知り、自と他との共通な部分と相違点を認識する。

自分との相違は、当然、そこで緊張と不安を自らに強いることであり、不安と期待が交錯するなかで、驚きや新奇さを体験し、ときには衝突・摩擦や対立を生じることもある。しかし一方では、自分と相通じる共通のものや共存の具体像を探って思索を深め、自己と他者との対話が試みられ、他を他として認めて識別する過程で、自己のアイデンティティーの模索が始まる。その意味において、旅による他者の発見は、同時に自己の発見であって、自己のアイデンティティーを確立する旅でもあるといえる。このアイデンティティーは、他を排除し自己を守るための固く偏狭な意識ではなく、他との会話・交流のなかで自己の独自性を確立することであり、相互の違いを認め合い、「与え、受け取る（ギブアンドテイク）」の交流関係のなかで確立されるものである。

ここで言われていることを、旅と文化との関わりの視点からとらえれば、旅の原点は、
（一）旅することは、異質の新しい文化に接することである
（二）異質の文化に接することによって自己をよりよく知ることができる
（三）異質の文化の価値を認め、相手から学ぶ柔軟な姿勢が大切である
と言えるのではないだろうか。

この文章は、一四世紀の大旅行家イブン・バットゥータ（一三〇四～一三六八）の旅行記を紹介する概説書の序章の一部である。モロッコのタンジール生まれのイスラム教徒であるバットゥータは二一歳から五〇歳までの三〇年間を、当時のイラク、トルコ、ロシア、中央アジア、アフガニスタン、インド、東南アジア、中国、イベリア半島、アフリカなどの五〇カ国を旅行し、一三五五年に旅行記を出版した。こうした旅にたいする一見厳しい姿勢は、バットゥータの旅にはふさわしいが、現代の我々が体験している気軽な観光旅行には当てはまらないという印象を抱くかもしれないが、すべての旅の本質的な原理は同じではないかと考えるので、この文章を紹介

した。

バットゥータは、ベネチア出身のマルコポーロ（一二五四〜一三二四）と並ぶ歴史上の大旅行家とされる。こうした大旅行家を駆り立てた並外れた旅への情熱や原動力はなんであったのか、旅の原点を考えるとき興味深いテーマである。

二　旅・旅行・観光〜観光の語源

次に、言葉を整理しておきたい。ほぼ同じような意味を持つ言葉として、旅、旅行、観光がある。自身の経験から言えば、私たちは、日常、厳密に三つの表現を区別するというより、自然にその都度最適と考える表現を使い分けているのが現実ではないだろうか。試しに、国語辞典二つの例を見る。

広辞苑　第五版　一九九八
旅：住む土地を離れて、一時他の土地へ行くこと。旅行。
　古くは必ずしも遠い土地へ行くことに限らず、住居を離れることすべて「たび」と言った。
旅行：徒歩または交通機関によって主に観光慰安などの目的で、他の土地へ行くこと。
観光：他の土地を視察すること。また、その風光などを見学すること。

新明解国語辞典　第六版　二〇〇五
旅：①差しあたっての用事ではないが、判で押したような毎日の生活の枠からある期間離れて、他の土地で非
　日常的な生活を送り迎えること。

②差しあたっての用事のために遠隔地に赴くこと。
旅行：普段生活しているところからしばらく離れて遠隔地へ赴くこと（多く交通機関を利用するものを指す）。
観光：日常の生活から離れて、普段接する機会のない土地の風景や名所などを見学すること。

三つの言葉に共通しているのは、日常生活から離れて他の土地へ行くことであり、その差はそれほど明確ではない。とくに、旅と旅行の差ははっきりしない。しかし、現実には我々はあまり悩むことなく、両者を使い分けている。個人的な印象を言えば、「旅」には、やや古いおおげさなイメージがあり、日常会話より、文章語として使われることが多い。

白幡洋三郎は、「旅行のススメ」のなかで、柳田国男の説を紹介して、「旅」は大きな動機や決意により行う辛い骨が折れるものであったのにたいして、「旅行」の目的は純粋に楽しみであり、両者には劃然たる違いがあるとしている。「旅」が記紀万葉時代からの歴史を受け継いだ言葉であるのにたいして、「旅行」は、大正末期頃に出現した明るく軽快なイメージをもつ「新文化」であったとしている。

伝統的な「旅」は芭蕉の旅、西行の旅のように、真剣に人生に向き合う姿勢によく例えられた。白幡によれば、「旅」が苦労や危険のない楽しい「旅行」になったのは、交通機関の発達や、宿泊施設の整備などの旅行インフラの充実が時代の背景にあったとしている。

時代の推移のなかで「旅行」が「旅」に比較して近代的概念であることは、上記二つの辞書でも交通機関を利用してとあることにもうかがわれる。第二次大戦後、半世紀続いた我が国のマスツーリズムの隆盛は、この新文化が進展し、実現した結果であり、旅行にたいする大衆の意識の転換は、戦前にすでに萌芽が見られたと理解することができる。

さて、次に「観光」であるが、使用頻度の高い言葉である。行政組織の名称として、観光庁、観光部や観光課がある。現在、全国に一〇〇以上の大学に観光学部や観光学科が存在する。ビジネスの世界でも観光産業への期待が大きい。印象としては、「旅」や「旅行」より、「観光」には、楽しみ・レジャーが目的であるとのニュアンスが強い。先の辞書二つでも「見学する」とされている。

しかし、語源を調べるとそうした語感はない。「観光」の語源については多くの著作や教科書で詳細に説明されているので、ここでは簡単にこの造語の誕生の経緯を述べておく。

沢木泰昭の労作『「観光丸」蒸気船から宇宙船へ』によれば、「観光」という言葉がはじめて使われたのは、明治維新前の幕末一八五六（安政三）年にオランダ政府が日本に寄贈した木造蒸気軍艦の船名としてであった。沢木の論考によれば、徳川幕府は、一八五四（安政元）年の日米和親条約調印の結果、洋式海軍創設のためにオランダ政府に軍艦建造の依頼をした。この時、長崎のオランダ商館長であったクルチウスがオランダ政府に進言して、幕府に軍艦一艘を寄贈することになった。オランダ語でスンビン号というこの軍艦は、新造船ではなく、すでにアジア地域で使われていたらしいが、日本が初めて手に入れた洋式軍艦であった。この船を「観光丸」と名づけた。

命名者は当時の長崎奉行で、幕末の漢学者としても一流であった永井尚志である。出典は中国周代の占いの本である「易経」である。原文は「観國之光 利用賓于王」であり、訓読では、「国の光を観《み》るは、用《もっ》て王に賓《ひん》たるに利《よろ》し」である。

この章句について大阪の易学者松井羅州の解釈として知られるのは、

観國之光と云う、これ他国に往て、某國の風俗を観て、某政教を知ることとなり。某國治れば、某徳化必ず風俗に見わるるものなり。故に、これを観て治乱を省み察することとなり。

としている。

さらにわかりやすい解釈として、岡本伸之が「観光と観光学」で紹介している今井宇三郎の説では、

「ここでいう、『國の光』とは、国王の人徳と善政により国が繁栄し、その国を訪れる人々にその国が光り輝いて見えることをいう。観光とは、その国の光を見ることである。」としている。国の光とは、風景・風光だけでなく、その国や地域全体の繁栄の姿、王の人徳、住民の生活などその国のすべての姿を意味すると理解したい。

「後段の部分は、王のもとにやってきた若者は、賢く徳があるために国王から賓客のもてなしを受け、その結果、国王を助けてその国のますますの繁栄のために貢献することになる。」

また、「観は上が下に『示す』、したがって下は上を仰ぎ見ることになる。つまり、観という文字は二義を持ち、上から下には『示す』、下から上には『見る』の意味になる。大正以前には、原義にあたる『示す』の意味で用いられた。」

したがって、近代国家としての開国を間近に、新生日本の存在を広く世界に示そうとする強い意欲を籠めた軍艦の命名であり、誇らしげに、自分の国の栄光を「示す」意図は、一種の国威発揚と考えていいのではないか。

沢木によれば、

この時代の「観光」は、高貴な響きを持つ晴れがましい言葉だった。漢学の心得があり、易経を学んだもののだけが理解できる言葉だった。

幕府がはじめて手にいれた本格的な軍艦である観光丸は、長崎の海軍伝習所の練習船として、一八七六（明治

九）年の廃船まで、幾多の人材を養成する役割を果たした。なお、現在、佐世保のテーマパークハウステンボスで、大村湾遊覧を行っている帆船観光丸は、軍艦観光丸を、オランダで復元・建造したものである。

観光という言葉は、こうした歴史的経緯のなかで、先人たちの、そして国としての強い希望を担う表現として誕生したが、転じて、現在の観光（ツーリズム）の意味で使われるようになったのは、その後、半世紀を経た大正末期から昭和のはじめであった。明治時代に、現在の観光を表す表現は「漫遊」、「遊覧」、「物見遊山」、「周遊」などであった。先の、『「観光丸」蒸気船から宇宙船へ』は、観光が旅行を意味する言葉として民間での使用例として左記を挙げている。

（一）一八六四（元治元）年、下野佐野藩が観光館という藩校を開設した。国の光を観ることによる国づくり・人づくりを目指したとされる。

（二）一九二三（大正一二）年、日系新聞社が、移民で成功、財をなした人々を対象に計画した訪日旅行は、「祖国観光団」であった。

（三）一九二八年（昭和三）年、東京日日・大坂日日新聞社が募集したアムステルダムオリンピック見学ツアーに二〇〇名が参加し、帰国後参加者は「欧州観光記」をまとめた。

そして、決定的な出来事として、一九三〇（昭和五）年に、政府が鉄道省に「国際観光局」を設置した。観光は、当初は外国人の日本旅行を示す表現であったが、その後、国内旅行や日本人の海外旅行まですべてを包含する表現となった。

「国の光を観る」とは、観光の核心をついた優れた表現だと思う。観光することとは、単に、珍しい風物や歴史記念物を見るにとどまらず、その地形、自然、社会環境、住民の日常生活にいたるすべてを観ることだと言える。国の光とは先に、「旅の原点」で見たように、その土地の総体的な文化であると考えれば、「国の光を観る」ことは、まさに、「異質の新しい文化に接する」ことである。

しかし、残念なことに、現在、「観光」という言葉は、その語源の意図した格調高い理念とは逆に、遊び・レジャーが目的であり、まじめにとり組む価値の低い軽い行為や行動と見なされる傾向がある。先に紹介した「旅行のススメ」の、人生論的な「旅」から、楽しさを率直に求める「旅行」への変化という構造に重ねて見れば、現在一般的に理解されている「観光」は、「旅行」より一層楽しみ・レジャーに重点をおいた印象が強い。それが強調され過ぎるのか、時には、観光行動そのものを敵視する姿勢や、文化や環境破壊の元凶としての観光性悪説にいたるまで多くの批判が見受けられる。

そのために、観光という優れた表現もやや手垢がついたものと見る向きが多いのは残念である。これには、日本人の遊びを軽く見る基本的な性向、観光を文化と認めない思想、観光の商業化への反感、観光旅行者の行動への反発、観光産業への批判など様々な理由が考えられるが、問題は観光という言葉ではなく、観光行動にたいする日本人と日本の社会の認識のあり方なのではないだろうか。

時代を追って、旅→旅行→観光という表現の歴史的推移の中に、旅の形の変遷を見ることができる。観光は、楽しみやレジャーを目的とすることが近代になって認知された一番新しい旅の形である。

本書では、観光を書名としたが、旅・旅行・観光の全体像を把握することが目的である。三つの言葉も現在、日常的に生きた表現として使われており、ときとして、三つの表現は同じ意味で使われることもある。以降の章でも、この三つの表現のうち、その都度最適と思われる言葉を使用することをおことわりしておきたい。

同時に、個々の旅行を精神修養の旅とかレジャー目的の観光とか、明確に区別するのは意外に難しいことを付け加えておきたい。現実の旅には様々な要素が混在している。中世の過酷な巡礼の旅でも、巡礼者が旅の途次で個人的な楽しみの観光をすることは珍しくなかった。現代の私たちも、一つの旅の移動のなかで、仕事をおこない、その合間に見学や観光をすることもある。

三　観光と文化の様々な関わり

観光と文化の関わりを見る前に、それでは文化とはなにかという問題であるが、ここでは、きわめて素直に、「文化とは、ある地域・集団・社会において作り出され、共有のものとして受け継がれてきた行動様式・生活様式の総体」（明鏡国語辞典）と理解する。文化は、一般には、文学とか音楽とかの芸術、あるいは学問研究などのイメージがまず思い浮かぶかもしれないが、文化というものはもっと広い基本的なものである。例えば、人が生まれたときから、亡くなる時までの様々な場面で行う儀式・行事・習慣、あるいは日常的な衣食住習慣など、要するにその地域や社会の人間の行動と生活のなかで、多くの人に共有されているものはすべて文化なのである。

旅をする喜びは、その国・地域固有の経済・政治状況、社会構造などの公的な環境を知ることであると同時に、そこに住む住民の日々の細かな生活行動様式への関心と興味なのである。先の「旅の原点」の文章に戻れば、異質の新しい文化とは、訪ねる国の、例えば、家の作り方、食べる物、家族の関係、友達づきあいなど、すべてが文化であり、それぞれの国や地域によって、これが異なるのを見ることが、旅することによる発見であり、喜びであるということだ。そして、先に述べたように、旅とか観光という現象も文化の一つである。

ここまでが、私の考える観光と文化の基本的な位置づけであるが、両者のかかわり方は、常に一定したものではなく、時代と環境により考え方も異なる。現代の観光学では、観光と文化のかかわり方を、「文化観光」と「観光文化」という二つの理念で考えるのが一般的である。

文化観光

大橋健一は、「観光と文化」で、この概念を次のように説明している。

文化的な動機に基づいた観光活動の形態を総称して「文化観光」という。具体的には、学習、芸術鑑賞、祝祭、遺跡訪問など既存の文化の鑑賞を目的とした旅行である。とくに、現代は、博物館、美術館、遺跡、歴史的建造物、祝祭などが観光の主要なアトラクションとなり、観光現象の中でも重要な地位を占めている。なお、この前提として、観光を観光対象（観光資源）により、自然資源を観ることが目的の「自然観光」と文化を観ることが目的である「文化観光」の二つに分類する考えがある。「文化観光」は、さらにその内容を、「歴史観光」と「エスニック・ツーリズム」に分類する学者もいる。また、ヨーロッパにおける巡礼が「文化観光」の起源だとする説もある。

そして、付け加えれば、現代は、「文化観光」が強く意識されている時代である。ここ半世紀の観光の大衆化と普及の時代を経て、現代の旅行者は、単純な物見遊山の観光では満足しなくなっている。旅行の目的を、明確に特定の分野の文化を体験し、深く理解することに定めている旅行者が増えている。

観光文化

それでは、文化は観光の対象としての位置づけだけでいいだろうか。「文化観光」とならんで、「観光文化」という考え方がある。既存の文化でなく、観光客・旅行者のために、新たに創出された文化で、具体的には、旅行者向けのパフォーマンス、イベント、観光施設、観光土産用の工芸品などを指す。「文化観光」が既存の文化を見る旅行であるのにたいして、こちらは、観光者が来ることを前提に新しく創り出した文化である。

わかりやすい例として、私は、草津湯もみショーを挙げたい。草津温泉には江戸時代から伝わる独自の入浴法時間湯がある。高温での温泉療法として、水を使わず板で湯をもみ、温度を下げて、湯長の号令で、全員が三分の入浴を行う。湯もみショーは、このために特別に作られた見学施設（熱の湯）で、旅行者が入場料を支払い、解説付きで時間湯を見学するというものである。

「観光文化」がなぜ必要であるのか。大橋は、地元の伝統文化を知らない旅行者にわかりやすく説明する意味、すなわち地元と旅行者のコミュニケーションを円滑にする手段であると述べている。当然ながら、「観光文化」は、まがいもの、贋物と捉える見方もあり、これは観光と伝統文化の接点に関する議論のテーマとなる。観光が既存の文化を見に行くだけでなく、観光を契機として新しい文化が作られ、これが文化として認められるところに面白さがある。

なお、言葉は同じであるが、本書の題名である観光文化学の「観光文化」は、「はじめに」で述べたように、より大きく観光全体を文化として捉えたもので、ここでの「観光文化」の上位概念と理解していただきたい。

模型文化

模型文化という言葉を最近よく聞く。大橋の「観光と文化」では、文化観光の提示の手段としているが、私はむしろ、「観光文化」のひとつと考える方がわかりやすいのではないかと思う。

大橋は、「模型文化」は、「本物をわかりやすいようにモデル化して再現した文化」であると説明している。模型文化の手法は、欧米における民族博物館などでの、過去の歴史の再現という作業の中で発展したものであるとされている。本物を並べているわけではない。言うならばすべて贋物なのだが、展示方法の工夫による判りやすさが特徴である。教育的な意味も大きい。とくに民族観光（エスニックツーリズム）の分野で民族文化の展示の手法として採用されることが多い。ディズニーランドのようなテーマパークも、一種の模型文化と考えていいのではないか。

大橋が模型文化の代表的な例として紹介しているのは、ハワイの「ポリネシア文化センター」（ＰＣＣ一九六三年創設）である。

マックス・スタントンの「ポリネシア文化センター」によれば、この施設は、オアフ島のワイキキから北方へ

写真 1-1　ポリネシア文化センター（杉孝氏提供）

六五キロ、車で一時間のライエにあるブリガム・ヤング大学に隣接している。同センターは、ポリネシア民族の伝承文化の保存、ブリガム・ヤング大学ハワイ校の留学生に対する奨学金授与と、同校の直接的財源補助を目的として、末日聖徒イエスキリスト教会（モルモン教会）が運営している。

センターのスタッフの多くがこの大学の学生や卒業生である。ポリネシアの島からやってきた学生たちが、ここで働きながら学ぶケースも多い。彼らは自らの文化を紹介する役割を果たす。

ＰＣＣは、ポリネシアの七地域（トンガ、タヒチ、マーケサス、フィジー、サモア、ニュージーランド、ハワイ）の文化展示施設、劇場、レストラン、売店などから構成されており、民族文化の展示は、建築、工芸品、儀礼や芸能のパフォーマンスによっておこなわれる。この施設の基本姿勢は、急速な近代化によって消失しつつある、あるいは消失してしまった生活様式を取り戻し、伝統芸術の形態とその技術を保存し、それらを観光客に提示するというものである。したがって施設の多くは現在のポリネシアではもう見られないものである。民族文化がいかに土着的で、伝統的であるかという真正性が重視されている。

訪問者は各村で、それぞれの文化についてスタッフから説明を受けたり、一緒に実演に加わる。布を織ったり、椰子の実を割ったり、フラダンスや、タヒティアンダンスを見たりする。質問に対して可能な限りの説明がなされる。自分たちの文化を展示することに熱意を持つスタッフと訪問者の交流は、楽しい経験になる（スタントン・西山一九九一）。

見学者はほぼ一日を過ごし、夕食後の民族音楽や舞踏のショーまで楽しむ。言うならば、ポリネシア文化のテーマパークである。ＰＣＣは、今やハワイを代表する観光施設として有名な存在である（写真１―１）。

模型文化は、模型を作ることにより、観光客に対応し、本来の文化資産に観光客が大量に入り込んだり、被害をもたらすことを避ける手段であるという見方もある。わかりやすい例として、フランス南西部のラスコー洞窟やスペイン北部のアルタミラ洞窟は、いずれも先史時代の壁画で有名だが、現在、両者とも、壁画の保存のために本物の見学は禁止している。その代わりに、旅行者用に、限りなく本物に近いとされる複製を展示するラスコー２やアルタミラ博物館が近くの場所に開業している。

観光芸術

さらに、大橋は、観光文化の一つとして、「観光芸術」を紹介している。「観光芸術」は、民族芸術を基礎としながら、様々な創意工夫を加えて、観光客向けに生み出された芸術である。訪問先での長時間にわたる舞踏、演劇、音楽の鑑賞が旅行者の限られた時間では難しい時に、クライマックス場面を短縮したパフォーマンスのダイジェスト化などが例である。これも、こうしたパフォーマンスにより、旅行者が完全ではないにしても伝統芸術を理解することに意義を認めるか、まがい物として文化の破壊と見なすか、論議が分かれるのは当然であろう。最近、流行のミュージアムショップで販売している、伝統デザインを現代風の用途に適用した装飾品やアクセサリーも観光芸術とみなすことができる。観光文化に関して議論となるのは、観光文化には常に商品化、ビジネス化がともなうことである。

四　ホスト・ゲスト論

ここで、二〇世紀観光学の新しい理念と言われる「ホスト・ゲスト論」を紹介しておきたい。これまでの観光の基本概念を大きく変えたとされる理念であり、これからの時代の観光を考える際の前提となるべき思想である。観光と文化の関わりを考える際にも、重要な意味を持つと思われる。

これまで、我々の観光への関わり方は、何よりもまず自らが観光する旅行者としての立場であった。観光を考える時、ほとんどの人は旅行者の視点に立つ。

旅行者は非日常世界における未知の文化を求めて旅に出る。旅行者にとって大事なことは、旅行先で何を見るかということである。旅行者が関心を持っているのは、現地の美しい自然や、歴史建造物、芸術などの文化である。しかし、旅行者が訪れる観光目的地（デスティネーション）には必ず住民がいて、好むと好まざるとに関わらず、旅行者と現地住民の接点が生まれる。旅行者自身は本来、観光地の住民には興味がない。しかし、現実には、人のまったく住んでいない観光地はほとんどない。観光地で旅行者が出会うのは、一般に考えるように、自然景観や歴史的記念物だけではなく、そこに住む人の要素があることがしばしば忘れられているが、実際には、旅行者が観光地にたいして抱くイメージには、そこで出会った人の印象が加わることが多い。これがいい面では、地元の人との接触が、旅のいい思い出になるが、悪くすると、地元の人の対応に嫌な印象を抱き、それがその土地への悪感情になったりする。一方、観光地の住民も旅行者との接触で、様々な感情を抱く。

これは、旅行者と住民が直接に出会う接点の場面であるが、考えてみれば、両者の直接の出会いの有無にかかわらず、旅行者と住民は様々な状況で直接的、間接的に相互に影響をおよぼす。例えば、観光客の行動が迷惑行為や自然破壊、悪くすると、観光公害になり、地元でネガティブな反応が起きる恐れがある。また、観光客が訪れることにより、経済活動が発生し、地元経済へ影響を与える要素もある。

ホスト・ゲスト論は、米国の人類学者バレーン・L・スミスが一九七七年に刊行した「ホスト・ゲスト論　観光の人類学」により提唱された。複数の人類学者が世界各地でホスト（Host：観光地住民）とゲスト（Guest：旅行者）の経済的、社会的、文化的な関わりを調査・研究した論文をまとめた著作である。それまで人類学者は観光客を嫌い、蔑視し回避していた。観光旅行者は地元にとってマイナスな存在であり、自分たちのやっている地域の伝統文化の研究を阻害するものであった。

そうしたなかで、スミスはじめて、ゲストとしての旅行者がホストとしての観光地住民に及ぼす影響の大きさに着目して、文化人類学の視点から理論的・実証的に考察した。具体的には、先進国の観光客が、途上国の住民にたいして示す優越的な態度や、地元民を経済的に搾取するといったマイナス面に着目して提唱した理論と言われている。

ホスト・ゲスト論は観光の概念を大きく変換したと言われる。即ち、

観光をゲストの余暇活動の一形態であるとする概念から、ホストとゲストの相互の共同作用から形成される概念に意味を広げた（安村一九九八）。

観光は、旅行者が自分の好きなように、勝手に行う行動ではなく、そこに必然的に住民の意向が反映する現象と考えるのである。

ただし、この概念では、ホストとゲストだけを中核として捉えていたが、ニュージーランドの観光研究者リーパーが、これを更に拡大させ、観光者送り出し地域（ゲスト）と観光地受入れ地域（ホスト）を結ぶ仲介役（ブローカー）としての観光産業を加え、ゲスト、ホストとブローカーの三者が形成する観光システムという概念を

提案した（安村二〇〇一）。

これ以降、観光人類学は文化人類学の中で一定の地位を確保したと言われる。

後に述べるように、二〇世紀末から、観光旅行者の観光地住民にたいする基本姿勢について、「責任ある観光」、「持続可能な観光」などが提唱されることになるが、ホスト・ゲスト論は、観光におけるホストの存在を指摘したことで、こうした動きの前提となる理論と見ることができる。

先に述べた、観光の語源にも図らずもこの思想が見られる。つまり、「主人は客に地域固有の文化を誇らかに示し、一方、客人はそれを仰ぎ見て学ぶ」という観光の理想的な姿は、「国の光を観る」という観光の語源に明らかであった。これまでは、とかく、旅行する観光者が楽しむという一面だけで捉えられてきた観光の問題を、とくに文化とか交流の視点から見るとき、旅行者と受け入れ地の住民、観光する側のゲストと観光される側のホストの、二面性で考えることが基本的な姿勢となる。

もう一点指摘しておきたいのは、人はその立場によって、ホストにも、ゲストにもなるということである。私が旅行をするときは旅行者としてのゲストであるが、同じ私が観光地の住民である場合は、ホストの立場になる。観光地に住んでいなければ関係ないというかも知れないが、現代では都市観光という概念が言われ、町や都市全体が観光地であるという考え方もある。そういう意味では、大きく捉えれば、私たちは知らない間に、ホストになっているのである。

第二章　旅の時代

第一節　観光の起源

一　古代における観光

楽しみのための旅行という近代的な観光が誕生したのは一九世紀半ばであり、それがマスツーリズムの形で普及し、社会的に認知されたのは二〇世紀後半であったというのが、現在の観光研究における有力な説である。しかし、広い意味での人間の観光行動そのものは、遙かに遠い歴史の黎明期から存在したと考えられる。「観光の歴史」は、交通史学者新城常三の旅の形態の三つの分類を紹介している。

（一）内部的強制の旅（宗教や交易・商用の旅）
（二）外部的強制の旅（使役や軍事の旅）
（三）自ら好んでする旅

の三つであり、歴史の原初においては、ほとんどの旅が上記（一）と（二）の範疇であり、時代の推移とともに、その比重が（一）→（二）→（三）に移り変わったという説である（安村二〇〇一）。

ここでは、旅行の主流ではなかったが、古代においても行われていた楽しみのための旅（すなわち観光）の例を挙げたい。

歴史上遡ることのできる観光のもっとも古い姿は、バビロニアやエジプトに見られると言われている。英国の観光の入門教科書とも言うべきホロウェイ（J. C. Holloway）の「The Business of Tourism」が、こうした古代世界における観光の姿を伝えている。

バビロンの古代歴史博物館

紀元前六世紀に、バビロンでは、古代歴史記念物博物館が開かれた。バビロンは古代バビロニア王国（紀元前二〇〇〇年成立）の都で、聖書では逸楽と悪徳の都と言われた。古代バビロニアに、その時代の人々にとっての古代の記念博物館が存在した。

エジプトの宗教祝祭

エジプト（紀元前三〇〇〇年に統一国家）では、宗教上の祝祭が多く開かれ、これに信者だけが参加したのでなく、多くの観光客が見物にやってきた。こうした訪問者にたいしてあらゆる種類のサービスが提供された。食べ物や飲み物を売る店、土産品売り、観光案内人、客引き、売春婦などはこの時代から存在していた。この初期の観光客は、自分たちの訪問を記録に残そうと落書きをした。紀元前二千年の落書きがエジプトで発見された。

古代ギリシャの観光

紀元前三世紀からは、ギリシャ人が神々の神殿を訪れるための旅行をした。当時のギリシャは独立国家が散在しており、これらの都市を結ぶ道路を作るような統一的な政府はなかったから、彼らは多くの場合、船で移動した。同時に物流も海路によったので、海港が栄えることになった。ギリシャ人は優れた航海の技術を持っていたと伝えられ、地中海とインド洋を結ぶ航路を発見して、東と西の世界を結びつけたのも、ギリシャの船乗りと言われている。当時の船は人間が漕ぐことと風に頼っていた。インド洋で夏に南西に、冬は反対に北東の方向に吹く貿易風を発見したのもギリシャ人だと言われている。

ギリシャ人が宗教上の祝祭を訪れる目的は、宗教的なものから、次第に楽しみの追求、特にスポーツを楽しむことが中心になった。ゼウス神を祭る競技会であった古代オリンピックは紀元前七七六年に開始されている。紀元前五世紀までに、アテネは、パルテノン神殿などの有名な建築を見に来る人々の重要な観光地になっていた。そして主要な都市や港に、旅行者目当ての宿屋が建築された。当時の宿屋は、質素な施設で、部屋には暖房もなく、窓もトイレットもなかった。僅かな楽しみは、歌や踊りや会話、およびセックスで旅行者を楽しませる高級売春婦（世界最古の職業と言われる）の存在であった。

この時代の旅について我々が知っていることの多くは、紀元前四八四〜四二四に生きたヘロドトスの著作による。彼は高名な歴史家であり、歴史上最初のトラベルライターであると言われている。彼が当時すでに、観光ガイドがいたことを伝えている。ガイドは質も、その情報の正確さでも千差万別であった。ギザのピラミッドは、地上の高さと同じだけ地中に埋もれているとか、石像に使われた大理石は直視すると目が悪くなるという類いのほら話をガイドはした。紀元前一世紀のギリシャの哲学者プルタルコスは、ガイドが墓碑銘の碑文の解説を長々として、旅行者が短くしてくれと懇請しても、言うことを聞かなかったという記録を残している。アテネ、スパルタ、トロイなどの観光地についてのガイドブックも、紀元前四世紀に登場した。旅行者を道路脇の宿屋へ誘導する看板もすでにこの時代にあった。

これらの情報から、古代における観光の様子が推察できるが、我々がここで注目するべきことは、

（一）宗教的な祝祭が、本来の宗教目的以外の楽しみのための旅行の機会になっていた。先の分類での内部的強制の旅が、事実上、自ら好んで行う旅になっていたのではないか。つまり、建前は宗教的な礼拝であり、その裏に世俗的な楽しみが隠れていた。

（二）観光客が集まるところに、自然発生的に、これを対象とした飲食店や土産店などの観光関連ビジネスがあった。観光とビジネスの結びつきは古代からのものであった。

古代から観光行動は、建前と本音を使いわける側面があり、これはその後の長い歴史を通じて、現代まで変わっていないといったら言い過ぎだろうか。観光は当初から、ややうさんくさい、よく言えば、きわめて人間的な現象であった。

二　ローマ帝国の観光の隆盛

古代世界で、国際的な旅行が盛んになるのはローマ時代である。ローマ帝国は紀元前六〇〇年くらいに共和制が成立して、西ローマ帝国が四七六年に滅亡するまで、ほぼ一〇〇〇年の繁栄を謳歌した。英国からシリアまで、国境は存在せず、現在の西ヨーロッパのほぼ全域とイベリア半島、アフリカの一部、中近東までの広大な領土をもつ大帝国であった。

旅行インフラの整備

ローマ時代に旅行が盛んにおこなわれたのは、旅行に必要な社会基盤が整備されていたからだといわれる。ここで言う旅行インフラは四点挙げられる（Holloway 2002）。

第一には街道である。建築の天才であったローマ人は、上水道、下水道、大衆浴場を建設したが、観光にとって最重要なのは、街道である。帝国内に「すべての道はローマに通ず」と言われるほどの、道路ネットワークが建設された。

第二は、帝国内の治安・安全である。蛮族の侵入を防ぐ国境線は強大なローマ軍兵士が守り、国内も、ローマ軍と警察網のお陰で、街道の途中で追いはぎや泥棒に襲われる恐怖なしに旅行ができた。地中海もローマ軍が制圧しており海上交通も安全であった。

第三には、統一通貨の存在で、ローマの硬貨は帝国内で通用した。外国貨幣への交換の手間が不要であった。第四には、共通言語として帝国内でラテン語が使われた。

道路網については、塩野七生の「すべての道はローマに通ず」によれば、紀元前三世紀から紀元後二世紀までの五〇〇年間にローマ人が築いた道路網は幹線（敷石舗装）八万キロ、支線（砂利舗装）を含めると一五万キロにおよぶ。ローマ軍団の迅速な移動を可能にすることが最大の目的であり、国家予算で軍隊自身が建設にあたった。幹線道路は、道幅四メートルの両側にそれぞれ三メートルの歩道があり、道路両脇に排水溝が設けられた。道路の深さは一〜一・五メートルで、砂利、小石、大石など四層が積み重ねられた。道路ネットワークの巨大さと同時に、道路自体の質の高さが際立っていた。軍隊移動の他に、人と物産の流通を飛躍的に増大させ、観光行動を促進したことは想像に難くない。「人間がローマ街道を行く速度を上まわる速さで目的地に到達できるようになったのは、一九世紀半ばからの鉄道の普及によってである」とまで言われている。

様々な観光

ローマ時代の観光の盛んな様子については、多くの記録が残っている（Holloway 2002）。

（一）ローマ人は、シチリア、ギリシャ、ロードス、トロイ、エジプトまで旅行した。そして、紀元三世紀には聖地パレスティナまで行くようになった。後の時代に盛んになる聖地巡礼の旅がはじまった。

（二）ローマ人もガイドブックを作成した。ホテルをリストアップして、等級を表す現代のミシュランのようなシンボルマークを考案した。

（三）現代にも通じるような旅行者を管理する制度もあった。海港からの出国には有料の許可証が必要であり、外国で購入した土産品は、税関で申告して輸入税の支払いが求められた。

（四）すでに観光のもたらす負の効果もあった。ギリシャを訪れたローマの旅行者に、ギリシャの有名な彫刻家の作と称してにせものの彫像が売りつけられた。当時のローマの作家たちが書いた本のなかで、アテネはいかさま師の町だと非難している。

（五）行政官や軍人がローマ帝国の各地に赴任することから、友人や親戚が赴任地を訪ねる旅行をするようになった。

（六）ローマ帝国の中心部での国内旅行も盛んになった。富裕な人々は、春の社交シーズンのために、ローマの郊外にセカンドハウス（別荘）を建築した。リゾートの概念がすでにここに出現している。ファッショナブルなリゾートは、ナポリ湾周辺だった。すでに、リゾートごとのマーケットセグメンテーションがあった。ナポリは退職者と知的階級、クリマエはまじめな旅行者向き、バイアエは海浜リゾートと同時に温泉があり、より下層の旅行者を惹きつけたが、騒がしく、酔っ払いが多い、夜通しうるさいなどとすでに、リゾート地の格付けがされていた。

（七）富裕階級の人々がクルーズ船を楽しんだことも最近判明した。二〇〇〇年に、シチリア沖で、一五〇フィートの地中海沿岸を巡る航海が可能な客船が発見された。船にはスイートルームとラウンジの施設があった。

ローマ帝国というとはるか昔のことで現代人には縁がないと思いがちだが、ヨーロッパを旅行すると、未だに多くの場所で、ローマ時代の遺跡に出会う。欧州にある温泉地はほとんどすべてローマの軍団が開発したといわれているし、円形競技場や闘技場も各地で見られる。ヨーロッパ観光のなかでは、ローマはいまだに、身近な存在である。

ローマから遠く離れた辺境の地にもローマの面影は多く残る。英国のハドリアヌスの防壁(Hadrian's Wall)は、アイリッシュ海峡と北海を結ぶ一一七キロに建設されたほぼ現在のイングランドとスコットランドを分ける国境線にある城壁である。紀元後一二二年に、ローマのハドリアヌス皇帝が、ここを訪れ蛮族の侵入を防ぐ目的で防壁を造らせた。ローマ軍の最北端の防衛線である。
石造の防壁は高さが外側が六～一〇メートル、内側が四～六メートル、壁の幅三メートル、内と外に広い塹壕があり、さらに高さ三メートル、幅六メートルの防壁に沿う土塁という構造である。一・五キロメートル毎に要塞、五〇〇メートル毎に監視塔があった（塩野二〇〇六）（写真２―１）。

写真 2-1　ハドリアヌスの防壁遺跡（鈴木泰夫氏提供）

この辺境の地の守りのために、広大なローマ帝国の各地から大勢の兵士が徴用された。現在のチェコやハンガリーなど中部ヨーロッパの兵士も多くここまでやってきて軍務についていたらしい。ローマ崩壊後、この防壁も、付近の農民が家の建材として壁の石を持ち去ったりして、今は部分的にしか残っていない。現代の旅行者は、往事の面影もない崩れ落ちた壁を眺めて、鄙びた田園風景の中に、ローマ帝国の栄華の一端を偲び、故郷から遠く離れて異境の国境警備にあたった兵士たちの心情を思いやるのである。

こうしたローマ帝国の繁栄を表現する言葉にパクス・ロマーナ（Pax Romana ローマによる平和）がある。ここで言う平和は三つの意味があるといわれている。即ち、第一には国境外の敵から帝国民が守られていること（国境線にローマの軍団の主力が置かれていた）、第二は、多民族国家ローマの帝国内の内部紛争を抑えていること（政治的に安定していた）、そして第三に、帝国内の治安であった。

この時代のローマ帝国全域を網羅した旅行インフラは、その後のヨーロッパには存在せず、二千年後の、現代の欧州連合（ＥＵ）の成立まで待たなければならなかった。ローマの観光インフラを現代のＥＵの政策と比較すると面白い。先に述べた四点のうち、二つについては、ＥＵは実現に一定の成果を上げている。すなわち、移動手段としてのローマの街道は、ＥＵのおこなっている航空路やバス運行の自由化、国際列車の運行などによって、ある程度の再現が図られていると見ることができる。また、ＥＵ内の多くの国で、統一通貨ユーロが導入され、観光旅行者の負担を軽減した。しかし、治安の安定については、ＥＵ主要観光大都市でのテロの発生や旅行者の安全が不安視される治安状況を見れば、パクス・ロマーナに遙かに及ばないと言わざるを得ない　最後の共通言語は、ＥＵ自体に、各国の文化そのものである言語を統一する思想はない。

長期的にＥＵの努力が成果を挙げ、ローマ時代に匹敵する観光環境が整備され、制約や不安なしに、ヨーロッパを自由に観光できる時代を望むのはすべての旅行者の共通の願いではないか。

しかし、ローマ帝国での旅行の隆盛は、現代の我々とは異なり、大量の奴隷が生産活動を支えていた社会構造のなかで、すべての人が享受できたものではなかったことを忘れてはならない。

第二節　中世の旅〜聖地巡礼の時代

一　中世の旅

西洋での中世とは、一般的には、五世紀の西ローマ帝国滅亡後、ルネサンス（一四〜一六世紀）までをいう。大雑把に言って、約一千年という長い時代である。ローマ帝国が崩壊して、西洋中世ではゲルマンの大移動以降、いわゆる中世の暗黒時代がはじまる。統一大帝国が消滅し、地域ごとに多くの国が存在して「ローマの平和」は去り、旅は危険で困難で、楽しみの少ないものになった。

旅は何よりもまず苦しみであった。道は悪く、でこぼこした泥と埃であり、森には狼と追剥が待ち構えていた。一人旅は可能な限り避け、商人も巡礼も集団で防衛しながら陸路や水路を旅したのである。一人旅と見れば、領主役人ですら強盗に早変わりし、衣類金品から生命までも奪い取って、死体を隠しそしらぬ顔という有様であった（木村一九九一）。

なによりも、道路網が破壊されたことは旅行にとっての影響が大きかった。ローマ帝国崩壊後は、道路も壊れるままに放置された。道路の質そのものが低下したが、同時に、中央集権国家が消滅したので、道路の管理はそれぞれの領地の領主に任され、道路網という思想がなくなった。一六世紀頃にフランスなどで国内経済振興のための道路網整備がくわだてられたが、これもフランス国内に限っての話であった。現在の欧州連合でも道路は原則として各国の問題であり、ローマ時代のような完全な道路網に比べればずっと劣るのではないか。この時代の観光の特徴については、以下四点に集約される（Holloway 2002）。

居住地に近い観光

楽しみを目的とする観光は居住地に近いところで行われることになった。大衆の生活の中で、宗教的な祝祭は相変わらず重要な存在であった。宗教が大衆のレジャーの枠組みを提供した。多くの人々にとって、こうした祝祭へ出かけることは、辛い日常からの一時的な開放であった。宗教的なこうした祭りは現代より多いくらいであった。

巡礼の旅

四世紀末にローマの国教となったキリスト教は、中世期を通じて勢力を拡大して、政治的・経済的にも大きな力を持った。庶民の生活のすべてを教会が支配した時代であった。中世時代のもっとも特徴的な旅は、信仰に支えられた聖地へ向かう巡礼であった。多くの人々が、道中の身の危険も顧みず、徒歩で苦しい長い旅に出かけた。

十字軍

観光とは直接関係ないが、多くの人々が移動したという意味では、一一世紀末から一三世紀にかけての二〇〇年の間に八回にわたっておこなわれた十字軍がある。十字軍の目指したのは、建前としては、キリスト教の聖地イェルサレムへ向かう巡礼者を保護するために、聖地をイスラム教徒から奪還することであった。陸路、海路とも、西ヨーロッパから遠隔の地である聖地パレスティナまで多くの軍勢が移動した。世界史的には、キリスト教とイスラムの最初の衝突であり、戦いの帰趨は別にして、文化的には大きな交流の機会となった。

商人・吟遊詩人・学生の旅

中世期にも、数は少ないが、長い旅をする人々は巡礼と十字軍以外にも存在した。例えば、商人は新しい商品やビジネスを求めて外国へ出かけた。また、宮廷から宮廷へと放浪の旅を続ける吟遊詩人（ミンストレル、トルバドゥールなど）もいた。各国の大学で教え、学ぶために移動する学者や学生も多く見られた。

こうしてみると中世の旅は、いずれも何らかの必要性に喚起されての、目的を持った旅であり、純粋に喜びのための旅は少なかった。先に述べた分類を適用すれば、内部的強制の旅と外部的強制の旅が主力であった。旅人にとっては幸せな時代とは言えない。しかし様々な困難にもかかわらず、多くの人が巡礼にでかけた。巡礼は、西洋中世のもっとも盛んに行われた旅の形であると同時に、現代にいたる観光の歴史の中で、旅の動機として重要なものである。巡礼の習慣は、多くの宗教に見られる現象であるので、ここでは中世キリスト教の巡礼とともに、時代は多少異なるが、仏教、イスラム教の聖地巡礼の代表的な事例についてもあわせて紹介する。

二　聖地サンティアゴ・デ・コンポステーラ

巡礼の定義は、「聖地や霊場を順次参拝して、信仰を深め、祈願の成就や贖罪、滅罪などの利益を得るための行為である」（現代観光キーワード事典）。あるいは、「いくつかの決められた聖地・霊場を順次に参拝して歩くこと」（新明解国語辞典）とされている。

この場合の聖地は、宗教の発祥地、本山の所在地、聖者・聖人の居住地・墓、奇蹟を伝える場所等様々である。すべての巡礼は、信仰者が聖地まで長い旅をすることであった。しかも、その旅は、本来、徒歩でおこなうもので、けして楽しいだけの旅ではなかった。

聖地巡礼の習慣は古代からあった。古代ギリシャではデルフォイ神殿詣やオリンポス巡礼が盛んだった。キリスト教以前のローマ人も、神殿参拝の習慣があった。イスラム教のメッカ巡礼もある。キリスト教でも、迫害時代から巡礼がおこなわれ、キリスト教を公認した（三一三年）コンスタンチヌス帝の治世には、母后ヘレナが、イェルサレム巡礼を行い、大流行となり、婦女子まで長途の危険な旅をおこなうようになった。中世ヨーロッパのキリスト教徒が、この伝統を受け継ぎ、五世紀から八世紀にはイェルサレム巡礼が盛んにおこなわれた。十字軍出陣の大義とした理由は、巡礼者の安全と保護であった。

聖地サンティアゴ・デ・コンポステーラの成立

中世キリスト教世界には、三つの大巡礼地があった。第一に、キリストの生涯をたどり、その墓に詣でるイェルサレム（現在のイスラエル）、第二には、聖ペテロの墓のあるカトリックの大本山ローマ、第三が、イベリア半島の北西端、ヨーロッパの「地の果て」とも言うべき場所にあるサンティアゴ・デ・コンポステーラ（スペイン）である。

サンティアゴは、三つの中では一番歴史が新しい聖地だが、ヨーロッパ中から多くの人たちが、この地を目指して巡礼の旅に出た。最盛期の一二世紀には、年間五〇万人を数えた。なにが、巡礼を惹きつけたのか。そこに聖ヤコブの遺骸（墓）があったからである。聖ヤコブは、元々イスラエルのガリラヤ湖の漁師で、イエス・キリストの十二使徒のひとりで、イエスにもっとも愛された聖人と言われる。

聖ヤコブ伝説は、わが国でも多くの概説書やサンティアゴ旅行記に紹介されているが、ここでは、主に、関哲行「スペイン巡礼史」により概略を述べたい。

伝承によれば、聖ヤコブは、キリストの昇天後、スペインを伝道して歩き、そこで獲得した九人の弟子のうちの七人を連れて、イェルサレムに戻った。病気快癒や死者の蘇生など様々な奇跡を行ったが、西暦四四年に、過酷な支配とキリスト教徒迫害で知られたヘロデ王に打ち首にされた。キリストの十二使徒で最初の殉教者となった。殉教後、弟子たちは遺骸を船に乗せ、埋葬地を神の手に委ねた。船は、風任せの航海の末に、スペインのガリシア地方のパドロンに流れ着いたと伝えられた。

そして、長い年月を経た九世紀、八一四年ごろ、聖ヤコブの墓が発見された。ガリシア地方の修道士の前に天使が現れて、聖ヤコブの墓のありかを告げた。星に導かれて行くと、大理石で覆われた墓が発見された。時のローマ教皇は、直ちにこれを認知し、教書のなかで聖ヤコブの遺骸の発見を全キリスト教界に告げた。サンティアゴは、スペイン語で聖ヤコブであり、一説では、コンポステーラは星の野の意味で、聖ヤコブの墓が星の降る野原で発見されたと言われる。この場所に小教会が建立され、やがてサンティアゴ大聖堂になった。最初の墓が発見されたのは、現在のサンティアゴ・デ・コンポステーラではなく、近くの別の土地だったとの説もある（口絵1）。当時のイベリア半島は、半島の大部分が八世紀にアフリカから侵入したイスラム教徒の支配下にあった。キリスト教徒は北スペインの一部にようやく存在している状況であった。イスラムの支配は八世紀から一五世紀にわたる八〇〇年という長い期間であった。キリスト教徒は早くから国土回復運動（レコンキスタ）をおこして、イスラム教徒と戦闘を繰り広げていた。

イベリア半島を異教徒の手から取り戻す戦いをしているキリスト教徒にとって、聖ヤコブの墓の発見は心の支えになった。現代の目から見れば、あまりにうまく出きた話で、聖ヤコブの墓の発見そのものがなにか意図的なたくらみではないかと推測してしまう。レコンキスタのなかで、聖ヤコブはキリスト教徒の守護神となった。苦戦が続くと、白馬に乗った聖ヤコブが助太刀に現れたと伝えられている。八四四年のクラビホの戦いでは、キリスト教軍が壊滅寸前の時、騎士姿の聖ヤコブがどこからともなくあらわれて、これに力を得て戦いを勝利した。この時以降、聖ヤコブはレコンキスタの精神的支柱となった（渡邊一九八〇）。

ヨーロッパの西の果てにはじまった聖ヤコブ信仰はキリスト教徒の国土回復運動の高まりとともに、燎原の火のようにヨーロッパ全土に拡がった。キリスト教徒は、一二世紀ごろには半島の北半分を取り戻し、一四九二年にはイスラムの最後の根拠地グラナダを陥れて、イスラム教徒はアフリカに逃れる展開になった（清水二〇〇三）。

巡礼の旅

聖ヤコブの墓の発見以来、サンティアゴ・デ・コンポステーラ巡礼がはじまり、一一世紀から一三世紀にその全盛期を迎えた。上掲の「スペイン巡礼史」に伝えられるその旅の光景を以下に述べる。（とくに注のない限り同書による。）

巡礼の動機

巡礼の旅は長い道のりを、原則としては徒歩で歩く過酷なものだった。危険の多い不安な旅であり、旅の途中で倒れて、二度と戻ってこられない可能性もあった。何が危険かと言えば、巡礼者は、原則として当時の王権や教会に保護された存在であったが、実際には、厳しい自然条件のほか、巡礼路に待ち伏せる強盗、不時の病気などで命を落とす者も多かった。

中世キリスト教徒が、そこまでの犠牲を払っても巡礼に出かけた動機は何であったのか。一般にいわれているのは、第一に、宗教的動機としての魂の救済や贖罪であった。また、中世人の多くがもっていた天国に行かなければならないという強迫観念も背景にあったとされる。そのために生前に善行を積む行為の一つが巡礼であった。第二には世俗的願望として、病気治癒、子授かり、危機回避などであった。聖ヤコブは、内面的苦悩や深刻な苦難のみならず、日常的悩みにも手をさしのべてくれる身近な聖人と考えられていた。

さらに、もう一つ忘れてならないのは、聖遺物信仰である。キリスト教以前の土俗・民間信仰的な要素であるとされるが、イエス・キリストや聖人の遺骸、骸骨、毛髪、歯、衣服、あるいはゆかりの道具などを信仰の対象とする習慣があった。できれば遺物に直接触れて、ときには断片を掻きとって、お守りにすることもあった。聖遺物のあるところに奇跡が起こり、そこに巡礼が集まった。教会は競って価値の高い聖遺物を求めた。十字軍の目的の一つは、聖地での聖遺物の獲得であったとさえ言われ、現に十字軍により多くの聖遺物がヨーロッパに持ち込まれた。

「巡礼の道」で、渡邊昌美は、ピレネー山脈にいたるフランス国内のサンティアゴ巡礼路沿いに点在する多くの教会や修道院が秘蔵する聖遺物の来歴を述べているが、その数の夥しさには驚嘆する。聖遺物の売買や取引、偽物を売る詐欺、ひどい場合は修道僧が他の教会から聖女の遺骸を盗んだ事例もある。そして、最終目的の地、サンティアゴには聖ヤコブの遺骸という最高クラスの聖遺物があった。

一五世紀の記録では、サンティアゴに到着した巡礼は木の梯子を登り、大祭壇上のヤコブ像に近づき抱擁し（これは現在も行われている）、その冠をとって自分の頭に載せた（壇二〇〇二）。

すべてに共通していたのは、巡礼地までの道のりが辛く苦しいということで、殉教者、苦行者、聖人の苦しみをいささかなりとも自ら追体験する意味があった。

キリスト教会の巡礼振興

忘れてはならないのは、こうした巡礼が盛んになった背景には、キリスト教会自体が巡礼を強く奨励したことがある。巡礼は教会に多くの寄進をしたので、教会は、自派の宗教上の勢力拡大とともに、経済的利益も享受した。とくに、一〇世紀初めに発足したクリュニー修道会は、巡礼路沿いに多くの教会を建立し、魅力ある聖遺物を配置して巡礼者を誘致し、巡礼者が落とした金でまた新たな教会や修道院を建設した。こうして、サンティアゴへ向かう街道沿いに多くの教会がたちならぶ霊場空間が形成された（木俣二〇〇四）。

教会は、また、「神の貧民」である巡礼者の旅を支えるネットワークをつくった。病気をかかえた巡礼が多いことに加えて、過酷な旅は健康な人間にとっても辛いものだった。巡礼者救済・保護のために、キリスト教会は、巡礼路に巡礼者の接待施設として施療院を開設した。巡礼者だけでなく、貧しい人、病人、孤児なども対象となった。

一四世紀以降になると、教会に加えて、王権、都市当局、兄弟団といった世俗組織も施療院を設立した。代表的な施療院として、サンティアゴ巡礼路の要衝であるレオンに、サン・イシドーロ修道院が一二世紀に建設したサン・フロイライン施療院がある。巡礼者に無料の宿泊、食事が提供され、病気やけがをした巡礼者には医師に

写真 2-2　現代のサンティアゴ巡礼宿（筆者撮影）

よる治療が施された。健康な巡礼者の宿泊は一日に限定されたが、病気の巡礼は回復まで、とくに病状の重い巡礼者は病没までの看護が原則であった。

　もう一つ代表的な施療院としてサンティアゴ王立施療院がある。一五世紀末に、レコンキスタ運動の完了時に神への感謝のために、カトリック両王により建設された王権直属の施療院で、一六世紀には一四〇ベッドを有する総合施療院であった。健康な巡礼には無料で三日以内の宿泊と食事が提供され、病人にたいしては平均二〇日の滞在と医療サービスがおこなわれた。また、孤児院も併設された。サンティアゴ大聖堂のすぐとなりに位置するこの建物は、現在国営ホテルチェーンパラドールに属する五つ星の高級ホテルに変身している。

　現在も、巡礼を対象とした施設はスペイン国内の巡礼路沿いに多く存在する。アルベルゲまたはレフーヒホと呼ばれる宿泊所は、国、教会、地方行政、民間などが経営しており、巡礼者に一晩数ユーロでの宿泊を提供している（写真2―2）。

旅立ちと巡礼衣装

　まず、旅行費用を調達しなければならなかった。長い旅行に要する旅費が庶民にとっては相当な負担であったことは想像に難くない。旅の間、施しだけで暮らすことは危険であった。借金をしたり、全財産を売却したり、様々な手段で路銀の調達が行われた（バレ・五十嵐一九八六）。

多くの巡礼は旅立ちに際して、再び戻れないことを想定して遺言書を作成した。出発に先立ち、貧民救済などの慈善をおこない、教区教会で告解してミサを受けた。司祭から巡礼杖と頭陀袋の祝福を受け、巡礼手帳を与えられた。巡礼衣装は男性は、外衣もしくはペルリーヌ（防寒、防水用の革製肩掛け）、上着、ズボン、頭巾、鍔広の帽子、長靴に巡礼杖と頭陀袋であった。女性は外衣、上着、スカート、頭巾の代わりにベール、その上に帽子をかぶった。巡礼杖の先端には瓢箪が吊され水やワインが入れられ、杖にナイフで日数を刻んだ。

この中で、杖と頭陀袋が特に重要であり、この二品が巡礼の身の証しであり伴侶であった。巡礼姿は、自らの立場を表明するものであった。巡礼は広い意味で一つの身分であった。ひとたび杖を持つや、本来の身分や貴賤貧富を問わず、巡礼はただ巡礼としてのみ扱われた。教会も世俗の法令も、巡礼殺傷の刑は通常の犯罪より重く、巡礼からは通行税を取らないことを定めていた。ただし、これが厳密に守られたとはいえない（渡邊一九八〇）。

様々な理由で、路傍に倒れた巡礼者は、巡礼姿のまま埋葬された。両手を巡礼杖の上に組み、頭に帽子を被せて、墓の中には帆立貝が一つ置かれた（バレ・五十嵐一九八六）。

帆立貝はサンティアゴ巡礼の印で、巡礼者の復活と再生のシンボルと言われ、巡礼路の教会にも、道路にも道しるべとして帆立貝の絵が描かれていた。サンティアゴに到着した巡礼は、錫や鉛などの金属製の帆立貝を購入し、帰路に身につけた。一種の巡礼証明書の役割を果たした。

現代のサンティアゴ巡礼者の外見は、頭陀袋がリュックサックに変わったぐらいで、大きな帽子、頑丈な歩きやすい靴など原則的には中世の時代と変わりがない。長い道のりを黙々と歩く後ろ姿に、現代の私たちと同じように、中世の人びとも心を打たれたことだろう。

サンティアゴへの道

サンティアゴへの道（カミーノ・デ・サンティアゴ）はヨーロッパから、三つのコースがあった。

フランス人の道

外国人巡礼者のうちで最大のフランス人の名前で呼ばれる（図2―1）。ヨーロッパからサンティアゴへのフランス国内の巡礼路は四本あり、起点はそれぞれ、パリ（またはトゥール）、ヴェズレー、ル・ピュイ、サン・ジル（アルル）であり、この四本の道が、フランスからイタリア、ドイツ、東欧、北欧に接続して、ヨーロッパ中に網の目のように広がっていった。ベルギーや北ドイツからの巡礼は、北フランスのパリとヴェズレーで、スイスやイタリアからの巡礼は、南フランスのル・ピュイとアルルで集合する。この四つの町からの巡礼路は、二つの峠でピレネー山脈を越えて、スペインに入り、ピレネーの麓のプエンテ・ラ・レイナで合流する。そこからはただ一本の道がサンティアゴへ通じている。

図 2-1　サンティアゴ巡礼路　フランス人の道（出典：関哲行「スペイン巡礼史」）

　スペイン国内に入ってからだけでも、サンティアゴまで八〇〇キロある。パリからスペイン国境までが、約八〇〇キロあるので、パリから発つと、片道一六〇〇キロの行程である。中世の徒歩旅行者は、一日三〇～四〇キロ歩き、パリから往復に三～四ヶ月かかったと言われる（バレ・五十嵐一九八八）。

図 2-2　サンティアゴ巡礼路　銀の道（出典：関哲行「スペイン巡礼史」）

巡礼路にあるブルゴスやレオンには、教会や巡礼者のためのホテルなどが多く、巡礼路都市として盛況をきわめた。

銀の道

セヴィリアからスペイン西部を北上して、アストルガでフランス人の道に結ぶ道（図2―2）で、スペイン南部と西部の住民がこの道を通ってサンティアゴ詣でをした。かってスペイン北部で産出される銀をスペイン南部の主要都市セヴィリアへ運んだのでこの名前がある。

海の道

イギリス、オランダ、北欧からの巡礼者は夏に帆船を利用して巡礼することが多かった。サンティアゴの北の港、ラ・コルーニャに上陸して、その後は徒歩だった。船の旅も、遭難や座礁が多くけして安全ではない上に、船内の衛生状態も悪く、トイレットも粗末で、悪臭が漂っていたといわれる。

現代のサンティアゴ巡礼

サンティアゴ巡礼は中世期に盛んであったが、その後宗教改革の一六世紀以降近世まで、巡礼者は減少した。一八七九年に、一時行方不明になっていた聖ヤコブの遺骸が、サンティアゴ教会の発掘で再発見された。二〇世紀も後半からサンティアゴ巡礼は再び盛んになった。大祭（聖年）の年一九六五年には、年間二〇〇万人、一九八二年に六〇〇万人、一九九九年には、一、一〇〇万人に達した（関二〇〇六）。

写真 2-3　サンティアゴに到着した巡礼者たち（筆者撮影）

長い旅路の果てに、サンティアゴに到着した巡礼は、サンティアゴ・デ・コンポステーラ大聖堂の正門（栄光の門）の五本の指跡に自分の指を重ねてひざまずき、神に感謝の祈りを捧げる。次いで、地下墓所（クリプタ）の聖ヤコブの墓に詣で、その後中央大祭壇の聖ヤコブ像を背後から抱擁する。大聖堂では一年を通じて毎日正午に巡礼者のためのミサが行われる。ミサのはじめに前日サンティアゴに到着した巡礼者の名前を読み上げる（写真2―3）。

巡礼成就証明書（コンポステーラ）をもらうには、巡礼の出発する教会などで巡礼手帳（クレデンシャル・デル・ペレグリノ）を発行して貰い、巡礼の途次、各地の教会、修道院、市町村役場でスタンプを捺してもらう。これを持ってサンティアゴの巡礼センター（ガリシア州政府、市役所）で巡礼成就証明書をもらう。巡礼成就証明書は、現在では、少なくとも、最後の一〇〇キロ以上を徒歩で、または自転車で二〇〇キロ以上踏破した人に交付される（清水二〇〇三）。

しかし、サンティアゴ巡礼者のすべてが宗教的熱意に溢れていたわけではない。これだけ厳しい旅ではあったが、未知の諸国を見たいという好奇心に駆られて旅立つ若者もいた。信仰篤い巡礼も、旅の途次の自然の風景に親しみ、見知らぬ国の風俗や特産品に触れ、旅を楽しむことも当然あった。一二世紀に発行された「サンティアゴ巡礼案内」を見ると、聖人や奇跡についての宗教的解説だけでなく、都市間移動距離、宿泊施設情報、食事やレストラン案内など、現代のガイドブック的な記述も多かった（関二〇〇六）。

また、富裕な貴族階級が、自らは苦しい旅を避けて、金を払い代参者を送ることもあった。巡礼を天職として生涯を巡礼に過ごした例も報告されている。さらに、犯罪の刑罰として課せられる巡礼行もあった（バレ・五十嵐一九八六）。

三　熊野参詣

日本の旅の起源は、神社仏閣への参詣であるといわれている。ここでは、一例として現在まで継続している熊野参詣をとりあげる。

熊野信仰

熊野は紀伊半島南部に位置し、黒潮が洗う海岸と温暖多雨にはぐくまれた山地から形成され、日本書紀にも登場する自然崇拝の地であった。「熊野三千六百峰」とよばれる峻険な峰と谷が外の世界との交通を困難にして、熊野の閉鎖性と孤立性を長く維持し、その結果、宗教的な聖地として神聖視されてきた。熊野は、神と死者の霊のこもる神聖な空間であり、山岳信仰の修験の地であった（豊島一九九〇）。

熊野信仰は、日本古来の修験道、神道、密教、道教などが混合した信仰とされる。

平安時代末期の一二世紀になると、熊野では神仏が習合（混交）し、熊野の神々は本地仏（元々の仏）が仮に神の姿をとって現れたものとされた。古来の日本の神々と六世紀に移入された仏教を融合し、両立させる理論であった。熊野の聖地である熊野三山の熊野本宮大社の家津御子神には阿弥陀仏、熊野速玉大社の速玉神は薬師如来、熊野那智大社の牟須美神は千手観音を本地とするとされた（小山二〇〇〇）。

熊野詣

熊野詣は、熊野三山への参詣である。人々は険しい山道を越え、幾日もかけて聖なる社に参詣することで、現世と来世の幸せを求めようとした（図2—3）。背景には当時盛んであった浄土信仰があった。熊野全体が浄土とみなされた。

修行者以外で、初めて熊野に参詣したのは宇多法皇で、九〇七年のことであった。一〇月三日に京都を出発し、船と徒歩で険しい道を踏破して二八日に帰洛したと伝えられる。平安末期には、幼少の天皇に代わって政治の権力を握った上皇たちが熱心に参詣した。とくに、一〇九〇年の白川上皇の第一回熊野行幸以降、京都の貴族の間で盛んになった。もっとも多く熊野詣をしたのは、後白河上皇で三四回も熊野行幸をしたといわれる。上皇の参詣とともに、その皇后や后などの女院の熊野詣も盛んにおこなわれた。また、新たな参詣者として地方武士が加わり、さらに一般庶民も多く熊野へ赴くようになった。

図 2-3　熊野参詣路

熊野詣は、一五世紀後半の室町時代末期に最盛期を迎えた。熊野に参詣する人の群れが続いた光景を表す「蟻の熊野参り」という言葉が生まれたのもこの時期とされる。

熊野は、高野山などの山岳寺院と異なり、女性に広く門戸を開いていた。高貴の女性のみならず、身分に関係なく庶民の女性も多く参詣した。同時に、身体障害者を忌避せず、むしろ障害を取り除く役割を強調していた。盲人が熊野に祈願して開眼した話も伝えられる。また、こうした障害者の移動を沿道の人が手助けした記録もあるとのことである。こうした開放性が熊野信仰の普及と参詣者の増加に貢献したと考えられる。

それでは、熊野参詣者は何を願ってこの遠い道のりを苦労してやってきたのか。一つは、病気の平癒、家族の平安、社会的な出世など現世の利益であり、もう一つは、来世において極楽浄土に生きることであった。中心をなす信仰は、現世と来世の安楽を熊野の神（仏・菩薩）に願えば、厳しい苦行の成就を前提として、かなえてくれるというものであった。

熊野詣は、それに先立つ精進儀礼からはじまる。数日間、肉や魚を絶ち、言葉や行いを慎んで身を清めることが必要であった。熊野は浄土であり、そこに入るには、一度死ななければならない。熊野本宮の鳥居をくぐることにより、浄土で生まれ変わり、そこから再び新たな人間として俗界に戻るという思想であり、俗から聖、再び俗へ戻るという通過儀礼と見ることができる。京都の貴族にとって、何日も険しい山道や海岸を歩く過酷な旅は、大変な難行苦行であったが、こうした苦行により功を積むことこそが、現世の欲望や迷いを払い、悟りを得る手段と考えられた（小山二〇〇〇）。

寺社の誘致活動

熊野参詣が一時期隆盛を極めた理由の一つは、寺社自体の積極的な誘致活動であったとする説がある。加藤秀俊が、「新・旅行用心帳」で紹介している歴史学者新城常三によれば、寺社参詣は一〇世紀終わりから一一世紀頃の京都の公家たちがはじめた。その契機となったのは、神社仏閣にお参りに行くという自然な人間心理のほかに、神社・寺社からの強い働きかけであった。宗教施設は、経営のために、京都の貴族からの経済的援助を必要としていた。京都や近くの寺社は、恵まれていたが、遠く離れた寺社は、なんとか京都の貴族をひきつけ、お金を出してもらわなければならなかった。まず、知恵を絞ったのが高野山だった。高野山は弘法大師が開設したが、大師がそのまま高野山に留まっているとして、人は死後、高野山に納骨すれば、誰でも菩薩になれると説いた。来世のことには、仏教信仰の篤い平安貴族は敏感であった。彼らは、京都からはるばる高野山まで何泊かの行程で足を運ぶようになった。そして、高野山に布施を施し、自分の経営する荘園の一部を寄進することもおこなうようになった。つまり、巡礼の隆盛には、寺社自らの積極的な誘致・営業活動があったとする。

高野山に倣って、成功したのが熊野であった。熊野は同様な宣伝活動により、京都の有力な貴族たちの勧誘に成功した。やがて、こうした参詣旅行（巡礼）の習慣は、江戸時代になると庶民階級にまで普及し、とくに伊勢神宮の参詣が大衆化することになる。

先達

熊野は辺境の山岳の地であり、旅慣れない京都の公家が一人で歩くことは不可能であり、地理に詳しい案内人が必要であった。聖地であるから、案内人は単なる道案内以上のものが求められた。これを務めたのは、山岳地で自らを鍛錬する修行者山伏であった。熊野信仰には修験道の影響が強いと言われる。こうした案内役を先達《せんだつ》と呼ぶ。先達は道案内と同時に、参詣の作法を指導した。たとえば、川のほとりや海辺で冷水を浴びて体と心を清める垢離《こり》もその一つであった。また、先達は、旅の途中で名所の案内もおこなったとされる。

一〇世紀ごろから、公家や貴族の巡礼者に宿坊を宿として提供する御師《おし》が登場した。御師は元々熊野三山の僧であったが、巡礼が武士や一般民衆に普及するにつれ、宿泊施設の需要が大きくなり、宿坊経営は多くの収入をもたらすビジネスとなった。伊勢参詣が隆盛を極めた江戸時代には、伊勢の御師《おんし》（伊勢ではおんしという）は、現代の旅行会社の先駆けと言われるほどの宿泊・旅行企業に変身した（小山二〇〇〇）。

観光地としての熊野

どの聖地巡礼にも、敬虔な信仰心にくわえて、名所旧跡を訪ねる観光行動の要素があったとされている。同時に、巡礼の旅は、他国の情報を知り、最新の農業知識に触れたり、世情を知るための貴重な機会でもあった。宗教上の目的とともに、世俗的な余暇と情報収集の側面があり、両者は矛盾することなく、巡礼の多面的な性格を形成していた。

熊野参詣にもそうした部分があったことは否定できないだろう。しかし、観光・レジャー的誘因力の強かった伊勢参詣に比較すれば、熊野の巡礼の観光的要素は弱いとみなされている。熊野三山は深山幽谷の辺境で、移動の困難な立地条件は、観光地としての魅力は大きいとはいえない。一六世紀以降、熊野参詣が衰退して、その地位を伊勢参詣に譲ることになった一つの要因と見る説もある。その意味では、熊野は現代でも伝統的な巡礼の形を残している聖地と言えるのではないだろうか。

周知の通り、熊野は、二〇〇四（平成一六）年に、吉野大峰、熊野三山、高野山の山岳霊場を含む「紀伊山地の霊場と参詣道」として、ユネスコの世界遺産に指定された。現在、観光地としても注目されているが、今後、聖地としての魅力がどこまで維持されるかが課題である。

四　メッカ巡礼

イスラムの五行

イスラム教徒のことをムスリムという。意味は「神に帰依した人」。ムスリムには信じなければならない六つの信仰箇条である六信と、行わなければならない五つの五行がある。イスラムは信仰だけあれば足りるとする宗教ではなく、ただしい信仰が行為によって具体的に表現されなければならない。

五行は、「信仰告白」、「礼拝」、「喜捨」、「断食」、「巡礼」である。「信仰告白」は声にだして「アラーのほかに神なし、ムハンマドはその使徒なり」と唱えることで、ムスリムになるためには、この言葉を唱えてアラーへの絶対的な服従を表明しなければならない。

「礼拝」は正式には一日五回メッカの方向に向かって、正確にはメッカのカーバ神殿に向かって拝む。中東のホテルの各部屋には必ずメッカの方向を示す矢印が示されているとのことである。信者と神を直接結びつける「礼拝」をムスリムは生きている限り、一日も休まずにおこなわなければならない。

「喜捨」は、富めるものが貧しい人に財産をわけあたえることである。貧しい人たちの救済に充てるため、モスクなどの公的施設で希望者が支払う。

次に「断食」は、一年に一ヶ月断食月（ラマダーン）に行われる。日の出の二時間ほど前から日没まで、太陽の出ている時間には食べ物を口にしない。日が沈んだら食べてもいい。断食は精神的な自己浄化の方法とみなされている。たとえ短い時間でも、世俗的な快楽を控えることによって、断食をする人間は空腹の人間に心から同情し、自己の精神性を高めることができる。

そして最後に「巡礼」がある。一年に一回巡礼月（イスラム歴最後の一二月：ハジ月）があって世界中からムスリムがメッカに集まってくる。肉体的にも経済的にも余裕のあるムスリムにとって、一生に一度のメッカ巡礼は義務とされている（清水二〇〇三）。

聖地メッカ

イスラム教には三つの聖地があるが、そのうちメッカ（預言者ムハンマドが唯一神アラーの啓示を受けた場所）とメディナ（ムハンマドが埋葬された土地）の二つはサウジアラビアにある。サウジアラビア国王は「二大聖都の守護者」と尊称される。残るひとつはイェルサレムであるが、ここはキリスト教、ユダヤ教の聖地でもあり、古くは十字軍時代以来その支配権をめぐって紛争が絶えない。

最大の聖地はメッカである。メッカはアラビア半島の西、紅海に面する港町ジッダから、内陸へ七〇キロ入ったところにある。人口は四〇万人であるが、巡礼の季節には約二〇〇万人がこの聖地に押しよせる。

世界一三億人の信者が巡礼を熱望している。近年、空の便が発達し、生活にゆとりが出てきたため、巡礼希望者の数は年々増え続けている。聖地の収容能力には限度があり、一ヶ月足らずのハジ期間中に受け入れられる数は限られている。サウジアラビア政府は二通りの人数制限方法を取っている。ひとつは各国からの巡礼者を各国人口の百万人当たり千人に抑える。イスラム教徒一三億人のうち一三〇万人となる。これにサウディ国内からの巡礼者を含めるとおよそ二〇〇万人になる。国内のイスラム教徒にたいしてはハジ巡礼を五年に一度に制限している。外国からの巡礼者に少しでも多くのチャンスを与えようという政策である。五年間が待てない信者は「ウムラ」と呼ばれるハジ以外の時期に巡礼をおこなう（前田二〇〇四）。

巡礼路の変遷

ムハンマドがメッカを聖地と定めたのは六二四年だという。神のいるところはメッカのカーバ神殿であり、イスラム教徒はメッカの方向に礼拝することを定めた。翌六二五年に、巡礼はすべてのムスリムの義務とされた。現実には、巡礼の旅には相当なお金がかかるので、すべての人がそれを負担できるわけではない。したがって、義務の意味も強制ではなく、人生の中で一度、経済的に余裕ができたときに、おこなえばいいという柔軟な考え方をしているらしい。

イスラム巡礼の特長は、メッカというひとつの聖地に収斂していることと、巡礼に伴う移動が長く、時間もかかることだ。キリスト教徒が、ヨーロッパからイェルサレムへ行くより、さらに遠いことが多い。

メッカへの巡礼路の歴史的変遷を、坂本勉「イスラーム巡礼」によりたどってみたい。メッカ巡礼路の概念は図2―4「巡礼のルート」で明らかである。

地図上、太線で示されているのは一九世紀の旅行者ファラーハーニーがおこなったイランから黒海、イスタ

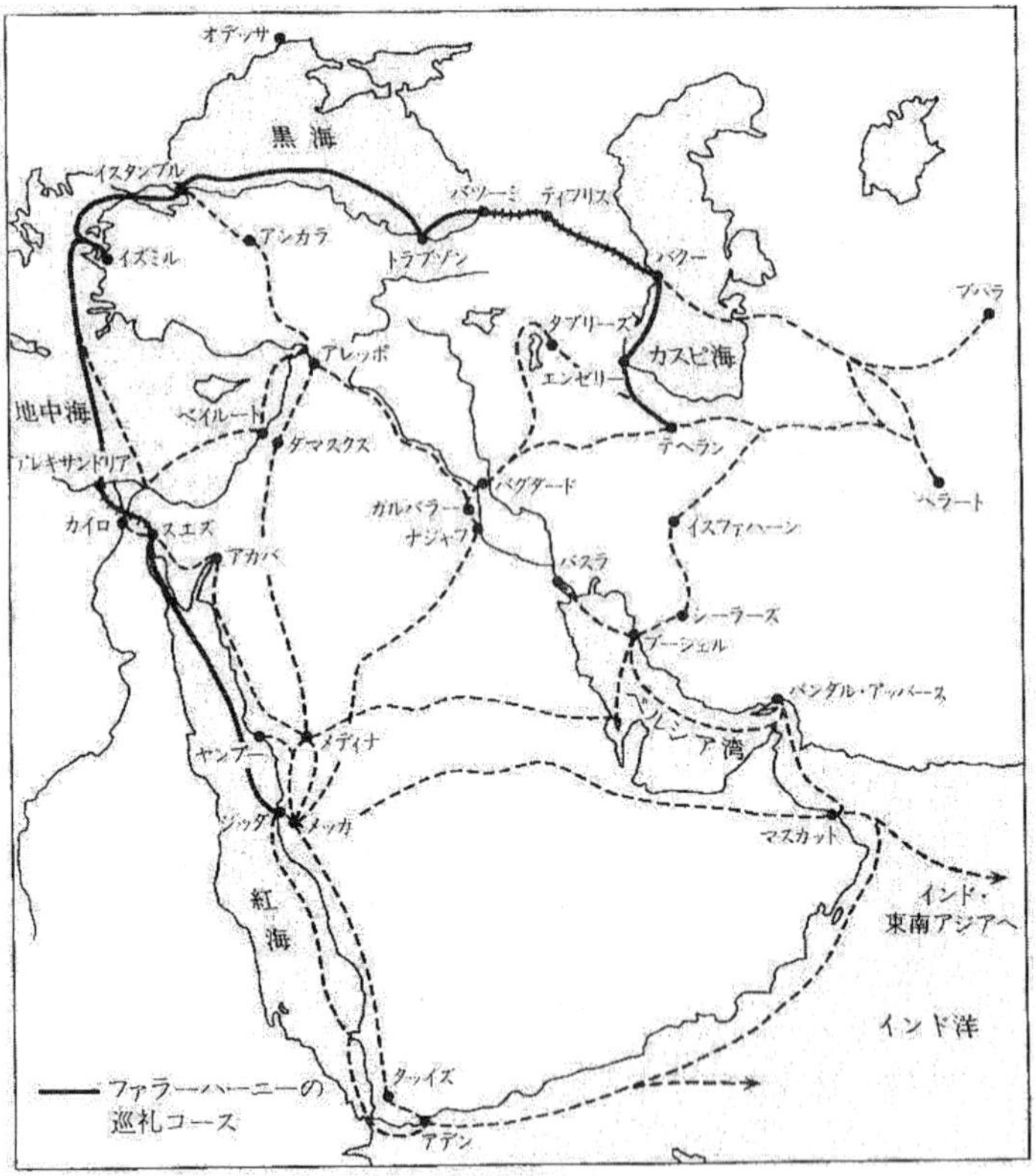

図2-4　メッカ巡礼ルート（出典：坂本勉「イスラーム巡礼」）

ンブール、カイロを経由する海路中心のメッカまでの旅の行程であるが、近代以前の巡礼路は、この地図上では点線で表されている多くの陸路ルートが中心であった。

そして、当時の巡礼の旅は、船と隊商（キャラバン）の組み合わせでおこなうことが多かった。インド洋や地中海から、帆船でエジプトやシリアまで行き、そこでキャラバンに加わる。一例として一二世紀のイブン・ジュバイルの旅行記によれば、ジブラルタル海峡南岸の港町セウタから、地中海の島々を巡りながら、三〇日の航海で、アレキサンドリアに着いたという。

キャラバン出発地までは、それぞれ個人の旅で、キャラバンに加わるところから、正式な巡礼の旅がはじまる。巡礼者のためのキャラバンは、我々の想像を越えて、大規模であり、かつ政治的なものだった。キャラバンが編成された理由は、アラブの遊牧民の襲撃から巡礼者を守ることと、水や食料の確保であったとされる。砂漠の長期の旅に必要な水と食料を個人で確保することは難しかったので、キャラバン全体で調達し輸送するシステムをつくりあげたのである。

キャラバンが編成された出発地は、有力イスラム諸国の首都であった。第一はバグダードで、イラク、イラン、中央アジアからの巡礼者が集まった。第二はカイロで、北アフリカからの巡礼者が集結した。第三はシリアのダマスクス、第四はイエメンの首都タッイズで、インド、東南アジアからの巡礼者はアデンで船を降りて陸路でここまで来た。キャラバンの編成はこれらの国の支配者であるカリフがおこなった。キャラバンを編成して、巡礼を援助、護衛していくことは、巡礼者だけでなく、その背後にいる無数の人々に対しても影響力があり、政治的な威信を高めるために支配者たちは競うようにキャラバンを編成した。キャラバンは、支配者が巡礼団長を任命することからはじまり、ついで、ラクダと天幕を貸すことを業として、水を運ぶ権利を持つ運輸企業が先導役を命ぜられる。

キャラバンの規模は、一四世紀にカイロで編成された数は、年に三〜七回で、一五八〇年にカイロから発ったキャラバンは、四万頭のラクダとラバ、五万人の巡礼者、商人が加わった。同行する商人は、旅の間中、巡礼者を相手の商売をおこなった。水も商人から買ったということらしい。また、キャラバンには護衛がつけられた。こうした一切の経費は、キャラバンを編成する国のカリフが負担した。キャラバンが一日に動く距離は、平均して二〇キロで、バグダード、カイロ、ダマスクスから、メッカまで四〇〜五〇日くらいかかるのが普通であった。砂漠のなかを行く長いキャラバンの隊列を想像するだけでも、その雄大な光景に驚嘆の念を抱く。壮大な宗教イベントであった。

一九世紀半ば以降は、蒸気船が登場して、巡礼ルートの多くは、キャラバンから、船の移動になった。スエズ運河の開設もこれを促進した。アジアからの巡礼者は、シンガポール、バタビア（ジャカルタ郊外）などから蒸気船に乗った。地中海沿岸諸国から、それまではダマスクスからキャラバンで行った巡礼者も、ベイルートから船に乗った。船は紅海のジッダやヤンブーにつき、そこからは、メッカまでキャラバンが組まれた。そして、現代はもちろん、航空機による移動がほとんどである。

現代におけるメッカ巡礼

現代におけるメッカ巡礼はどのようなものか。ジェトロ（日本貿易振興機構）のリアド所長であった前田高行がサウジアラビアのジッダ空港の光景を伝えている。巡礼シーズンのジッダ空港は、満員の巡礼者を乗せた各国からのチャーター便でごった返す。巡礼者は全員、到着前の機内で、素肌に白い布を巻きつけただけの巡礼装束に着替える。

空港付近には白い巨大なテント群が見える。巡礼者専用の入国審査及び税関窓口である。紅海に面したジッダの東方約七〇キロに位置するメッカまでの片側三車線の高速道路は、巡礼者用の無料送迎バスで埋め尽くされる。世界中から訪れる巡礼者に対するサウジアラビア政府のサービスは並々ならぬものがあり、巡礼省という役所すらある。メッカの手前二キロに来ると、大きな検問所があり、「これより先、イスラム教徒以外立ち入り禁止」と書かれている。日本語も書かれている（前田二〇〇四）。

そして、メッカでの参拝は定められた順路と方法で行われる。巡礼者はハラームモスクの中のカーバ神殿において無事に着いたことを神にたいして報告し、カーバ神殿を左回りに七周回る。その後、カーバ神殿から数百メートル離れたサファとマルワという二つの丘に移動する。この二つの丘に挟まれた四百メートルの細長い空間を、巡礼者は三回半、早足で駆けて往復する。この二つの儀式を本来一回済ませればいいのだが、熱心なムスリムは、これを何回も繰り返す。この後、巡礼者たちはメッカから二五キロ離れたアラファートの野に向かう。

その日は、近くで一夜を過ごし、翌朝、アラファート平原の「慈悲の山」に登り、立ったまま神に祈りを捧げる立礼の儀式をおこなう。翌朝、巡礼者は夜明けの礼拝をすますと、ミナーに向かう。前日の夜、次の儀式用に小石を数十個拾うことになっている。メッカ郊外のミナーの谷では、ジャムラートと呼ばれる石柱に小石を投げる。石投げの行事では、時には死傷者がでるほどである。これが終わると、巡礼者はそれぞれ用意した犠牲獣（羊、山羊など）を神に捧げ、ここでメッカ巡礼の儀式がおわる。巡礼者は、巡礼服を脱ぎ、髪の毛を切り、髭を剃るなどして、普段の俗生活に戻る（坂本二〇〇〇）。

無事ハジ巡礼を終えた信者は、故郷へのお土産を手に飛行機に乗り込む。彼らは例外なく、ポリタンクを抱えている。タンクの中には、聖地ザムザムの井戸からくみ上げた聖なる水が入っており、彼らはそれを故郷の村で隣近所に配り、アラーの恩恵を分かち合う。巡礼の行を終えて帰国したムスリムは、ハッジ某、ハッジャ某と尊称を付けて呼ばれ、尊敬を持ってみられる（前田二〇〇四）。

神の前での平等

イスラム教徒が、過去から現在まで、このように熱心にメッカ巡礼を行っている動機をどう考えるべきか。コーランは何の理由も述べず、神が命じた義務であるとしているだけだ。しかし、現実の巡礼者たちの意識はどうなのか。坂本勉は、「イスラーム巡礼」のなかで、他の宗教に見られる現世の罪を贖う贖罪の観念や病気治癒などの現世の幸福を求める意識もイスラムに見いだせないことはないが、それほど決定的なものではないとしている。イスラムでは、巡礼についてもう少し社会性を帯びた動機、目的を重視する。現代の社会は、人種、民族、国家、言語、文化、階級などが作り出す集団に分裂しており、人はこれらに所属し、しばられている。これは神の下での平等という理念に反する。これを打破し、巡礼者はカーバ神殿での儀礼により、神の下で、周囲の巡礼者と理想のイスラム共同体意識を確認するのだという。

イスラムの根本思想である平等主義、すなわち唯一絶対なる神（アッラー）がいかなる存在にも優越してあり、その下ですべての人間は平等であるという精神がメッカという舞台で壮大なドラマとして展開される。

メッカに着くと、みな一様に二枚の白い布で体を覆う。生まれも育ちも一切のしがらみを全部脱ぎ去って神の前にただ一人の人間としてたたずむことになる。巡礼者は、肌の色、国籍、言語、年齢様々である。彼らを結びつけるのはイスラム信仰だけである。生きている国は様々であるが、イスラム教徒同士は、階級制度も上下関係もない。水平的な関係でイスラム世界が形成される。神の前ではみな同じだということがその場にいる大勢の巡礼者一人一人に実感され、ある種の興奮と陶酔感に浸れるという。その意味を確認するために、年に一度のメッカ巡礼は絶対に必要な儀式であると解説している。異教徒である我々は、カーバ神殿を無数の巡礼者が肌と肌を接するくらい濃密な群れとなって周回する光景を遠望した写真を見て、そこに醸し出される高揚感を想像するしかない。

巡礼と商業

メッカ巡礼は深く商業と結びついていた。巡礼への喜捨や施しのシステムがないイスラムの巡礼では、本人が旅行に必要なすべての物品を調達しなければならない。巡礼者が本格的に旅の準備をはじめるのは、キャラバンの出発地においてである。常設市場以外にも、巡礼の時期だけの特設市場も設けられた。この市場で巡礼者は買い手だけでなく、売り手にもなったという。北アフリカから来た巡礼は、持ってきた黄金、布地、馬、奴隷などをそこで売ったという。

巡礼路でも、商業取引がおこなわれていた。キャラバン自体が動く市場であった。キャラバンに随行する商人から、巡礼は水、食料を買い求め、ラクダを借りた。また、キャラバンの宿営地では、地元の商人が市場を開き、肉、乳製品、野菜などの生鮮食料を売った。メッカ巡礼が巨大な人の移動であると同時に、物流と商業の場であったことがわかる。

さらに、聖地メッカには、ものではなくてサービスを売る商人ムタウィフという、現代の旅行会社のように、ガイド、メッカの宿泊、ラクダやテントの賃貸のような仕事を専門に行う商人も存在した。彼らの業務は、江戸時代の伊勢参詣で、同様な業務を手広くおこなった御師に例えられる（坂本二〇〇〇）。

五　聖地巡礼と観光

聖地巡礼の実例を三つ述べたが、巡礼と観光の関わりについて、まとめておきたい。

巡礼は一つの身分（俗から聖、再び俗へ）

多くの宗教に巡礼が存在する。そして、ここまで述べてきた事例を見ると、宗教が異なるにもかかわらず、聖地巡礼の旅には多くの共通した要素がある。聖地巡礼という行為が人間にとって根源的なものであるからだろう。

文化人類学者のヴィクター・ターナーは、民衆を中心とする巡礼者は、脱俗儀礼によって世俗社会から一時的に切り離された「半俗半聖」の身分であると説く。かれらが来世での救済と奇跡による病気治癒などを願い、聖遺物に触れながら失われた楽園に回帰する贖罪の旅が巡礼である。苦難の長旅を通じて巡礼者は回心し再び世俗社会に回帰する。これは俗↓聖↓俗という過程の回心の通過儀礼であるとしている（関二〇〇六）。

先に述べた、熊野本宮の鳥居をくぐることにより、浄土に入り、そこで生まれ変わり、俗界に戻るという構造も通過儀礼である。メッカ巡礼者が白衣をまとい、儀式の後でこれを脱ぎ普段の俗生活に戻る過程も同じ通過儀礼と見ることができる。

巡礼は一つの身分であるとされる。俗社会における身分、階級、富貴に関係なく、巡礼中は、巡礼者の身分になる。それを周囲に告知するのが巡礼衣装・装束であり、その姿には、宗教が異なるにもかかわらず、様々な共通点が見いだされる。

巡礼と観光

巡礼の旅も、普段の生活から非日常世界への一時的な移動であることでは、観光行動と同質である。聖地への参詣が最大目的であるのは当然だが、旅の途上で、物見遊山的な行為がおこなわれることは充分あり得る。

サンティアゴ巡礼にも中世期以来、観光的要素は存在したというのが定説である。中世期から近世にかけての多くのサンティアゴ巡礼旅行記を見ると、サンティアゴへの途時に、闘牛、馬上槍試合を見物したり、グラナダのアルハンブラ宮殿を見物したりすることは普通だったらしい。キリスト教会は巡礼者の増加にともない、巡礼の世俗化が進むことを憂慮したが、巡礼者は、巡礼路の教会や修道院を訪れて礼拝すると同時に、周囲の風光を楽しみ、時には個人的歓楽を享受することにも遠慮はなかったらしい（関二〇〇六）。

遊び心と宗教心は、はじめから共存していたと考える方が自然ではないか。巡礼も観光も、「非日常的な余暇活動」である点では全く同一で外見的には変わらない。最終的には巡礼者一人一人の心のなかでの宗教的要素の濃淡である。巡礼者が居酒屋や遊郭に足を踏み入れることもあれば、観光旅行者が教会や修道院に参詣することも見られる。遊びの旅が社会的習慣として認知された現代においては、宗教的旅行と観光を峻別しようとする考えは一般的ではなく、現実にも巡礼と観光は一体となって補完しているといえる。そして、巡礼が昔のように生命の危険なしに実行できる旅になった現代では、巡礼と観光の識別は一層むずかしくなり、様々な形で宗教観光を楽しむ旅行者が増えていると想像される。それはけして悪いことではないと思う。

巡礼ビジネス

巡礼とビジネスは、かけ離れた概念のように思えるが、ここまで見てきたとおり、両者ははじめから密接な関係があった。聖地巡礼は旅の起源であったが、現代では、聖地が観光資源として、巡礼者だけでなく、一般観光客を誘引している。かって教会や寺社自体が、巡礼を強く推奨したのは、宗教上の権威の拡大と同時に、経済効果の側面もあったことはすでに述べた。元々、神官であった伊勢の御師が巡礼ビジネスの先頭に立って活躍した我が国の例は興味深い。過去において、巡礼行動が聖地や巡礼路にとって巨大なビジネス機会であったことは間違いない。そして、それを最大に享受したのは観光産業であるが、観光産業の努力が、より安全で安価な巡礼を可能にして、巡礼を普及させたことも確かである。

熊野古道は今や、世界遺産である。サンティアゴについては、サンティアゴ・デ・コンポステーラそのもののほかに、スペイン国内のサンティアゴ巡礼路、フランス国内のサンティアゴ巡礼路も、世界遺産に指定されている。現代の観光産業のなかでも、宗教的旅行や聖地巡礼は無視できないビジネスチャンスを提供している。欧米では、巡礼ツアーを専門に企画する旅行社が多く存在している。日本でも例えば、四国霊場めぐり専門の旅行会社があるし、インド仏蹟訪問の専門旅行会社もある。観光産業は、過去だけでなく、現在も巡礼の振興に貢献し、同時にビジネスとして利益も享受しているのである。

現代における巡礼

聖地巡礼は現代にまで連綿と続いている旅の形である。わが国でも、一九七〇年代以降、物質的な豊かさや、生産と労働に偏重した工業化社会の価値観が揺らぎ、内面的癒しを求めての巡礼回帰が顕著であると言われている。あまり目立たないとは言え、宗教心が動機になっている旅行は全世界的に盛んである。二〇世紀末以来旅行者の観光についての姿勢が、単なる物見遊山から、目的をもった旅行をめざす志向が強くなったことも影響しているかもしれない。様々な悩みを持った人々が、病の治癒やこころの安らぎを求めて、巡礼の旅に出ることは充分理解できる。

巡礼の旅は、命の危険をかけての旅ではなくなった。移動手段や宿泊施設の近代化により、気楽に、以前より簡単に旅行することが可能になった。同時に、巡礼旅行についての社会的認識が変わった。自動車、バスによる巡礼行も許容される時代になった。何回にも分けて部分的に巡礼路を回る形もある。様々な巡礼の形があり、それは一人一人の選択であることが寛大に受け入れられる風潮になった。

谷川廣之は、巡礼には現代人が失ってしまった三つの出会いがあるという。

自然との出会い

神・仏との出会い

人との出会い

自然の中を徒歩で歩くことによりもう一度自然を発見すること。祈りを捧げることにより神の存在を改めて認識すること。そして最後に人との出会いの大切さがある。身分も地位とも無縁の見知らぬ人との無私、無償の出会いである（谷川二〇〇三）。

東西どの国でも巡礼の場で印象的、感動的であるのは巡礼を迎える土地の人々の優しい視線と姿勢である。施しや喜捨により無一物の若者が無事に伊勢参りをすることができた江戸時代の例は驚きである。そして病に倒れた巡礼者の救護、四国遍路の接待、巡礼宿など無償の土地の人々の善意がある。ホストとゲストの共同による旅の理想の姿がここに見られる。

第三章　学びと保養

第一節　教育的旅行～旅による人格の形成

巡礼の旅と並んで、若者の学びを目的とする旅が古来よりある。その背景には、旅が青少年の教育に効果があるという社会的認識があった。日常生活を離れて、一人で知らない土地を旅することによってすぐれた人格が形成されるという思想はどこの国にもあった。こうした旅行が、旅の原点のひとつとされている

ここでは、教育的色彩の強い旅行の例として、それぞれ時代は異なるが、一八世紀英国でのグランドツアー、一九世紀末に発生した近代日本の修学旅行、一五世紀から現代まで続くドイツの職人修業旅行の三つの例を比較検証してみたい。

一　英国のグランドツアー

教育的旅行の典型として、観光の歴史では必ず取り上げられる有名な英国のグランドツアーを紹介したい。グランドツアー（Grand Tour）とは、一七世紀から一八世紀にかけて、イギリス貴族の子弟が盛んに行った欧州大陸旅行の意味で、直訳すれば「大周遊旅行」であるが、動機から見れば、青年期の教育の仕上げとしての「修学研修旅行」とも言えるだろう。グランドツアーという英語の表現は、一六七〇年にすでに定着していたとのことである。

歴史上のこの時代を振り返れば、一七世紀のイギリス・オランダ戦争、一八世紀の対仏七年戦争にイギリスは

相次ぐ勝利をおさめ、世界の海上権を握り広大な海外市場を獲得した。またヨーロッパの他国に先駆けて産業革命がスタートするなど、経済的に国運隆盛の時期を迎えていた。イギリスがまさに世界史の舞台に華々しく登場しはじめた時代であった。

しかし、ヨーロッパ大陸では、イギリスは辺境の地にある島国であり、金儲けはうまいが、文化程度は高くない成金と見られていた。そうした状況のなかで、英国は、国として指導者階級の若者の大陸への旅行を強く推奨していた。貴族たちは息子を国際社会で通じる紳士に仕立て上げるために、競って文化的な先進国に送り出した。国が国費で派遣する留学生ではなく、あくまで親が自費負担する旅行であった。

その背景には、英国の貴族階級が七年戦争後、地代の急騰により、収入が増え、高額な旅行費をまかなうことができるようになったことがあるとされる。もう一つの理由は、当時の著名な学者が証言するように、オクスフォードとケンブリッジ両大学の程度がきわめて低かったことである。大学に進学するよりグランドツアーに出かける方が有益だと判断する親が多かった。

グランドツアーで必ず訪れる国は、フランスとイタリアであった。ヨーロッパ文化の中心であるフランスにおいて、ルイ一四世以来、ヨーロッパの宮廷人の手本となっている洗練されたフランス貴族と交際し、当時の国際語であったフランス語を学び、機知に富んだ話術や礼儀作法を身につけようとした。一方、イタリアでは、社交術に一層の磨きをかけるとともに、ローマ帝国の遺跡やルネサンス芸術に触れて審美眼を養い、幅広い教養を身につけることが期待された。要は、英国の未来を担う国際的な教養人の育成であった。ドイツやオーストリアは、文化的には二流国との判断で含まれないのが普通であった。旅行期間は、少なくとも一～二年、長いものは五～六年におよんだ。一八世紀を通じて、グランドツアーはイギリス貴族階級の若者の通過儀礼として定着した。観光の歴史を振り返っても、他に例をみない特異な現象であった（Holloway 2002)。

グランドツアーの内容

グランドツアーについては、一九八三（昭和五八）年に中公新書として出版された本城靖久の「グランドツアー」が概説書として知られている。一時期かなり話題になったが、残念なことに現在は絶版になっている。時代背景や社会情勢、旅行準備から、フランス、イタリアの都市での旅行の有様が克明に描かれて読み物としても面白い。この本の伝えるグランドツアーの実態を紹介したい。

お供の多さ

大貴族の若様になると、お供の数も大変だった。一例として残っている一八世紀の記録によれば、一五歳の若殿のお伴は、御者二名、従者一名、牧師一名、家庭教師一名であったという。両親としては、年若い子供に大金をかけて外国に送りだすわけで、若様を様々な誘惑から守るために、牧師の他に、信用のおける学識経験者を家庭教師としてつけることが一般的であった。この家庭教師はチューターとかガバナーと呼ばれたが、オクスフォード・ケンブリッジ大学出身者とか、現役の大学教授が多かった。思想家トマス・ホッブス、経済学者アダム・スミスなど当代一流の学者もグランドツアーに同行しており、彼ら自身も、旅行を通じて様々な経験を積んだのである。

なぜ一流大学の教授が大学を休職したり、あるいは大学教授のポストを犠牲にしてまで、家庭教師として旅に出たのかというと、ひとつには報酬が非常に良かったと言われている。場合によっては旅行後の終身年金まで保証されたという。また、フランスなどの先進国の学者と会い、学問的な刺激を受けることができたからだと言われている。若様たちが、グランドツアーで得たものより、こうした学者たちが、大陸で受けた文化的刺激が、より英国の政治経済や文化の形成に役立ったという人もいる。

移動手段

御者の同行は、大陸内の移動に馬車が使われたからである。英国から大陸へは、ドーバー海峡を船で横断した。馬車は通常、英仏海峡を渡って、フランスのカレーに着いたところで購入し、旅が終わるとまた、そこで売却したという。しかし、当時の大陸内の道路整備は不完全で、晴雨にかかわらず、揺れが激しく快適なものではなかった。速度も遅く、カレーからパリまで二日半要している。

パスポート

当時もパスポートは必要であった。ただし一枚の紙だけだった。イギリスのパスポートを入手すれば、イギリスを離れることはできる。しかし、相手の国に入るにはその国の大使館の発行するパスポートが必要であった。これは現在の査証（ビザ）に当たるが、当時はパスポートと呼ばれていた。

送金

送金手段としては当時すでに為替手形や旅行信用状があった。つまりロンドンの銀行でお金を払い込み証明書を発行してもらう。パリの支店もしくは提携銀行でその証明書で現金を引き出すことが可能であった。

宿泊・食事

食事つきのホテルは各地にあり、従者用の部屋も備わっていた。しかし食事つきホテルの滞在費用はかなり高くつくので、家具付きのペンションや民宿に泊まることもあった。ホテルも等級、料金により差があることは当然だが、清潔さ（のみ、しらみ）、食事など、若様たちの不満も多々あった。全体の印象としては、観光施設の発展段階であり、ホテルが整備されるには、次の一九世紀を待たなければならなかった。

社交の季節

グランドツアーの若者たちに期待されていることは、フランスやイタリアの上流階級の人々と交際し、優雅な貴族の日常生活を体験することだった。彼らは、親や知己からたくさんの紹介状をもたされていた。例えばパリでは、昼は、有名名所の観光、夜は観劇とともに、彼らがいそしんだのは、社交であった。当時のパリでは、貴族や富豪が、毎週自宅で豪華パーティー、仮装舞踏会、演劇などを催しており、外国人であっても、グランドツアーの若様のような貴族階級の子弟が招待されることは難しくなかった。さらに、貴族やブルジョワの才女が催すサロンでは、ヨーロッパ中の文化人が参加し、知的で高級な社交や会話がおこなわれ、グランドツアーに随行する英国の学者や文化人も、これに参加して、フランス最高の知識人たちとの交流を楽しんだ。イタリアでも、貴族は自宅で定期的にサロンを主催し、おしゃべり、ダンス、室内楽、トランプ、賭博などを楽しみ、グランドツアーの若者たちも歓迎されたという。

観光とショッピング

当然のことだが、名所旧跡の観光もグランドツアーの大事な要素だった。南フランスやイタリアの各地で若者たちは熱心に観光を楽しんだ。スイスアルプスの魅力を発見したのはグランドツアーの若者たちであると言われる。一八世紀中頃、彼らはモンブランの氷河見学をおこない、モンブランが観光地化するきっかけをつくった。そして、こうしたアルプス観光がその後のスイスの観光立国の発端になった。

観光につきもののショッピングでも彼らは意欲的だった。写真がない時代なので、絵画の購入に熱心だった。イタリアでは、名所旧跡をバックに自画像を描いてもらうことが流行になった（岡田二〇一〇）。また、ローマ時代の彫像やルネッサンスの名画から、訪れた都市の絵や版画など、著名な作家の傑作から偽物までおびただしい数の美術品が英国に持ち帰られ、現在も美術館や貴族の館に展示されることになった。これもグランドツアーがもたらした英国の文化への貢献の一つとみなされている。

グランドツアーの評価

グランドツアーへの批判

グランドツアーはこの時代、イギリス貴族社会の紳士として認められるための通過儀礼となった。しかし、すべての若者が当初の目的通りフランス語、イタリア語を習得し、フランス貴族の社交術を身につけ、美術や芸術の審美眼を自分のものとして、英国に帰還したわけではない。とくに知識人からの批判は厳しかった。旅先でも、土地の人間と付き合わず、同じ境遇のイギリス人と群れてばかりいて、大酒を飲んで暴れて、顰蹙を買う行動も多かった。肝心の語学習得もできない、外国の文化・習慣を学ぶ謙虚な姿勢がないと責める声もあった。若者を教育するべき家庭教師の資質への批判もある。しかし、そうした多くの批判があるにもかかわらず、全体としてグランドツアーが、次の世代の英国の繁栄を担う指導者たちを育てたという見方が一般的なようである。

良き時代の良き旅

先に紹介した本城靖久の「グランドツアー」の副題である。過去の歴史をたどっても、これほど恵まれた旅行者はいなかったのではないか。英国の富の蓄積を背景に、充分な資力を持って、召使いや家庭教師までひきつれての貴族階級に属する若者たちの大名旅行であった。

留学生のように学校での勉学は彼らの目的ではなかった。言うならば遊ぶことが目的であった。迎えるフランスやイタリアの貴族や上流階級にも、当時は同じ階級としての強い連帯感があったという。若者たちをすすんで迎える雰囲気があった。しかも、フランスは、摂政時代からルイ一五世治世に重なり、人生を楽しむことがなによりも大事とされた自由と放埒の時代、フランス革命前のアンシアンレジーム(旧体制)が最後に輝いた時期だった。男女の交際も自由であった。様々な批判もあるが、ヨーロッパ文明の爛熟の一つの頂点の時代を、若者たちは旅行者として楽しんだのである。

グランドツアーの終焉

これだけ隆盛をきわめたグランドツアーも一八世紀末には自然に消滅した。産業革命の進展により英国ではブルジョワ階級が富裕となり、貴族以外の人々も容易に大陸旅行に出かけるようになった。次の一九世紀には、鉄道や蒸気船が登場して、本格的な観光の時代がはじまる。

グランドツアーというエリートが享受した観光の形は、長い観光の歴史を通じて、ひときわ華やかに輝いた旅行だった。観光の歴史の一過程としての意義は大きい。本格的な大衆観光のはじまる次の時代を準備した一つの大きな社会現象がグランドツアーであったと理解したい。

二　修学旅行

修学旅行は他の国では見られない日本独自の旅行であると言われている。全国のほぼすべての小学校、中学校、高等学校において実施され、生徒・学生の参加は全員参加に近い。ほとんどすべての日本人が三度の修学旅行を経験している。修学旅行は、国民的行事であり、青少年にとっての通過儀礼と言って間違いない。

まず、その誕生と現在までの歴史を、財団法人全国修学旅行研究協会資料「修学旅行の歴史　修学旅行の発祥と意義」により簡単に振り返ってみる。

修学旅行の歴史

修学旅行の誕生

修学旅行は、一八八六（明治一九）年二月に、東京師範学校（現在の筑波大学）が東京から房総半島銚子まで、教員を含めて総勢一二一名で、一一日間の「長途遠足」をしたのが、最初という説が有力である。それ以前にも遠足会という名前の旅行がいくつかあったようだが、克明な記録が残っていて有名なのはこの事例である。

この長途遠足報告書の中で、校長は、「今日、本校ニ於テ始メテ生徒ヲシテ長途ヲナサシメラレタルハ、一ハ兵式操練ヲ演習セシメ、一ハ実地ニ就テ学術ヲ研究セシムルノ目的ニ出ツ」と、遠足の目的を兵式操練と現地学習と述べている。背景には一八八五（明治一八）年に文部省が中学校以上で、兵式体操を教科にとり入れたことがあり、遠足会では兵式体操の訓練を行うのが常であった。

生徒は軍装で銃器を持ち、背嚢に外套・毛布をつけた。生徒全員を三小隊に編成し、生徒に順番に小隊長、分隊長を務めさせた。当時軍事訓練目的の宿泊を伴う旅行は「行軍」と呼ばれていたが、この旅行はこれに学術研究および教育的要素をとり入れたものであった。毎日一人ずつ、沿路各村について、人口、戸数、学校数など諸事項を調査させ、従軍日記を作成させた。

全行程徒歩で、二月一五日東京を出発、第一日目は東京から船橋まで、二日目の習志野では二日間、雪のなか、習志野錬兵場で、銃を使っての軍事演習を行っている。その後、佐倉、成田、佐原を経て銚子到着。帰路は、八日市場、東金、千葉を経て二月二五日に東京に帰着した。

各地で小学校を訪問し、兵式体操を教えた。銚子では、動植物採集研究などもおこなった。真冬の徒歩旅行は楽なものではなく、多くの生徒が疲労し、足を痛めたが、全員の気力は最後まで衰えなかったと記録に残っている。修学旅行誕生前史として遠足や行軍があり、初期の修学旅行は、見学・見聞よりむしろ、心身鍛錬の徒歩旅行としてはじまった。もう一点注目するべきは、この旅行が師範学校からはじまったことである。将来国民教育に直接携わることになる未来の教師たちをまず教育して、身体鍛錬を行おうとする意図があったのであろう。修学旅行は師範学校によって率先して取り入れられ、ついで徐々にその他の学校（高等中学校、尋常中学校、高等小学校）へと普及していく。

この時代から、それまでの「行軍」という言葉が「修学旅行」という表現になった。正式に文部省が認知したのは、「見聞を広め、心身を鍛錬することを目的とした学生旅行」を推奨した一八八八（明治二一）年の文部大臣訓令によってである。尋常師範学校準則に「修学旅行」という項目が示され、修学旅行は恒例行事に規定された。

翌年、一八八九（明治二二）年、東海道線（新橋―神戸）全線が開通、一八九一（明治二四）年には上野―青森が開通し、それまでの徒歩行軍形式以外の修学旅行に道が開けた。また、一八九〇（明治二三）年の東京での内国勧業博が黎明期の修学旅行の格好の見学先となった。

しかし、当時の修学旅行には、まだ徒歩旅行という初期の形式も部分的に残っており、地方都市からの旅行では鉄道網がまだ整備されていない部分は徒歩で移動するのが普通だった。小学生でも一日五里（二〇キロ）程度歩いた。

一八九二（明治二五）年に文部省は、文部大臣訓令により、修学旅行を推奨している。「夏期休業及び週末休業など、なるべく適当の時期を選び、教員をして生徒を率いて修学旅行をなさしめ、山川郊野を踏破して、その身体及び精神を鍛錬するとともに、知見を広めんことを務むべし」とある。

一九〇一（明治三四）年には、文部省令によって、兵式体操は体操科の中に位置づけ、修学旅行とは分離した。行軍の形で誕生した修学旅行がおおむね現在の形態になった。

戦前の修学旅行の変遷

国の強い後押しを得てはじまった修学旅行は、その後、ますます盛んに行われるようになった。その中で、明治時代後半に目立った動きは国の大陸政策の一環としての海外への修学旅行である。日清戦争（一八九四～

九五)、日露戦争(一九〇四〜一九〇五)の後、満州・韓国旅行が盛んにおこなわれた。国は、中学生・高校生に両戦争の戦跡めぐり旅行を推奨し、とくにまだ日露戦争の戦場の雰囲気が生々しく残る旅順、奉天などを訪れることが、次の日本を背負う世代に教育的効果があるとされた。

東京高等師範学校の大陸旅行は、一九〇六(明治三九)年七月一三日から八月一一日までの三〇日間で、生徒一六八名、職員二一名、その他三名の総勢一九二名の団体で、文部省、陸軍省の後援を受けて、旅順、奉天、大連を歴訪した。汽車、汽船、宿舎などはすべて陸軍が便宜を図った。戦場の視察のみならず、旅行中に、植物、昆虫採集や鉱物採集、中国の史跡見学などもおこなっている(白幡一九九六)。この旅行は日露戦争の終了した翌年に実施されたことになる。

こうした大陸修学旅行は大正末期から昭和初期にピークを迎えた。しかし、一九三一(昭和六)年に満州事変が起こると、激減した。戦前にも一時期、こうした海外修学旅行が存在したことは意外な事実であるが、その後の海外修学旅行の復活には、戦後も二五年を経た一九七〇(昭和四五)年代まで待たなければならなかった。

大正から昭和に入ると、修学旅行はより多くの学校で実施されるようになった。しかし、一九三七(昭和一二)年の日華事変以来、戦時色の濃くなるなかで、文部省が一九四〇(昭和一五)年に修学旅行の制限を通達した。当時の国家主義的思想を背景に、修学旅行も、軍事施設や軍艦などの見学と、伊勢神宮・明治神宮を中心とする神社仏閣参拝に偏重していった。それでも、一九四二(昭和一七)年ごろでも、空襲警報の鳴るなかで、修学旅行は行われていた。この年一〇月、長野県立長野商業学校は、二泊三日で、五年生一一三名が、二見浦、伊勢神宮、橿原神宮、奈良、名古屋城への参拝・見学旅行を行った。全員戦闘帽にゲートル、リュックサックを背負い、分隊中隊編成で、終始軍隊式の行動をとった。一九四三(昭和一八)年にはさすがに修学旅行は終わり、学徒動員、学童疎開がはじまった。

戦後の修学旅行の復活

しかし、修学旅行は一九四六（昭和二一）年にはすでに再開され、急速に復活の道をたどる。驚くべきことは、昭和一八年まで実施された修学旅行が、終戦の翌年昭和二一年にはもう、いくつかの高等学校ではじまっていることである。米持参、列車三人掛け、通路に新聞・ゴザを敷きながらという苦しい環境のなかで、修学旅行が復活した。一九四八（昭和二三）年には専用臨時列車も動き始めた。修学旅行がいかに学校教育の中に定着した習慣であったかがわかる。同時に、教育現場の修学旅行にたいする意欲の強さに圧倒される思いである。

一九五〇（昭和二五）年くらいから、まだ食糧事情や輸送状況が不十分ななかで、修学旅行は順調に復活・発展の道をたどる。占領軍による戦後の新しい教育政策のなかで修学旅行はしぶとく生き残った。

国鉄（ＪＲ）の団体割引の復活は一九四九（昭和二四）年、修学旅行の規制緩和は一九五〇（昭和二五）年ごろからであった。敗戦後、宿泊を伴う旅行がまだ庶民の手に容易にはとどかない時代に、修学旅行の増大はめだって大きかった。当時の家庭にとって、宿泊を重ねる修学旅行は大変な贅沢で、経済的負担は大きかった。それでも親は、子供のハレの舞台といったとらえ方がほとんどで、無理をしても旅行準備を整えた。昭和三〇年代でも、出発当日、真新しい靴や服に身を固め、新品のリュクサックを背負って現れる子供が普通だった。修学旅行は単に子供だけの行事ではなく、一家にとっての大きな社会的行事であった。修学旅行先の東京に親類がいる子供は、旅館でその訪問を受けることも少なくなかった（白幡一九九六）。

生徒や学生にとってだけでなく、すべての日本人にとって修学旅行の教育の中での位置づけはきわめて高かった。

その後、修学旅行を取り巻く環境は大きく進展し、修学旅行専用列車の運行、新幹線・航空機利用などにより、旅行の範囲も拡大していった。これらの動きの中で、忘れてはならないのは、それまで国内に限定されていた修学旅行が海外まで出かけるようになったことである。一般人の観光目的の海外旅行は、戦後長い間禁止されていたが、ようやく一九六四（昭和三九）年に解禁となった。私立学校では、一九七〇年代から一部の学校で行われていたが、公立校の海外旅行は、各県が原則禁止しており、最初の公立高校による韓国修学旅行が、一九八四（昭和五九）年の福岡県小倉商業高校であり、公立高校最初の中国修学旅行は、一九八六（昭和六一）年の埼玉県浦和市立高校であった。現在では、海外旅行を禁止している都道府県はほとんどなく、原則として海外旅行は可能である。しかし、海外旅行の目的地や予算などには制限がつけられているのが一般的である。

修学旅行の現況

こうした歴史を持つ修学旅行の現況はどんなものであるか概観してみたい。添付表3―1「国内修学旅行実績二〇〇七」により、全体像が理解できるだろう。

ここで何より驚異的なのは、実施率と参加率の高さである。高校の実施率が小中学校より多少低いが、最近、高校では海外旅行を行うこともあるので、海外旅行を含めた実施率はこれより高くなるはずだ。海外旅行が多い私立校での実施率が低いこともこれが理由であろう。過去一〇年ほどの推移を見ても、実施率は現在のレベルで継続的に推移している。参加率は、高校以外の数字はやや古いが、全体としてはきわめて高い。ほぼすべての学校が実施して、ほとんどの生徒が参加するのが修学旅行の最大の特徴である。

ここまで高い参加率は、単に学校の方針というだけでなく、生徒・学生もこの制度を肯定的に受け止めていることが想像される。旅行費や小遣いの額も、一般家庭への負担としてかなりの額である。送り出す家庭の方も、修学旅行の意義を高く評価して、無理をしても旅行に出すという姿勢は、修学旅行の歴史の中で見てきたとおりである。

同時に、短期集中で、相当のコストをかけ、密度の濃い旅行という意味では、正に日本の観光の特徴も見られる。旅行先ベスト5からは、小学校から中学、高校と年齢があがるにつれ、航空機利用を前提に、旅行の範囲が

表 3-1　国内修学旅行実績　2007 年

学校		実施率 %	参加率 %	最頻実施学年	最頻実施月	最頻旅行日数	一人平均旅行費	一人平均小遣い	旅行先ベスト 5
小学校	全体	91.5	99.6	6 年	10 月	2 日	27,807	4,271	京都、奈良、三重、栃木、広島
	国立	85.7	99.6	6 年	4 月	3 日	41,276	5,500	
	公立	92.5	99.7	6 年	10 月	2 日	22,404	3,988	
	私立	87.7	99.7	6 年	5 月	4 日	58,306	4,667	
中学校	全体	94.8	98.2	3 年	5 月	3 日	61,275	13,210	京都、東京、奈良、沖縄、大阪
	国立	87.5	99.8	3 年	5 月	4 日	84,832	12,056	
	公立	97.5	98.1	3 年	5 月	3 日	59,085	13,417	
	私立	72.2	98.8	3 年	10 月	4 日	79,272	10,575	
高校	全体	85.7	96.3	2 年	10 月	4 日	93,412	24,922	沖縄、北海道、京都、東京、長野
	国立	80.0	99.5	2 年	7 月	4 日	80,054	17,500	
	公立	89.4	96.3	2 年	10 月	4 日	88,901	25,181	
	私立	74.9	96.0	2 年	10 月	5 日	109,434	24,591	

出典：日本修学旅行協会　教育旅行白書～修学旅行を中心として 2009 年版。
注：参加率小学校と中学校は 2004 年数値、最頻実施学年の中学校と高校は 2006 年数値、一人平均小遣いの高校は 2005 年数値。

拡大していることがわかる。全体の傾向としては、伝統的目的地である京都・奈良に、近年沖縄と北海道が加わったという印象である。

海外修学旅行については、ここ数年堅調に増えているが、まだ全体の中では相対的に少数であり、現時点では高校が主体である。二〇〇七（平成一九）年度で、全国の高校のうち海外旅行を行ったのは二五％程度と推定される。学校主催の行事であり、旅行の安全性に敏感であるので、実施の決定は事故や感染症の発生などの客観情勢に大きく影響される。実施件数が年度ごとに大きく変動する原因である

なお、二〇〇七年度の公立高校の海外修学旅行の平均泊数は四・三泊、平均旅行費は一二二、八二七円、訪問先上位一〇位は、オーストラリア、韓国、シンガポール、中国、マレーシア、米国本土、ハワイ、フランス、カナダ、台湾である。近隣諸国への旅行が大半を占める理由は、常識的に考えても、近距離で旅行期間も短いこと、旅行費用も相対的に安いこと、アジア諸国との理解を深め、交流を図ることを

目的としていることなどであろうと思われる。

最近の新しい動き

修学旅行が誕生してから一〇〇年以上過ぎているが、旅行の内容は、原則的にはそれほど変わっていない。しかしそれでも近年は多少の新しい動きがあると言われている。旅行業界などで言われていることは次の通りである。なお、関連数値は日本修学旅行協会の「教育旅行白書~修学旅行を中心として二〇〇九」による。

自主性を重んじる行動

修学旅行のイメージは常に全員での同一行動、あるいはクラス別行動であるが、近年は基本的にはこの原則は変わらないが、一部に班別自主行動がとりいれられている。典型的なのは、京都・奈良などの都市での見学をバスでなく、小グループに分けて、自主的な計画を立てさせ、公共交通機関やタクシーでまわって見学する形である。

二〇〇七(平成一九)年統計で、小学校では行動形態の全体の五一・五%が団体行動、三九・〇%が班別行動となっている。中学校では、団体行動五七・〇%、班別行動三三・〇%、高校では、団体行動五九・九%、班別行動二五・五%であり、小学校から高校まで団体行動と班別行動の二つの組み合わせが定着している印象である。班別行動がおこなわれる地区は、京都・奈良以外では、長崎、鎌倉、横浜、札幌、東京などである。

体験学習

小中学校では一九七七(昭和五二)年、高校では一九七八(昭和五三)年に学習指導要領の改訂が行われ、修学旅行の中での「勤労体験学習」が推奨された。すでにそれ以前から、一部の修学旅行で農家での農業体験や実習がおこなわれていたが、国がこれを後押ししたことで、広く取り入れられるようになった。

二〇〇七（平成一九）年で、小学校では全体の四八・五％、中学校では六〇％強、高校では六四・一％の学校が実施している。体験学習の内容は、陶芸・絵付け体験、そば打ち・ジャムづくり等の料理体験、伝統工芸・ガラス細工・彫刻、自然体験、農村・漁村体験など、小学校から高校まで共通している印象である。体験学習が修学旅行の中で重要な位置を占めているのは間違いない。

スポーツ体験

これも体験学習の一部であるが、スキー修学旅行が一時盛んにおこなわれた。一九七〇（昭和四五）年神戸市の高校がはじめて、長野県栂池スキー場へ行った。その後関西を中心に普及し、一九八〇年代に盛んになった。一九九三年（平成五）年度の調査では、全国高校の二一・二％で行われている。公立高校に限れば二九・五％とほとんど三割に近い。熊本、大分、佐賀など九州の高校の実施率が高いが、総じて一時ほどの勢いはなくなっている（白幡一九九六）。

最近では、中学校では、二〇〇七（平成一九）年の「スキー・スノーボード・スノーシュー体験」は、体験学習構成中第二二位で全体の〇・七％で、それほど高くない。ただし、高等学校では、同じ「スキー・スノーボード・スノーシュウ体験」が、第八位、構成比五・一七％であるので、それなりに評価されているようだ。

生徒の気質・行動の変化

生徒の気質・行動が変化してきた。かっては旅行中の乱暴な行為、飲酒・喫煙、あるいは他校の生徒との喧嘩等が少なくなかった。ひとつの旅館に複数の学校の宿泊を避けるのもこうしたトラブルを防止するためであった。こうした喧嘩や暴行事件の頻度は明らかに激減しているという。また、一人っ子として豊かな環境で育てられた生徒たちは、これまでの修学旅行専門の施設や食事では満足しない。宿泊施設や食事に関する要望も厳しく、旅行内容は贅沢になった。具体的には、旅館の大部屋ではなくホテルの個室を求め、手荷物運送に宅急便を利用するなどの動きが見られる。

生徒が決める修学旅行

朝日新聞が伝えるところによれば、修学旅行の行く先をクラス毎に、生徒がクラス委員を中心に議論して決定する高校があるという。まだ一部のことではあろうが、生徒の自主性を重視した新しい形の修学旅行の試みだという（朝日新聞二〇〇七）。

こうした動きを一言で言えば、修学旅行の多様化である。様々な形の旅行を学校や生徒が選択できることは一つの進歩と見ていいのだろう。これからも、新しいタイプの修学旅行が現れるかもしれない。多様化の一つとして、班別行動は、時代の趨勢を反映した個人化の動きと見ることができる。しかし、修学旅行は、本来団体行動が基本原理であり、国も、教育現場も明治以来、その価値を評価してきた。日本人の旅や観光の形態が、圧倒的に個人主体のものになった現実のなかで、修学旅行の基本理念はどうなるのか。日本人は団体旅行好きで、それは若いときに修学旅行をするからだという通説があるようだが、修学旅行で個人化がさらに進むのか興味深い。

修学旅行の評価

現時点で修学旅行はどう評価されているのか。国（教育行政）、教育現場（教職員）そして、生徒・学生の三者の立場での修学旅行観を整理してみたい。

国としての基本姿勢

明治以来、多くの議論はあったが、国は常に修学旅行の価値を高く評価してきた。国の政策として公立校を対象に文部省や教育委員会が頻繁に公布した通達や指導要綱からもそれはうかがえる。一例を挙げれば、一九五八（昭和三三）年に学校教育法施行規則の一部が改正され、小・中学校の「学習指導要綱」の「学校行事等」で、修学旅行は「学校が計画し、実施する教育活動」となった。この指導書は、修学旅行のねらいを、次のように述べている。

（一）わが国の文化、産業、政治などの諸要地を直接見聞することによって、各教科、その他における指導を拡充することができ、広い知見と豊かな情操の育成に資することができる。

（二）学校外に出て集団的に行動することを通じて、健康安全、集団生活の決まり、公衆道徳などについて望ましい体験を得させることができる。

（三）未知の世界を見聞し、あるいは師弟や学友が生活を共にすることによって生涯の思い出をつくり、学校生活の印象を豊かにさせることができる。

その他の例を見るまでもなく、これが国としての修学旅行に関する基本的な考え方であると思われる。

学校としての修学旅行のねらい

それでは教育現場の学校では、修学旅行をどう評価し、今後の存続についてどう考えているのか。学校側の意見を集約した資料は、残念ながら見つけられなかった。

修学旅行に学校として何を期待しているかというテーマについては、やや古い資料だが、修学旅行実施校を対象に「修学旅行のねらい」を質問したアンケート結果がある。結果をまとめたのが表3―2である。現実には各学校の修学旅行担当教員からのコメントであろう。

大きく分けて、修学旅行の目的（狙い）は三点に収斂しており、第一に集団生活訓練・公衆道徳体験、第二に

表 3-2　修学旅行のねらい（修学旅行実施校へのアンケート回答、複数項目選択式）

学校	修学旅行のねらい	%
小学校（上位 5 項目）	集団生活の決まりや公衆道徳について望ましい体験をさせる	24.6
	地理・歴史・文化財などを実地に見聞し学習を拡充する	23.9
	楽しい思い出をつくる	16.0
	師弟や児童相互の人間関係を深める	10.2
	自然の偉大さ、美しさに触れ豊かな情操を育てる	9.0
中学校（上位 3 項目）	集団生活訓練	28.5
	歴史学習（史跡、美術、文学などを含む）	20.0
	学校生活のよき思い出つくり	17.1
高校（上位 5 項目）	教師・生徒・生徒間の人間関係を深める	60.3
	集団生活訓練、公衆道徳について望ましい体験を持たせる	58.1
	集団生活のよき思い出をつくる	50.3
	自然の偉大さ、美しさに触れる	48.2
	地域の産業・文化・生活等の調査研究	43.2

出典 : 日本修学旅行協会　修学旅行のすべて 2005

学校外の実地での勉学、第三に学校生活の思い出づくりであるが、小、中、高校とも、学校として求めているのは、第一の集団生活訓練が高い比率を占めていることに注目したい。

生徒・学生の修学旅行の評価

それでは、当事者である生徒・学生は修学旅行をどう評価しているのかという問題だが、公表されている統計は見つからない。ここでは、私自身が、大学在職中に自分のクラスでおこなった簡単なアンケートの結果を報告しておく。二〇〇九（平成二一）年六月、「観光文化論」の講義で、二年次生を対象としたアンケートであった。小学校・中学校・高校を通じての自身の旅行経験について、「修学旅行はいい制度だと評価しますか、あるいは評価しませんか。その理由を書いてください」にたいする回答は、

修学旅行はいい制度だと思う　四二人
修学旅行はいい制度とは思わない　二人

「いい制度と思わない」と解答した二名は、その理由は書いていない。一方、「いい制度と評価」した四二名が挙げた理由は表3―3の通りである。

四四名中、四二名が修学旅行の良さを評価している。二名以外は、思い悩んで答えたのではなく、即座にいいと解答した印象である。理由のうちでは、「思い出となる」と「友達との人間関係」が、圧倒的に大多数であり、一部の学生は「集団行動訓練」まで肯定的に見ている。このアンケートひとつで断言することは危険だが、自分の個人的経験も含めて言えば、日本の生徒・学生が全般的に、修学旅行を好意的に見ていることは間違いない事実であろう。ただ、学校側が集団生活訓練を最重要視しているのにたいして、生徒・学生は、「友達との交流によるいい思い出づくり」をもっとも高く評価している。翌年も同じアンケートを実施したが、同様な結果がでた。

最後に、生徒を旅行に送り出す家庭の評価は、アンケートなどの資料が見つからなかった。社会的にとくに批判が顕在化していない現況から推定すれば、全体としては、国民的行事として定着した修学旅行を肯定的に捉えているものと推定する。

表 3-3　修学旅行を評価する理由（複数回答）

理由	コメント数
いい思い出をつくることができた	15
友達との人間関係、絆、親睦を深めることができた	11
いろいろな体験ができた・普段できない経験ができた	7
集団行動訓練ができる・協調性を学ぶ・団体生活を経験できる	5
将来を決める動機になった	1
学校生活最大のイベント	1
歴史的建造物を見ることができた	1
旅行が好きだから	1
人間として成長する	1
自分たちで計画することで多くを学んだ	1
知らないことを学べる	1
修学旅行で夢を見つけた	1

修学旅行の批判

しかし、修学旅行にまったく批判がないと断定することはできない。これまで言われてきた批判の主なものは、貴重な学習勉強時間を旅行に割くのはもったいないという原理論のほかに、修学旅行は、学校側が決めた旅程を集団行動で実施するので、生徒の自主性はまったく無視されたお仕着せ旅行で、教育効果はないというものであった。ただ、こうした批判が社会的な問題提起として、修学旅行の存続についての議論にまではなっていない。修学旅行担当教員のアンケートでも、一部に内容の改善を提起する声もあるが、決定的な否定はされていない。修学旅行が、長い歴史を持ち、学校行事として定着している事実の重さを再認識させられる。一方で、体験学習や班別行動の導入など、こうした批判に対応して、修学旅行の内容改善を図る動きがあることも忘れてはならない。

修学旅行の今後

修学旅行の内容は、これからも新しい形が取り入れられる可能性は大きいが、基本路線は当分変わらないと思う。最大の問題は、団体集団行動をどう評価するかであろう。現在進行中の個人行動の拡大、旅行実施母体の縮小（クラス毎の旅行実施など）がさらに進めば、修学旅行の本質である団体行動の意義を問う議論になるかもしれない。

しかし、一〇〇年以上にわたって修学旅行が存続してきた最大の理由は、当事者である生徒・学生が友達や先生と一緒の旅行を楽しみ、いつまでも「懐かしい思い出」として記憶していることではないだろうか。国や学校が掲げている目的に関係なく、若者たちが学校生活の一過程として旅行そのものに大きな歓びを見いだし、両親や家族もそれを支持してきたという事実が、修学旅行を「国民的行事」として定着させたと考えたい。

もうひとつ、客観的な事実として忘れてはならないのは、修学旅行市場、即ち、若年人口の減少の予測である。一〇～一四歳人口は、二〇〇五年から二〇五五年までの半世紀で、五七・三％の減少、半分以下になる。内容とは別に、修学旅行規模は大きく減少する。

修学旅行とグランドツアー

最後に、英国のグランドツアーと日本の修学旅行を比較してみたい。しばしば、この両者を同一視する意見もある。共通点は、旅行が若者の人格形成に有益であるという基本思想であり、それがその時代の若者の通過儀礼になっていることである。親が旅行経費を負担していることも、教育投資としての同じ考えである。

しかし、共通するのはここまでで、相違点を挙げると、まずその目的が異なる。修学旅行は現在では、「集団生活訓練」と、「生徒・教員間の人間的触れあい」が目的であるが、グランドツアーは外国文化やマナーを学ぶことによる国際人材の育成が目的であった。旅行期間の違いも大きい。当然旅行費負担の重さも違う。旅行の行動形態は、随行者がいたとはいえ個人旅行であったグランドツアーと、団体行動に意義をみとめる修学旅行の差は大きい。

最後に、当人や親の個人的意志によるグランドツアーと、制度としていわば強制的な修学旅行の違いがある。グランドツアーはほんの一部の貴族階級に限定されたものであったのにたいして、修学旅行は日本で教育を受けている生徒・学生すべてが対象である。両者を同じ性格の旅行と考えるのは無理があるようだ。グランドツアーは歴史上特異な現象であったかもしれないが、ヨーロッパの若者の教育旅行の伝統文化の一環であり、日本固有の旅行文化である修学旅行とは一線を引いて考えるべきであろう。

三　ドイツのマイスター修業旅行

職業訓練の遍歴旅行

グランドツアーほど知られてはいないが、ドイツに職人の修業旅行の伝統がある。職人の技術を高く評価するドイツでは、一流の技術と人格を持つ職人にだけ与えるマイスターという国家資格がある。マイスター制度は中世以来五〇〇年の伝統を持つ。マイスター制度によれば、職人の身分は徒弟、職人そして親方（マイスター）と三階層あった。そのなかで独自の制度として、職人試験に合格してから、三年と一日（最後の一日は帰郷のため）

の職業訓練の遍歴旅行が義務づけられており、これを経験してからはじめて親方の資格を取得できる。

「ワルツ」（Waltz）と呼ばれるこの制度は一四世紀ごろからはじまったとされるが、義務となったのは、一五世紀中葉以後である。遍歴の目的は、「若く未経験な職人が他国で他人の飯を食い、新しい技術を習得するため」としており、長い間、青少年の人格陶冶の重要な手段とみなされていた。確かに、若者が一人きりで、生きる糧と仕事をもとめて、見知らぬ国を遍歴することは、教育として意味があるように思われる。青春の夢に溢れたロマンティックなテーマとして、ドイツロマン派の作家の小説にも描かれた。

一五世紀から一九世紀までの五〇〇年間、ドイツの職人は、北は、スウェーデン、デンマーク、オランダ、東はボヘミア、ハンガリー、ロシア、西はフランス、スペイン、南はイタリア、そして、英国まで、国境を越えて遍歴の旅を続けた（阿部二〇〇〇）。

遍歴する若者

旅行は放浪旅行と呼ばれるように、徒歩とヒッチハイク以外の移動手段を許さず、放浪しながら、同業の親方を訪ねて、働かせてもらう場所を探す。運良く職が見つかればいいが、野宿をする恐れもある。放浪職人には他にも厳しい決まりごとがある。職種ごとに服装も決められている。たとえば、古くから伝わるコールテン素材の黒いジャケット、パンツにベスト、そして白いシャツと黒い帽子。持ち運べる物は着替え一式と僅かの下着だけ。親の葬式以外は実家に帰ることは許されないどころか、故郷の半径五〇キロ以内に立ち入れない。その旅のなかで技術を学ぶと同時に、多くの人と文化に触れ合いながら人格や見識を高めていく。

これこそ、職人の通過儀礼であり、正に旅から学ぶという素晴らしい制度に見えるが、現代の歴史家によれば、これは、必ずしも教育的な意味でできた制度ではないという。一五世紀末のドイツの諸都市における人口増加が頭打ちになり、都市経済の規模の拡大が期待できなくなった。同業組合では、親方株を一定数に限定した。修業の終わった職人が、親方になれないという状況になった。このような状況は、職人にとって将来の見通しがたたないやりきれない事態である。また、親方や同職組合、市民全体にとっても困ったことになった。そこで考え出されたのが、修業旅行であった。職人は、親方昇任試験を受ける前に、一年から七年（職種によって異なる）各地の同職組合を回って歩き、親方のところで、技術や人生についての経験を深めることを義務づけた制度であった。実質的には、人口がいまだ増加し続け、経済発展が期待できる地域への労働力の一時的な移動であった（阿部二〇〇〇）。

そして、現実には、旅は楽しいことばかりではなかった。当事者はもちろん、一〇代後半のまだ未熟な若者を何年もの間、異郷へ送り出す親の心配も大変なものだったろう。グランドツアーのような優雅な旅ではなく、本当の意味で、教育的な厳しい旅行であったことが想像できる。

制度の崩壊

中世そのものであるようなこの制度がいまだに続いているという朝日新聞の記事「放浪修業　陰る伝統」（朝日新聞二〇〇六）を読んで驚きを禁じえなかった。現代では、この制度はむしろ批判の的になっている。放浪中に習得した技術の個人差が大きく、中途脱落者も多く、現実的でないという意見が多い。一九世紀後半からは、次第に義務化が解かれ、一九五三年には、法整備され、工場などでの実務研修でもよくなった。それどころか、マイスター制度自体が、資格取得に時間がかかり過ぎる、自由競争を阻害するなどと欧州連合（ＥＵ）から批判が高まり、多くの業種で廃止されている。こうした状況下で、修業の放浪旅行をおこなう若者の数は激減しているが、それでも、なお毎年、建設業を中心に昔ながらの旅に出る若者がいるという。

グランドツアーは一八世紀末には事実上なくなり、五〇〇年も続いたマイスター修業旅行も廃止寸前である。しかし、旅が若者の人格を涵養するという基本思想が変わったわけではなく、旅に自らの生き方を問いかける若い世代は今も多い。二〇世紀後半においても、ヒッピー運動、バックパッカーの放浪旅行などの動きが見られた。現代では、社会制度的な旅行形態ではなく、若者、一人一人の考え方に基づいて様々な形の多様な旅行がおこなわれている。その中で、特異な存在の修学旅行がこれからどう変わるのか、注目したい。

第二節　一七世紀～一八世紀：リゾート文化の成立

一七世紀から一八世紀にかけて、ヨーロッパでは、温泉地や海岸へ赴き一定の期間滞在する形の旅行が盛んになった。現在では温泉リゾートとか海浜リゾートと言われているものである。

リゾートとはなにか。辞書を引くと、「避暑地」、「保養地」という説明である。リゾートにあるホテルをリゾートホテルということもある。ご承知のとおり、リゾートは通常の観光目的地とは、少し異なる語感があり、ある程度長期間、滞在する目的地という理解が一般的である。これにたいして、通常の観光地は、短い期間、観光目的でおとずれる場所ということになる。通過型観光とか、一度に色々な観光地を訪ねるという意味で、周遊型ということもある。日本人の典型的な旅行形態といわれているのはこの形である。一方、欧米では、リゾート型が観光の主流であるとされる。

また、イメージとしては、リゾートは一般的には、複数の観光施設の総体を意味することが多い。ホテル一軒だけあってもリゾートとは言わない。リゾートという言葉はしばしば滞在型のホテルの意味で使われるが、ホテルはリゾートにとって不可欠の要素ではあるが、すべてではない。ホテルがあり、ゴルフ場があり、スキー場があり、あるいは、ヨットハーバーがあるというように、複数の施設が構成する集合体を指すことが普通である。

当然のことながら、長期間滞在する場所であるリゾートは、周辺の環境が美しく魅力的であることが求められ、海浜や山間などに建設されることが多い。

一　英国の温泉リゾート

温泉の復活

先に述べたように、温泉はすでにローマ時代に存在した。ローマ人に風呂は必需品であった。ローマの上流階級は、夕方、風呂に入り、マッサージを受けてから夕食の席についたと伝えられる。ローマに遺跡として浴場が残っていることはよく知られているが、ローマ人は、各地に遠征し征服したところに多くの温泉を掘削した。現在ヨーロッパ各地にある著名な温泉地はほとんどすべてローマ人が開発したと言えるくらいである。ローマ人が温泉を造った目的は、身体を清潔にしての健康保持であり、一説によれば、古代ローマでは病気が相対的に少なかったという（塩野二〇〇一）。

しかし、温泉人気は、ローマ時代以降の数世紀の間に失われた。温泉がなくなったということではないが、関心は高くなかった。それでも、中世時代を通じて病気治療のために温泉地を訪ねる旅人は数は少なくても絶えることはなかった。

温泉が再び注目されるのは一七世紀のことで、古代ギリシャ・ローマ文化への回帰であるルネサンスの影響があったとされる。そして、人々が温泉に関心を抱いたのは、ローマ時代と同様に、温泉飲や温泉浴に医療効果があると信じたことであった。

温泉復活への直接の動機になったのはいくつかの学術論文であった。一五六二年に、ウィリアム・ターナー博士が出版した著作が、英国のバースの鉱泉の医療効果を指摘した。一六二六年には、エリザベス・ファローが、やはり英国のスカーバラの温泉水に注目した。同じ年に、エドモンド・ディーンは、ハロゲートを英国におけるもっとも強い硫黄泉と紹介した。こうして多くの温泉の医療効果が強調され、温泉療法は急速に発達し、社会的認知を得ることになった（holloway 2002）。

温泉治療には、ある程度の長期の滞在が求められ、この時代にそれができるのは富裕な上流階級に限定されるのは自然のことである。王侯貴族や上流富裕層が、長い間温泉地に逗留し、治療を受けながら、仲間内の社交を楽しむようになった。彼らの需要に応えて、ホテルが建てられ、ありあまる暇な時間を過ごすために、競馬場、劇場、カジノなど、長期滞在客が快適なくつろぎの時間を過ごせる環境が形成された。高級温泉リゾートの成立である。

ヨーロッパの温泉は日本の温泉と多少異なるところがある。温泉療法は、温泉水を飲むことと、温泉浴の二つであった。温泉地には、中心部にひとつまたは、ふたつの鉱泉水飲場（ポンプルーム）があり、人々は医師の処方に従い、ここで定期的に温泉水を飲用する。温泉治療もここでおこなわれた。温泉飲も温泉治療も、医師の指示に従っておこなわれる。日本のように宿屋にひきこんだ風呂に入るという形ではない。日本人の温泉の楽しみ方より医療目的の意図が強い印象である。

ここで注意しておくべきことは、温泉リゾートは、元々、金持ちのための贅沢な滞在地であったことである。この性格は、現代のリゾートにも一部受け継がれている。

温泉リゾートバース

一例として、英国でも有名なバース（Bath）をとりあげる。バースはその名前からも温泉の象徴のような町である。バースはロンドンから列車で一時間半、緑濃い田園のなかの古い歴史をもつ美しい町である。一八世紀に著名な建築家が完成した建築物が独特な都市景観を形成しているが、この町のもっとも有名な観光資源は、ローマ浴場の遺跡である。紀元一世紀末にローマ軍によって建設された浴場は、その後うち捨てられて荒廃したが、中世期を通じて温泉は枯渇することなく湧き続け、ハンセン病や天然痘など不治の病に悩む人々を集めることで、かろうじて命脈を保ってきた（写真3―1）。

温泉人気の復活とともに、バースには、当時の王様や王族が多く訪れるようになった。彼らの建前は、病気治療であり、とくに不妊治療を目的とする王室の女性が多かった。本来、難病治療にやってくる病人の湯治場であったバースが、一八世紀はじめから、急速に、病人ではない上流階級の人びとが遊びにやってくる社交場に変わっていった。丁度、クロムウェルの軍事独裁体制後の、王政復古がもたらした華やかで享楽的な時代背景もあった。

写真 3-1　バース　ローマ浴場跡（鈴木泰夫氏提供）

バースが最大の繁栄を享受したのはボー・ナッシュが儀典長を勤めた六〇年間であったと言われる。蛭川久康「バースの肖像」がその時代のバースの隆盛の姿を伝えている。

儀典長は本来宮廷の式典を取り仕切る役職であるが、ここでは、バースを独立した国に見立て、滞在客の生活全般、社交行事をとりしきる行政とは別の名誉職的地位であったらしい。賭博師としてバースにやってきたナッシュは一七〇五年に儀典長になると、次々と大胆な改革をおこなった。道路改修、宿泊施設の改良、賭博につきまとう決闘の禁止、さらには温泉療法専門の病院建設などにより、健全で上品な社交場というイメージと評判をつくりあげた。また、同じ目的で、社交場の礼儀作法や服装について滞在者が守るべき一一か条の憲法を制定し、徹底させることまでやってのけた。外的環境の整備では、建築家ジョン・ウッドに古代ローマ風な建物を造らせ、統一された美しい都市景観が形成された。

「バースの王」とまでいわれたナッシュは、様々な演出で、バースのイメージをさらに華やかなものにした。滞在客が馬車で到着すると、町中の教会の鐘が一斉に鳴りだし、賓客の到来を告げる。町お抱えの楽団と唱歌隊が音楽で迎え、ホテルにつくと、儀典長自らが歓迎の挨拶にやってくるというパフォーマンスが日々繰り返された。舞踏会は週二日、音楽会は隔日に、個人的パーティーは無数にと、多くの娯楽が提供されたが、面白いのは、毎日の遊びと社交が、朝六時の入浴と、午前中の温泉飲にはじまり、夜のダンス、カード、観劇までナッシュが定めた生活時間表通りにおこなわれたことである。

バースの評判は高くなり、上流の名士や文化人の来訪は一層頻繁になった。彼らの集まるサロンも高尚なものに、娯楽の一つとしての演劇もロンドンに匹敵する質の高いものになった。温泉社交場だけでなく、バースは文化発信基地でもあった。

バースのローマ浴場は、現在も大勢の旅行者が訪れる。古代のままの大浴場は濃緑色の湯に充たされ湯気が立っていることからわかるように、なお温泉は湧き続けている。しかし、温泉浴は禁止され、大浴場のある温泉会館ロイヤルポンプルームで、わずかに温泉水を飲むことだけができる。代わりに、市中心部に新たに建設された近代的な温泉施設で、温泉浴と様々な温泉トリートメントを楽しむことができる。なお、英国にはバース以外にも多くの温泉地が存在し、英国以外の欧州各国でも、この時期に多くの高級温泉リゾートが繁栄したことをつけ加えておく。

しかし、バースの繁栄も一八世紀末にはかげりの色が濃かった。英国の温泉リゾート人気はすでに最盛期を過ぎていた。最大の理由は、温泉リゾートにとって代わる新しいリゾートの出現であった。

二　海浜リゾートの出現

海水は万病の予防薬

ルネサンスまでは、英国では、海水浴は人気がなかった。それ以前にまったく知られていなかったわけではないが、海水浴は衣服を脱ぐので、これは当時の道徳規範に反していた。温泉と同様に、海水浴の普及もルネサンスの影響だとする説がある。確かに、ギリシャ彫刻に見られるように、古代では人間の肉体そのものの美しさが讃えられていた。

一八世紀の英国で海水浴が注目されるようになった原因は、やはり海水が健康にいい効果を与えるということであった。それもはじめは、海水浴ではなくて、海水を飲むことであった。当時の医療専門家が、温泉水に含まれる健康にいい鉱物資源が海水の中にも豊富にあると認知したからである。

一八世紀はじめにはすでに、英国の海岸にある漁村に、海水を飲むことと海水に浸ることを目的に大勢の人々がやってきた。記録によれば、一八世紀末、英仏海峡に面した海岸の町ライムリージスでは、人びとは一時間おきぐらいに海岸へ行き、一回に一パイント（〇・四七三リットル）の海水を飲んだ。飲用に際しては蟹の目玉、マムシの肉、烏賊の骨、蝸牛などのスープとともに飲むのがいいと推奨された。ロンドンでは海水の瓶詰めが売られた。一九世紀半ばを過ぎるとさすがにこうした極論は影を潜めたが、それでも、一八六〇年に出版された「イギリスの保養地とその活用法」には、海水の飲用は通常半パイントとして、ポートワイン、牛乳、ビーフティー（牛肉を水で煮だした滋養飲料）と混ぜて飲むのがいいと明記されていた（蛭川一九九八）。

この当時有名だったのは、スカーバラで、一七世紀から温泉地として知られていたが、北海に面した海岸でもあり、早くから、海浜リゾートとしても注目されていた。

海水療法が本格的に普及したのは、一七五二年に、ブライトンの医師リチャード・ラッセルが有名な論文を発表してからである。彼の論文は、海水にも温泉水と同様の医療効果があるとして、海水こそ「万能の創造主により調合された各種疾病のための万人の予防薬であり、わが国を大きく蝕み、医師もその治療に手を焼いている結核にことのほか効能がある」と唱えた。

それまで根強くあった女性が裸で海に入ることへの抵抗感も、海水浴用機械（ベイジング・マシーン）の発明で解決されていた。今の人間から見れば馬鹿馬鹿しい限りであるが、一種の移動更衣室であり、女性が水着姿を見せないように海の腰の深さまでこの車で運んでもらい、そこから海に入るというものだった（Holloway 2002）。

海水を飲む習慣は長続きしなかったが、海の空気を吸い、海水に浸ることが健康に有効であることは、この時代に社会的に広く認知された。さらに、時代を追って、海浜の大気吸収効果が強調され、スカーバラの空気やボーンマスの松の木が肺の疾患に効果があるなどという宣伝もなされた。こうした海水浴信仰は、程度の差こそあれ現代にまで続いていると言える。

海浜リゾートの繁栄

海水浴人気の高まりの背景には、英国の貿易と産業の拡大がもたらした富の蓄積の結果、旅行の大衆化がさらに進展した事実があるが、同時に内陸の温泉地が最早増大を続ける来訪者に充分満足を与えられなくなったこともある。温泉リゾートに代わって、海浜リゾートが繁栄の時代を迎えた。

これまでリゾートに出かけていた上流階級のほかに、大都市の産業労働者にも、この新しい習慣が定着した。これはバースの例に見るように一部の高級人種に限定されていた温泉リゾートとは異なる構造である。巨大な新しい階層の市場が誕生したのである。

それまで上流階級のみの楽しみであったリゾートへの旅行が、広く大衆にまで拡大したことは、観光の歴史の中で、極めて重要な出来事である。本当の意味での世界的な大衆観光がはじまるのは、第二次大戦後まで待たなければならないが、その最初の動きとして、英国の中産階級の海浜リゾートへの旅行は大きな意味をもっている(Holloway 2002)。

当然ながら、それまで自分たちだけで海浜リゾートの休暇を楽しんでいた上流階級の反発も強く、大都市に近い海岸を避けて、労働者階級の来られない遠くのリゾートへ逃れる動きもあった。また、リゾート地が、階級・身分ごとに、格付けされ、専門化される動きもあった（アーリ・加太一九九五）。

富裕階層は中産階級と混じることを嫌い、ブライトンは一時二シーズン制がとられ、冬は、避寒目的の上流階級が独占し、夏は中流階級でごった返すという事態になった（佐藤一九九〇）。

温泉リゾートが海浜リゾートにとって代わられた理由については様々な議論があるようだが、温泉リゾートが、ポンプルーム、入浴施設、劇場、ホテルなどが形成する狭い閉鎖的空間であったものが、海浜リゾートでは、英国の海岸だけを考えても無限の広大な空間が舞台になり得る収容能力の差が指摘できるだろう。その後急速に拡大する需要に対応する受け皿としての第一条件であった。

ファッショナブルリゾート～ブライトン

こうした海岸保養地として有名になったのは、ブライトン、スカーバラ　ブラックプールであった。スカーバラは温泉と海水浴の両方を楽しむことができた。また、ブラックプールは、大衆向け海水浴場とされていた。このなかで、知名度がもっとも高く、現在も観光地として繁栄しているブライトンの例を見たい。

ブライトンは英仏海峡に面してロンドンから至近距離にあるという地理的有利さをもっている。一八世紀後半には多くの旅行者が訪れ、著名な文化人の往来も多かった。ブライトンが有名になったのは、バースと同様に、王族がしばしば訪れたことも一因である。一七八三年には時の皇太子（後のジョージ四世）が訪れ、その後も頻繁に滞在した。彼が一七八七年に建てた離宮ロイヤルパヴィリオンは、中国風とかインド風とか酷評されながら、ブライトンの象徴的建築となった。一八四一年には、ロンドンからブライトンへの鉄道が開通し、ブライトン訪問者は増える一方であった（川島一九八二）。

写真3-2　ブライトン　パレス・ピアー（突堤の遊園地）（鈴木泰夫氏提供）

バースと同様ブライトンも、はじめは上流階級のリゾートであったが、その後の大衆化の波にもうまく乗ったものと見え、現在もブライトンはファッショナブルな商店、遊園地なども多く、年間を通じて多くの観光客を集める英国有数の観光地として知られている。

ブライトンの名物は、突堤（ピアー）であり、本来船の発着する桟橋が、今は、遊園地やお土産店、レストランなどが集まる観光センターになっている。パレスピアは、一八九九年にオープンした。桟橋の上に、ゲームセンター、ジェットコースターのある遊園地、レストランやカフェ、土産物店などがあり、多くの旅行者が訪れる。一八六六年にできたウェストピアーは、火事で焼失して今は異様な骨組みだけが海上に見られる。桟橋が観光センターになっている例は、ヨーロッパの他の国では、あまり見かけない（写真3―2）。

英仏海峡に沿った多くの都市がそうであるが、ブライトンにも多くの語学学校が存在し、英語の勉強に訪れる外国人の若者の姿が多い。

その後の、海浜リゾートの動向をやや時代を先回りして見れば、次の一九世紀、とくにヴィクトリア時代は、社会単位としての家族を重視する風潮が強く、家族旅行が増加した。家族旅行の目的地として海浜リゾートは最適であり、一層訪問者が増えることになった。

また、英国人も自国内だけの海浜リゾートでは満足しなくなった。まず、フランスのブーローニュ、シェルブールなどのある北部海岸へ、ついで、船や鉄道を利用して、イタリアのリヴィエラ海岸や南仏のコートダジュールまで行動範囲を拡げることになる（Holloway 2002）。

一九世紀末には、英仏海峡に望むノルマンディーのトゥールヴィルやドービルが洗練されたリゾートとして定着し、なかでもドービルは「海辺のパリ」とか「パリ二一区」とまで言われるほど、パリの上流階級の人気の滞在地であった。ドービルは、また、「フランスのブライトン」と呼ばれたように、この地のリゾート開発のモデルは先進国英国であった。英国人が、外国のリゾートに求めたのは、常に療養と社交の二つの要素であった（山田一九九八）。

英国の海浜リゾートの興隆については、ジョン・アーリが「観光のまなざし」のなかで、社会学的視点から過去の実例を挙げて詳細に説明している。アーリによれば、英国の海浜リゾートは二〇世紀に入って一九五〇年代に隆盛を極めたものの、七〇年代以降は急速に衰退したとしている。具体的なイメージとして、英国の海浜リゾートの象徴的存在であった桟橋と展望塔が旅行者を惹きつけなくなった。理由は都市の脱工業化が進み、海浜はもはや非日常的世界でなくなったと分析している。

三　ニース（コートダジュール）開発

ヨーロッパ大陸でも、米国でも一九世紀以降、各地で多くのリゾートが開発された。ここでは時代を少し先取りしてフランスの二つの事例を紹介する。現在でも国際的高級リゾートのイメージを持つ南フランスのニースの例と、二〇世紀後半の中産階級向けの新しい形のリゾート開発として知られているラングドック・ルシヨンである。

結核療養の地

南仏地中海のコートダジュール（紺碧海岸）沿いには多くの華やかなリゾートが存在するが、その中心的都市がニースである。古代にはギリシャの植民地であった。しかし、ニースを含むこの地域が現代のようなリゾートになったのは、一八世紀後半以降で、ここでも、その開拓者は地元のフランス人ではなく、英国人であった。

英国内の海浜リゾートに飽き足らず、欧州大陸にまでやってきた英国人がこの地の温暖な気候を発見した。大きな契機は、一七六〇年に、当時海水浴ブームの英国から、国王の弟であるヨーク公爵がこの地を訪れたことだった。それ以降、北ヨーロッパの寒冷な冬から逃れる避寒地として英国の貴族や上流階級が訪れるようになった(佐藤一九九〇)。

その最大の目的は結核治療であった。結核は一九世紀を席巻した伝染病であり、この胸の病いは転地と食事療法のほかに、治療法のない「死に至る病い」であった。結核に感染した人のうちで、富裕な上流階級は、気候の温暖な土地を求めて各地へ旅をした。彼らが目指したのは、イタリアの地中海岸や南太平洋であった。一九世紀後半にはヨーロッパ各地に結核療養のサナトリウムが多く作られたが、著名なのはスイス山岳地帯とイタリアとフランス地中海岸であった。

英国は結核の先進国でもあり、王弟ヨーク公も結核患者であった。転地の効果もなく多くの人々がこの地で死を迎えた。

オリーブの樹が茂り、レモンやオレンジがたわわに実り、ヘリオトロープが馨しい薫りを漂わせるコートダジュールは世にも美しい墓地であった。ことに花で名高い土地はマントンだった。この美しい花の街は、サナトリウムと墓の街であった（山田一九九八）。

南仏の中でニースが選ばれたのは、フランス領でなかったこと（一八六〇年のフランス併合まで、ニースはイタリアのサルディニア王国の支配下にあった。）と、この地域特有の冬の突風（ミストラル）に被害を受けにくい場所であったからといわれる。やがて、カジノ、劇場などが建設された。一七八七年に、各国から貴族が一一五家族やって来たという記録が残っている。一七八九年のフランス革命の直前の時期であった。一八二〇年に中心街の海岸沿いに「イギリス人の散歩道」が建設された。着飾った女性たちが衣服を汚さずに、海岸を散歩するための遊歩道であった。

避寒地から避暑地へ

ニースのシーズンは一〇月から翌年四月までで、はじめは冬だけの避寒地であった。一八六〇年代には、パリからの鉄道が開通し、港湾が整備された。ナポレオン三世が訪問し、ニースの格式が上がることになった。しかし、医師は相変わらず地中海の夏の暑さは健康上危険であるとして、通年のリゾートにはなかなかならなかった。ニースは長い間、英国のリゾート植民地に甘んじなければならなかった。

第一次大戦終結の直前に、アメリカ兵六五、〇〇〇人が大挙してコートダジュールに療養と休暇のためにやってきた。彼らこそがコートダジュールの夏の発見者であった。戦後、これらアメリカ兵は、豊富なドルを持って、家族を連れて、この地を訪れた。この大戦で、ヨーロッパの貴族階級は没落し、ニースは新しい顧客に合わせたリゾートへの転身を余儀なくされた。リゾートの大衆化がはじまった（佐藤一九九〇）。

現在のニースを中心とするコートダジュールは、別荘を所有する高級人種から、雰囲気をたのしむために短期間やってくる中産階級や労働者階級まで、多様な客層を迎えるフランス屈指の総合リゾートである（写真３—３）。

四　現代のリゾート開発～ラングドック・ルシヨン

ラングドック・ルシヨン地方

第二次大戦後の国が主導したリゾート開発の成功例として、南仏ラングドック・ルシヨンが知られている。二〇世紀後半の開発であるが、ここまで述べたリゾートの実例と比較してこの開発内容を見てみたい。

フランス政府がナショナルリゾートの位置づけで、一九六三年から開発に着手し、約二〇年かけて完成した。ラングドック・ルシヨン地方は、南仏マルセーユからスペイン国境に至る二〇〇キロの海岸線にある五つの県から構成される。海岸の多くは荒涼とした沼沢地で、同じ南仏のコートダジュール地方の繁栄とは対照的に観光客が訪れるところではなかった。開発の責任者であったピエール・ラシーヌの著書「自由時間都市」によれば、「入江もない、緑もない、蚊ばかりが多い何のとりえもない場所」であり、産業的にも伝統的な葡萄栽培だけに依存し、工業化も未発達であった。さらに、過去の歴史の経緯もあり、中央政府に反発する反対勢力の地盤とみなされていた地域であった。

写真 3-3　ニース市内風景（筆者撮影）

フランス政府の開発の目的は、フランスのなかでも失業率が高く貧しいこの過疎地域の経済振興と地域の活性化、それにくわえて、フランス人のバカンス需要の受け皿としての対応の二点であった。一九六〇年代前半は、戦後の経済復興を背景に、本格的に観光がはじまろうとする時代であり、これから増大が予想されるバカンス客、とくに中産階級向けの適正な料金のバカンス施設を提供することであった。国境が接していて、簡単に物価の安い外国へ出かけることのできるヨーロッパでは、自国民のバカンス需要を、国内に引き止めるためには相応の努力が必須であった。

官民による開発

開発の経緯を、上記「自由時間都市」および「緑陰日本構想」によりたどってみる。

開発の対象となる海岸線は長さ一八〇キロ、幅二〇キロで、計画は、都市機能を有する七つのリゾート基地と自然保全地域が交互に隣接する大計画であった。開発主体はフランス政府であったが、第三セクターおよび民間がそれぞれの役割を果たした。まず国が対象地を、長期開発地区に指定して一五年間土地価格を一平方米あたり五〇円の基準価格で凍結し、必要な用地五、〇〇〇ヘクタールを二四億円で入手、さらに保全地区として一万八、〇〇〇ヘクタールを指定して、地価の高騰や乱開発を抑制する処置をとった。

計画発表以前に、国は密かに二年間にわたり用地買収工作をおこなったという。第三セクターは国から開発用地を原価で払い下げを受け、上下水道、電気・ガス、電話、アクセス道路などの基盤整備を行い、ほとんど利益なしに民間に分譲し、民間はそれぞれホテル、レストラン、その他の施設を建設・運営する方式であった。

一大ナショナルリゾートの出現

ラングドック・ルシヨンは、現在では年間五〇〇万人を超える人たちが訪れる大リゾートに成長した。ラングドックで最大規模のリゾートはグランド・モットである。徹底して高密度の設計で一〇万人収容できる大衆用リゾートを建設した。グランド・モット開発のコンセプトは、リゾートの中心に二、〇〇〇隻が停泊できるヨットハーバーと海水浴場があり、それに沿って一〇〜二〇メートルの幅の遊歩道がある。その内側に、マンションやホテルが立ち並んでいる。マンションやホテルの一階部分は、ほとんどすべて、レストラン、カフェ、土産店で占められている。

南フランスのリゾートでは典型的なパターンであるが、海に沿った遊歩道が昼も夜も人々が集まる場として機能する。また、集合住宅のデザインモチーフはアステカ文明のイメージを借りたピラミッドである。様々なピラミッドが林立し、一種異様な光景ではあるが、これもラングドック開発の象徴的なイメージとして有名になった。一九八七年時点で、マンション一戸あたりの価格は一、〇〇〇万円程度で、一般大衆でも買える低廉な価格であった。購入者は三〇〜四〇代の年収三五〇〜四〇〇万円程度の一般勤労者である。賃貸アパートは、家族四人で一週間四万円程度であった。

その結果、ラングドック・ルシヨン地方はフランスの二二地方で最低であった経済規模が第三位へ躍進した。この開発は二〇世紀の観光開発としては、稀に見る成功例とされており、その理由として多くのことが語られているが、なによりもフランス政府自体の発案・指導による強力な国家プロジェクトであったことであろう。一九六三年、関係省庁合同の特務行政機関がたちあげられ、ドゴール政権の首相官房長まで勤めた大物の高級官僚であるピエール・ラシーヌ総裁以下一七名のメンバーがほぼすべて二〇年も継続してこの計画の遂行にあたったことからも、フランス政府の意気込みがわかる。

当初から、プロジェクトには、必要なすべての中央官庁の権限が委譲され、大幅な自由裁量権と財政的な強力な執行権が与えられた。また、すでにこの時代に、自然保護と環境に配慮した開発の思想が計画の基本構想にあったことも印象的だ。

後で述べるリゾート法時代の日本での開発手法と比較すると、大変興味深い。ラシーヌの本の翻訳が公刊されたのは、一九八七年であり、日本のリゾート法制定の年であった。当時すでに、ラングドック・ルシヨン開発は、日本の行政や関係者に広く知られていたにもかかわらず、国も、地方自治体も民間企業も、フランスの先例から多くを学ばなかったのは残念である。

ルシヨン開発での難題のひとつが、この地方特有の蚊の大群であった。「自由時間都市」には、蚊の駆除はこのプロジェクトの最初の大きな試練で、生態系を損なわない駆除の技術を研究者とともに苦労して開発したことが詳細に描かれている。

私が、このリゾートを旅行者として訪れたのは、完成後二〇年以上経ってからだが、リゾート地域の広大さにまず驚いた。見慣れたコートダジュールの光景と異なることにも衝撃を受けた。コートダジュールは、保守的であり、人工的ではあるが、長い年月の間に、リゾートとしての景観や雰囲気が完成し、安心しそのなかにどっぷりと浸かることができた。こちらでは、すべてがまだ未完成で、大自然のなかに放り出されたような印象だった。リゾートの基本思想が変わったということと、リゾートにも、それぞれの性格があり、それは自然と施設だけでなく、そこに住む人、訪れる人との共生により、しかも時間をかけて形成されるものだということを強く感じた。

五　欧米における現在のリゾートの理念

ニースとラングドック・ルシヨンと対照的な二つのリゾート開発の実例を見たが、近年、現代人のリゾートにたいする意識にも変化が見られるようだ。佐藤誠の「リゾート列島」は、世界のリゾートは現在大きく二つのパターンに分類できると分析している。憧憬型と回帰型である。

憧憬型とは、日常生活から逃れて、ワンランク上の生活に憧れて、自らの階級や階層より上の生活文化を体験しようとする憧憬のリゾートである。欧米の伝統的な上流階級のためのリゾートがこれにあたる。現在、日本人が抱く古典的なリゾートのイメージはほぼこのタイプではないか。

一方、回帰型は、機械文明や都市文明の行き詰まりを打破し、新しい人間的な生き方を、「喪われた日常生活への回帰」をモチーフにして、田園の伝統的生活文化や大自然に回帰しようとするリゾートとされる。一九八〇年代以降欧米での主流の考え方になった。

欧米におけるリゾートは、ここまで見てきたように、憧憬型が主流であった。二〇世紀末に、回帰型リゾートが出現したのは、当然ながらこの時代の趨勢を反映している。一九六〇年代の大規模開発によって環境が破壊されたことや二度の石油危機による経済不況が背景にある。生活の価値観も、自然をコントロールするという発想から、自然への回帰、自然との共生、伝統文化の維持へと変化した。ライフスタイルも一変した。現代的リゾート像は、人の目を驚かすデラックスな施設より、気軽に、大自然に浸っての憩いが好まれる形に変貌しているといわれる。エコロジーを反映しての環境や自然に優しい田園型のリゾート開発、グリーンツーリズムなどが主流になりつつある。バカンスも夏に一度のまとめた休暇から、分散休暇に変わっている。憧憬と回帰という表現はやや大袈裟に思われるが、回帰型が目指す方向性はよく理解できる。

ここまで近代ヨーロッパでのリゾート発展の歴史を概観したが、観光先進国である西欧の長期休暇旅行が、リゾートでの滞在を主流に拡大してきたことを再確認しておきたい。そしてこの形態は基本的に現在も継続していると考える。日本人にとってのリゾートについては、章を改めて考えてみたい。

第四章　鉄道と船、航空と車

第一節　一九世紀：近代観光の誕生～トマス・クックの時代

一九世紀は中世から続いた長い停滞を破って、ヨーロッパの観光が大衆化の方向に急速に拡大した時代と位置づけられる。それがもっとも早く、顕著に現れたのは英国であった。なぜ英国だったのか。旅行が盛んになるために必要な三つの条件が、この世紀に英国で実現したからである。

第一の要素は、旅行を可能にする環境（外的要因）であった。旅行をするには時間と金が必要である。長い歴史を振りかえれば、旅行は一部の特権階級だけのものであった。一八世紀の産業革命による生産性の向上が、英国経済の発展をうながし、中産階級や労働者も多少の時間と金銭のゆとりを持つことができるようになった。

第二には、旅行の発達には、適切な旅行インフラが必要であった。とくに、安全で迅速な移動・交通手段が求められた。産業革命後の英国で、革新的な交通機関が発明された。

第三の要因は、旅行をしたいという旅行者自身の意欲（内的要因）である。一九世紀英国の旅行熱に火を点けたのは人口の都市集中化であったとされる。田舎から賃金の高い仕事を求めて産業都市に移動した人々は、過酷な労働条件と劣悪な生活環境に苦しむことになった。精神的ストレスの多い都会生活から、自分たちが捨ててきた田舎や自然への回帰現象として、一時的にせよ息抜きが必要であり、それが田園や海浜への逃避願望になったと言われる。一九世紀にこうした旅行条件の整備がほぼ完成されたのが英国であり、そこで近代観光が大きく飛躍することになった（Holloway 2002）。

一九世紀英国は、ヴィクトリア女王（一八三七～一九〇一）の統治の時代に重なる。英国が繁栄し、大英帝国の絶頂期と言われた時代であった。

一　馬車の改良

一六世紀以前にヨーロッパを旅する移動手段は三つあった。まず、徒歩による旅行。それほど豊かでなかった多くの人々は歩くしかなかった。次いで、馬に乗ること。十字軍の騎士たちの聖地への長い旅は馬によるものだったろう。それから、従僕が担ぐ駕籠もあった。最後に馬が牽引する馬車である。この構造は、古代ローマ以来、少しも変わっていなかった。もっとも進化した移動手段であるはずの馬車の旅も、けして快適ではなかった。スプリング（バネ）の付いていない馬車は速度も遅く、乗り心地が悪かった。道路は舗装が未整備で、路面に穴が空き、冬は泥の海になった。乗客にとっては、忍耐を強いられる旅であった。その上、街道沿いで強盗や追い剥ぎに襲われ財貨を奪われるだけでなく、時には生命の危険さえあった。

一七世紀から一八世紀に馬車の機能に多少の技術改良があった。金属製のスプリングによるサスペンションが導入され、乗り心地が改善した。また、街道沿いの宿駅で、次々と馬を交代させる駅馬車の登場が、機動性と速度を高めた。駅馬車は英国から欧州全域に普及した。当時の街道の宿駅の主要な役割は駅馬車用の新しい馬の供給であり、本来の客室の提供は目的地に到着した旅客のためだけの付随的なものであった

しかし、本当の意味で馬車が快適になったのは、一九世紀に入って、一八一五年に、タールと小砕石を混ぜたマカダム道路舗装材が発明され、欧州の道路状況を革命的に改善させてからである。くぼみや溝の少なくなった硬い路面が馬車の速度を速め、乗り心地を改善した。一八二〇年代には、乗合い馬車がロンドンやパリのような大都市でもよく見られるようになり、都市交通を大きく進歩させた。前方に向かって横に並んだ座席のある大型馬車が一八三二年に出現した（Holloway 2002）。

この時代における馬車の速度の進化はそれ以前に比較して画期的に早かった。例をあげれば、ロンドンからバース（一八五キロ、現在鉄道で一・五時間）は、一七五〇年代には馬車で三日要したが、一七八四年には郵便馬車で一二時間であった。また、ロンドンからブライトン（九〇キロ、現在鉄道で一時間）は、一七五〇年代に馬車で二日、一八三〇年代に六時間、そして一八四一年では鉄道で二時間になった（川島一九八二）。

数百年かかってようやく馬車の改良が一定の成果を見たが、この時には馬車の存在を決定的に否定する新しい交通機関の誕生が目の前に迫っていた。

二　鉄道の開設

一八世紀に発明された蒸気機関はまず、木綿工業での織機や紡績機などの生産技術に応用された。「蒸気の時代」は、さらにその技術を交通機関に応用することになる。蒸気機関を利用した一九世紀はじめの二つの発明が、旅行の拡大に大きな影響を与えることになった。鉄道と蒸気船の登場である。

世界最初の鉄道は、英国で、一八二五年、スティーブンソンによりストックトン～ダーリングトン間を、時速一〇～一三マイルで走った。従来の駅馬車は六マイルの速度であったから、これは驚異的な速さであった。もっともこの鉄道は当初は人間ではなく、石炭を運ぶことが目的であったという。

その後、一八三〇年に、貿易港リヴァプールと当時英国の最大の工業都市マンチェスター間に敷かれた鉄道が本格的な旅客鉄道のはじめとされている。この後の一〇年間に、英国、大陸欧州、そして全世界で、鉄道建設が行われた。人口の集中した大都市と主要な生産拠点である都市を結ぶ幹線鉄道網が急速に敷設された。米国では、東海岸と西海岸を結ぶ大陸横断鉄道が一八六九年に完成した。モスクワとウラジオストックを結ぶシベリア横断鉄道は一九〇三年に開設された。最初の汽車が走ってから僅か半世紀余りで鉄道は主要国に普及することになった。古代ローマ以来、ほぼ二千年を経て、遂に革命的な移動手段が登場したのである。一八四〇年代には、英国の鉄道旅客が拡大して、一八四二年から四七年まで、年間の鉄道旅客数は二、三〇〇万人から五、一〇〇万人に増えた。鉄道会社は、はじめは、商用旅行者の需要に応えることに熱心であった。観光客は当初鉄道会社の戦略にはなかった。英国では、当初の商業客需要を充足した後、鉄道会社ははじめて観光マーケットに注目した。人口集約都市とブライトンのような人気の高い海浜リゾートを結ぶ新しい鉄道が出現し、はじめて大量の観光客の移動が可能になった。初期にはまず、日帰り旅行者の市場が開発された。鉄道事業者は、特別料金による大衆向けのエクスカーション旅行を企画した。はじめは、多くの場合、定期列車より、列車を貸切りにするのが常だった。海浜リゾートや湖水地帯への列車はエクスカーション・トレインと呼ばれた。ウィークエンドという言葉も定着した。

鉄道旅行者は英国内にとどまらなかった。この頃は多くの英国人、とくに富裕な階層が鉄道を利用しての大陸旅行をするようになった。大陸の海浜リゾートも英国人の誘致に熱心だった。スケフェニンゲン（オランダ）、オステンド（ベルギー）、ビアリッツ（フランス）、ドービル（フランス）が英国人旅行者を魅了した。一世紀後には、ニース、モンテカルロなどの地中海沿岸のリゾートが英国人を惹きつけることになる。こうした需要にたいして、大陸内でも、観光客用鉄道の敷設が続いた。

フランスでは、パリとコートダジュール、パリとローマを結ぶトランブルーが一八八三年に開設された。同じ年に、パリから黒海までのオリエントエクスプレスが豪華な鉄道旅行を提供した。寝台車の導入により、長距離鉄道旅行が可能になった。寝台列車はアメリカのジョージ・プルマンが一八六四年に発明し、一八六九年にはフランスのワゴンリー社によって導入された。

鉄道の発達は駅馬車の凋落をもたらした。道路交通は縮小し、同時に宿駅の役割も減少した。また、大都市のこれまでの宿泊施設では、拡大する鉄道旅行者の需要に応えるのは無理で、直ちにホテル建設がはじまった。鉄道会社はその先頭に立ち、駅前に巨大なターミナルホテルを作り、これが次の一〇〇年間、ホテル産業の中で中核的な役割を果たすことになる。ホテル建設には巨額の投資が必要であり、ホテルチェーンやホテル経営会社が設立された（Holloway 2002　蛭川一九九八）。

三　蒸気船の時代

海上交通においても、蒸気を利用したこれまでより速度が早く、かつ大量の輸送力をそなえた船舶が開発された。

蒸気船の発達は二つの方向でおこなわれた。まず、英国と大陸を結ぶ英仏海峡フェリーである。ブライトン—ディエップ間の英仏海峡横断フェリーは一七六一年には運航されていたが、最初の定期海峡横断汽船は、一八二一年にドーバーとカレーを結んだ。鉄道会社はこの海峡横断汽船の重要性に直ちに気づき、一八六二年までに、汽船運航を自ら行う権利を獲得した。フェリー会社は鉄道会社の支配下に入り、海峡フェリーの繁栄は二〇世紀末の海峡横断列車ユーロスターの開通まで続いた。

もうひとつは、北米や東洋への遠洋航路であった。産業革命により、世界の工場となった英国は海外への商品輸出のために、世界の各地域と結ぶ迅速で確実な海上交通網を必要としていた。とくに北米との貿易を増やすための大西洋横断航路および、植民地インドや中国への東洋航路の二つが直面する課題であった。

一八三八年にP＆O社はインドと極東へ向けての最初の東洋航路を開始した。一八六九年開設のスエズ運河がインド以東への需要を増やすことに貢献した。一八四〇年に、これを追って、キュナード社が、利益の高い郵便の輸送契約を獲得して、アメリカ大陸への定期船運航をはじめた。

英国は他国に先んじて遠洋定期船事業をはじめたことにより、一九世紀後半に世界の海上交通を支配することになるが、まもなく他の産業国家も北米航路に進出を図った。ヨーロッパと北米大陸を結ぶ北大西洋航路は、郵便契約だけでなく、北米大陸への乗客と貨物の巨大な需要のお陰で繁栄し、世界でもっとも華やかな航路とされた。一九世紀後半には、各国の船会社は連合し、船舶輸送の料金と条件をカルテルのように支配した（Holloway 2002）。

二〇世紀半ばに登場する航空機にとって代わられるまで、船会社は多大な利益を享受することになった。定期船の繁栄は、一九世紀半ばから約一〇〇年続いた。

四　トマス・クック

一九世紀英国での観光の大発展を体現したのはトマス・クック（一八〇八～一八九二）である。クックは多分現在までの観光の歴史上、もっとも有名な人物であろう。クックの名前は、観光産業に携わる人々には、その名前を冠した旅行会社の存在やヨーロッパ鉄道時刻表、旅行小切手などによって今なお親しい。トマス・クック社は、創設以来英国を代表する旅行会社であり、現在も世界有数の大旅行企業である。近代観光はクックによって誕生したと考える識者も多い。

クックに関する著作は数多いが、ここでは蛭川久康「トマス・クックの肖像」と本城靖久「トーマス・クックの旅」を基にクックの生涯とその時代をたどりたい。

まず、近代ツーリズムの最初の旅行と言われる一八四一年七月五日の禁酒大会参加旅行の光景から紹介したい。当日朝、中部イングランドの都市レスター駅には五七〇名の参加者とこれに随行するブラスバンドの一隊が集合した。さらに、この出発を見学しようとする数千人の群衆が集まった。ミッドランド鉄道の貸切り列車は二等客車一両と三等無蓋列車（座席も屋根もない車両）九輌の編成だった。ほとんどの乗客が立ったままで、列車が向

図 4-1　クック最初の団体旅行（トマス・クック社資料室提供）

かった先は一一マイル離れたラフバラ、旅行の目的は同地でおこなわれる禁酒大会に出席することであった。ラフバラ駅頭では、市のお偉方が勢揃いして出迎え、五七〇人は、意気揚々と大勢の野次馬の列のなかを会場へと向かった。会場ではパン、ハム、紅茶の昼食が提供された。その他の地区からの禁酒主義者が集まってくるのを待ちながら、彼らは禁酒の歌を歌ったり、ダンス、クリケットや様々なゲームを楽しんだ、千人以上の参加者による大会は夕方六時にはじまり九時まで、禁酒を讃える演説がおこなわれた。大会が成功裏に終了すると、彼らは再び列車に乗り、レスターに午後一〇時半に意気揚々と帰還した。（図4―1）

この旅行を企画、実行したのが当時三三歳の家具職人トマス・クックであった。この旅行の新しさは二つあった。第一には鉄道が移動手段として使われた先見性と独創性である。最初の鉄道が走ってからたった一〇年しか経っていなかった。参加した一般庶民にとって格安の料金で最新の交通機関である列車を体験できることがどれだけ魅力的であったかは容易に想像できる。

第二にはこの旅行が団体旅行であり、旅行代金は、列車代、昼食代その他すべてのサービスを含む包括料金であり、相対的に安い料金であったことである。クックは、鉄道会社と交渉して、往復一人一シリングという割引料金を獲得していた。（本によっては、その他の費用すべて含めた旅行費が一シリングであったとしている。）さらに、自分で鉄道を手配し、切符を買い、昼食を用意する手間が省けた。クック以前にすでに列車を使った団体旅行はあったが、クックの旅行の新しさはすべてのサービスを単一料金で提供した、現在の言葉で言えばパッケージツアー商品としたことである。その後現在にいたるまでの一七〇年間、パッケージツアーは全世界でもっとも人気のある旅行として存在し続けることになった。

禁酒運動家クック

旅行の目的がなぜ禁酒大会であったかを知るために、クックの生い立ちから紹介する。

クックは一八〇八年に中部イングランドのメルボーンという小さな村で生まれた。幼少で父を失い一四歳で家具職人として徒弟奉公に入った。その後、印刷業にも携わった。クックが貴族でも富裕なブルジョワでもない一般庶民階級の出身であったことと、中部イングランドに生まれたことに注目したい。産業革命が英国を世界最新の工業国家に変身させたが、その中心はこの地域であった。

このように、トマス・クックの育った環境は恵まれたものではなかったが、生来まじめで勤勉で、信仰心の篤い青年であった。一八二八年、クックはメルボーン・バプティスト教会の福音伝道師になった。伝道師は正式の牧師ではないが、伝道・布教活動や日曜学校の運営などを担当する下位の役職で、報酬はきわめて低かった。

クックの生きた時代はヴィクトリ女王が統治したいわゆるヴィクトリア朝である。英国は産業革命がもたらした空前の富と繁栄を享受していた。しかし、その繁栄がもたらした負の要素も、新興工業都市の労働者の劣悪な生活環境やスラムの出現など多くあった。こうした社会を改良しようとする動きがプロテスタント諸派に共通した福音主義の思想であった。物質的繁栄がもたらす社会のゆがみや問題の実践的な解決に取り組んだ福音教会の盛り上がりがヴィクトリア時代のもう一つの特徴であった。

そして、伝道師としてクックが取り組んだのが禁酒運動であった。幼少時代を通じて周辺に過度の飲酒で生活を持ち崩した大人を何人も見ていたことが影響したと言われる。一九世紀英国の大きな社会問題のひとつは過度の飲酒とアルコール中毒だった。その背景には、産業革命の進展により中部イングランドを中心に、都市に労働者が激増し、繁栄の中で労働者階級の貧困という矛盾が肥大化していることがあった。貧困が労働者を自暴自棄の飲酒に駆り立て、健康を害し、家庭が崩壊する悲劇が発生した。一七世紀にオランダから入ってきたジンが、一八世紀に全盛を極めた。それまでのビールより安価で、すぐ酔えるジンに労働者の趣向が変った。「ビアハウス」の代わりに安手なジンを飲ませる「ジンパレス」が多く開業して繁栄した。当時ロンドンにはスラム街に集中して「ジンパレス」が六千軒もあり、一〇万人以上がジンを主食としていたといわれる。その中には大勢の子供が含まれていた。一八世紀の風刺画家ウィリアム・ホガースの有名な版画「ジン横丁」にも、母親が幼児にジンを飲ませている光景が描かれている。アルコール中毒患者が増え、ジンを買うために借金や犯罪に奔る例も多かった。

福音教会をはじめとする禁酒運動家がめざしたのは、労働者階級にアルコールに代わる健全なレクリエーションを提供することであった。クックが、ラフバラの禁酒大会参加の旅行を企画し、アルコールに代わる健全な娯楽として旅行を提供したことの意義は大きい。この時代が求めているものに敏感に反応したのである。

旅行商品の開発

ラフバラ旅行の成功以来、クックは、印刷業を続けながら、禁酒運動の一環としてレスター周辺への日帰り旅行を多く実施した。こうした経験の積み重ねにより、クックの仕事は次第に旅行が中心になった。新しいアイディアに基づく多くの旅行が考案された。そのうちのいくつかを挙げると、

オプショナルツアー

一八四五年にリヴァプール旅行を企画した。この旅行ではリヴァプールから希望すれば追加料金で、北ウェールズの代表的な古城で有名なカーナヴォン、あるいはスノードン山の観光をすることができた。カーナヴォンへは観光船をチャーターした。これは現代で言えば、現地で旅行者の希望に応じて手配するオプショナルツアーといわれる形態である。クックはその後の多くの旅行企画にこの手法を用いている。

文学散歩旅行

一八四六年には、当時人気の風光明媚な景勝地であるスコットランド探訪旅行を発表した。一八世紀から流行したロマン主義の芸術作品の舞台として英国人のあこがれの地であったスコットランドを新しい目的地として提案した。有名な詩人・小説家ウォルター・スコットの「湖上の美人」がヒントになったと言われる。著名な文学作品の舞台を訪ねる文化探訪テーマ観光の典型的な実例であり、周知のとおりこのタイプの旅行は、現代でも頻繁に見られる

カントリーハウスツアー

一八五〇年代には、カントリーハウス探訪の旅を企画した。イングランド中部に点在する大地主の屋敷を一般に公開してもらい、中産階級の人々がそこに蓄積された貴重な文化財を鑑賞し、貴族階級の生活の一端を体験し、手入れの行き届いた広大な庭園でピクニックを楽しむといういかにもクックらしい健全な行楽であった。

当時のカントリーハウスはそれまでの蓄積の上に、一八世紀にグランドツアーの若者たちが大陸から持ち帰った無数の芸術作品を加えて、文化的価値が一層高くなっていた。

社会改良家クックには、この機会で二つの階級の触れあいが両者の相互理解を生むという隠れた意図があった

だろう。当然ながら、彼の趣旨に賛同する領主ばかりではなかったが、持ち前の地味な努力で、一八四八年のレスターに近いビーヴァー・カースルへの最初のツアーを皮切りに中部イングランドのカントリーハウスを訪ねる旅行を次々に企画して成功させた。クックは、旅行者が訪問先の施設に被害を与えないよう、庭園の樹木、草花を痛めないこと、落書きをしないことなど細かな注意書きを事前に用意した。飲酒は無論厳禁であった。

カントリーハウスは現在も英国人のみならず外国人旅行者にも人気がある。現在は多くのカントリーハウスが、ホテルやレストランに転身した。そのことの評価は別にして、旅行者は、昔の貴族や地主の大邸宅の雰囲気を残す館での滞在や食事を楽しむことができる。英国観光の魅力の一つである。

ロンドン万博

一八五一年にロンドンで開催された第一回万国博はクックの名を大いに高めることになった。ミッドランド鉄道を使った旅行を企画して、このときの入場者六〇〇万人のうち、クックは一六五、〇〇〇人を送り込んだ。労働者階級が旅行しやすいように、「博覧会クラブ」を作り旅行費の積み立てをしたり、万博の情報を盛り込んだ旅行誌を創刊したり、現在の旅行会社の手法の多くをすでに実施している。対抗する別の鉄道会社の安値攻勢のために、クックは想定した利益をあげられなかったが、クック社の評判は大いに高まった。クックが熱心だったのは、この万博が、会場で聖書や伝道パンフレットを配布し、会場内では禁酒・禁煙という稀れに見る「まじめな」博覧会であったからだという説もあるらしい。

海外旅行への進出

一八五五年には、第二回パリ万国博で、はじめて念願の海外旅行に進出し、その後も海外旅行を次々と成功させた。一八五六年には、二週間にわたる「大陸周遊大旅行」の旅行団を組織し、大好評を得て英国人の海外旅行熱に火をつけた。その二週間の旅行費は女性の場合、約一〇ポンドであった。一八六六年には、米国に南北戦争戦跡ツアーを実施した。この年は、南北戦争の終わった翌年であった。一八六六年の二度目のパリ万博には二万人を送り込んだ。

一八六八年には、聖地イェルサレム・エジプトに観光団を送った。そして一八七二年には、自らの旅行事業の集大成として、日本を含む二二二日間にわたる世界一週旅行を実現した。

旅行業の多角化

社業の発展とともに、クックは一八六二年、遂に本拠をレスターからロンドンに移し、一八六五年にはロンドン中心部フリート街に事務所を構えた。一階で旅行商品の販売をおこない、上階はホテルであったから、事業多角化の先駆者とも言える。旅行周辺事業として手がけた仕事は以下のようなものがある。

ホテル・クーポン

一八六八年にすでにホテル・クーポンができていた。クック社と契約しているホテルでの、食事券と宿泊券をセットにした一泊三食保証のクーポンだった。周遊切符とホテル・クーポンを組み合わせた個人向けのツアーも開発した。

時刻表

一八七三年にはクックの「ヨーロッパ大陸時刻表」が創刊された。この時刻表は現在もなお毎月刊行され世界中で使用されている。

金融業

一八七八年には、旅行だけでなく、銀行・通貨交換部門を設立した。ここで登場したのがサーキュラーノートだった。外国旅行につきまとう最大の難題、外貨交換のための信用状で、普通その発行銀行の外国支店だけで現地通貨への交換ができるものが、クック社が指定した銀行、ホテル、代理店ならどこでもいつでも交換ができた。その後、これが旅行小切手（トラベラースチェック）に発展して、クック社は、本格的に金融業に進出することになる。

クックの団体旅行への批判

しかし、こうしたクック社の旅行の評判が高まるにつれて、批判や中傷の声も大きくなった。一般大衆を中心とするクックの旅行団が欧州各地に赴き、大勢の旅行者の団体行動が目立つようになると、英国の知識人の多くはこれを声高に批判するようになった。

それも当時一流の著名な作家や文化人であった。ヘンリー・ジェームスは英国人の旅行者を「家畜の群れ」とか「まるで軍隊の行進のようだ」と批判した。ウィリアム・サッカレーは、「野蛮で無知で気難しいあのイギリス人野郎がヨーロッパ中の都市に出没している。この空の下でもっとも退屈な生物がヨーロッパを足蹴にしている」と毒づいている。「イタリアの町はこうした輩にあふれかえっている。四〇人くらいの塊となって、それが先頭に立ったりしんがりをつとめたり、まるで羊の番犬のように動き回る案内人と一緒に、町中をのし歩いている。こんな醜悪な群れは見たことがない」というコメントは、当時反クックで知られた、アイルランド出身の作家ジェイムズ・リーバーである。

こうした反発は、現在では、それまで上流階級だけの特権であり、大衆には縁のない高尚な行為であった旅行に、一般大衆がずかずかと侵入してきたことへの反感であったと考えるのが歴史家の定説である。クックの団体の旅行者が不健全あるいは反社会的行動をとったわけでもないのにこの批判は誰が考えても正当性がない。まったく根拠のない身勝手な論理であるが、当時の英国の階級制度というのはこんなものだったのだろうと思うほかない。

クックは果敢にこれらの批判に反論し、「旅行は決して上流階級の専有物ではない」、「豊かさと美しさに満ちた神の造られた地球は、すべての人々のためのもの」と強く主張した。結果としては、多くの批判に晒されながら、クック社の旅行は一般大衆の支持を得て、社業は拡大していった。

上流階級の不満には、団体行動という彼らにとっては異質の旅行行動への違和感があったのかもしれない。個人的にはこれに似た光景を見たことがある。一九六〇年代から急速に増えた日本人の海外旅行者に対して欧米諸国、とくに古い文化のヨーロッパで浴びせられた批判はまさにこれであった。食事のマナーが悪い。その場に応じた服装をしていないなどの、習慣の相違への反発と同時に、団体で行動することへの強い反感があったと思われる。これは、ヨーロッパ人が、自分たちの知らない異質の文化を目のあたりにしたときの典型的な反応であったのだろう。しかし、楽しみのための観光を一段低く見て、高尚な旅の文化を理解できるのは我々だけだという優越感を持つ人種は、現在でも、どの国にもいるのではないか。

近代旅行業の創始者としてのトマス・クック

トマス・クックのこの時代への貢献は大きい。クックの功績は極めて多面的であるが、大きく三点にまとめることができるだろう。

ヴィクトリア時代を代表する理想主義者

クックは、国が隆盛し、繁栄したこの時代のもう一つの潮流であった福音主義に基づいた強い倫理観をもった理想主義者であった。しかも理想を実現する熱意に溢れた実行力のある社会改良家であった。クックの目指したのは当時の大きな社会問題であった飲酒とアルコール中毒の撲滅であり、強い意志を持った禁酒運動家であった。彼が団体旅行を考案した動機は、アルコールに変わる健全なレジャーを大衆に提供することであった。クックはヴィクトリア時代の精神を体現した人物であった。

旅行の大衆化への貢献

新しいレジャーとしての旅行の可能性に早くから気づき、旅行の大衆化に大きく貢献した。パッケージ旅行のメリットは、適正な価格と、旅馴れない人でも参加できることであった。この新しいタイプの旅行を提供することにより、上流階級の特権であった旅行を庶民や労働者階級も楽しめるような基本構造を作り上げた。新しい交通手段である鉄道や蒸気船の積極的利用など時代を先取りする先見性も彼のすぐれた資質だった。

旅行業の確立

旅行を近代的な事業として成功させた。パッケージツアーの確立、新しい観光企画、観光地の開発、金融業への進出など、常に顧客に満足を与える商品を工夫した。また、当人も、後継者である長男も、新しい旅行を実施する前に周到な現地事前調査をおこない、頻繁に団体に添乗（時にはクック夫人まで）したことは、現場優先の真の観光産業の先達として敬意に値する。現代の旅行会社のビジネスの実に多くをトマス・クックは一五〇年以上前に実行し、成功させていた。

旅行事業の遂行でも彼の宗教心に支えられた理想主義が、様々な批判を克服して産業としての健全な発展を実現したことにより、この産業が社会的に認知されることになった。同時に、顧客である旅行者にも一定のモラルを求めたことは、その後の観光旅行者の時として目立つ反社会的行動を思えば、彼の理念と実践の一致は見事である。クックこそ近代旅行業の始祖と言われる所以である。しかし時として、理想をビジネスに優先したことにより、商業主義を徹底した後継者の息子と対立し、晩年は経営から離れることになった。

クックの旅行会社経営手法は、はじめ、労働者階級向けの低価格のパッケージツアーであり、それを可能にしたのは、大量仕入れによる低価格の獲得であり、利益の低さをカバーする薄利多売であった。ところが、遠隔地への海外旅行が増えるにつれて、中産階級の上層部から上を対象に、とくに上流階級の個人旅行を重視するようになった。これは後継者の長男ジョン・メースン・クックの目指した戦略であったといわれる。一八六八年のパレスティナ旅行では、砂漠にテントを張り、数一〇頭の馬やラバを調達する贅沢な旅行もおこなっている。

さらに、クック社は英国を代表する旅行社として、英国政府、王室、ヨーロッパの王族などの旅行を引き受けるようになる。クック社の顧客層は時代が経つにつれ高級化した。安物の団体旅行からはじまったクック社が、見事に成長して名実ともに総合旅行社となる戦略の転換であったと見ることができる。トマス・クックと後継者のジョン・メイソン・クックの父子間の葛藤は、結果として、優秀なビジネスマンの二代目を得たことが大企業へ発展したと理解することもできる。

クックが創設したトマス・クック旅行社は、資本系列はなんどか変わったが、現時点ではドイツ資本の世界有数の旅行会社である。二〇一〇年次報告によれば、全世界二一カ国に三、五〇〇販売拠点と三万人超の従業員、所有航空機九三機という陣容で、年間顧客数二、二五〇万人、販売総額は八九億ポンドである。

しかし、クックの成功とクック社の発展は、クック個人の先見性と経営能力にくわえて、一九世紀ヴィクトリア朝の時代背景が強く後押ししたことを忘れてはならない　英国の富の蓄積と国力の隆盛の下で、国民の新しいレジャーの要請がクックを必要としていた。英国の隆盛とともにクックのビジネスは世界に拡大した。国の要請によりクック社が一時、軍事戦略の一翼を担い、兵員や船舶、資材の輸送に関与した事実もある。クック社は、大英帝国の植民地侵略の先兵の一面ももっていた。

歴史的に見れば、第二次大戦後の米国、あるいは一九六〇年代からの日本の観光の増大が、国の産業や経済発展と期を一にしていたことと同じ傾向と見ることができる。

五　南進助の善光寺参詣団

ここで参考までに、日本の近代における団体旅行の誕生について簡単に触れておきたい。クックが欧州での団体旅行の開拓者であるとすれば、日本の近代におけるはじめての団体旅行は、クックの最初の旅行から六〇年後、一九〇八（明治四一年）であった。

東海道線の草津駅（滋賀県）前で南洋軒という食堂（駅売り弁当）を経営していた南進助が「善光寺参詣団」を募集し、約九〇〇名を集めたのがそれである。この旅行は、国鉄（現在のＪＲ）の貸し切り臨時列車により、江ノ島、東京、日光、長野を周遊する七日間の大旅行であった。南は自分の周辺にいた人たちが、一度は神社仏閣めぐりをしてみたいが、資金面でも、道中の不安からもなかなか重い腰を挙げられないというのを聞いて、この団体旅行を計画したと伝えられる。

南進助はその後も次々に新企画を打ち出し、次第に弁当販売から旅行業に活動を傾斜していく。その後、「日本旅行会」を名乗り、宗教関連団体を中心に大陸視察旅行など各種団体旅行の組織者として事業を拡大していく。これが現在の株式会社日本旅行である（白幡一九九六および日本旅行ホームページ）。

日本旅行の社史では、一九〇五年創業となっており、二〇〇五年に創業一〇〇周年を迎えた。ＪＴＢの前身にあたるジャパン・ツーリスト・ビューロー創設は、その七年後の一九一二（明治四五年）であり、二〇一二（平成二四）年に一〇〇周年を迎えた。

六　一九世紀のその他の動き

その他、この世紀の間に見られた観光に関するいくつかの新しい現象を列挙しておく（Holloway 2002）。

写真の発明

一九世紀半ばに発明された写真技術が海外旅行の普及をさらに促進した。初めて海外旅行者は、ピラミッドのような偉大な歴史建造物を背景に自らの姿を写真に撮影し、友人たちに本当にエジプトに行ったことを誇示することができるようになった。

アウトドアへの憧れ

ヴィクトリア時代が終わりに近づいた頃、健康な野外生活への憧れが新しい流行になった。時を同じくした自転車の発明を得て、自転車による休暇旅行も普及した。この動きは、休暇での野外活動へ道を開いただけでなく、ヴィクトリア時代の血筋のいい上流階級の人は色白であるという定説を覆して、健康と富のシンボルとして、日焼けが尊ばれるという変化をもたらした。自転車がはじめて、定着型の休暇に行動的休暇の観念を持ち込み、次の世紀の自動車による休暇の前触れとなった。

登山とスキー

グランドツアーの若者たちが観光地スイスの魅力を発見したと述べたが、一八四〇年までには、スイスの山の大気が健康にいいことと、アウトドア趣味がスイス旅行を盛んにした。登山は一八六〇年代に英国人の人気のある趣味となり、スイスでのスキーも盛んになった。一八九〇年代はじめまでに、英国の有名な旅行事業家サー・

ヘンリー・ランが、シャモニーへのスキーパッケージを企画して、スキーホリデイの商業化を定着させた。

ガイドブックの普及

世紀末には、ガイドブックが登場した。海外旅行をする英国人でガイドブックを持っていない者はいないとまで言われた。もっとも人気があったのは、ジョン・マレーとベデカーのガイドブックであった。

第二節　二〇世紀：マスツーリズムの世紀

二〇世紀は観光が、これまでのどの時代よりも発展・拡大した時代である。しかし、世紀の前半には、第一次世界大戦（一九一四〜一九一八）と第二次世界大戦（一九三九〜一九四五）の二つの戦争の惨禍を人類は経験しなければならなかった。本当の意味で、観光が過去に例を見ない規模と速さで進展するのは第二次大戦後であった。しかし、世紀前半にも、旅行の拡大は続いた。人々は戦争の間を縫って旅行をした。鉄道の普及は一層進み、旅行は安全で快適なものになった。

一方で、二〇世紀初めには、鉄道にとって代わる革命的な移動手段である航空機と自動車が出現して、その存在が徐々に大きくなりつつあった。

我々の生きた時代である二〇世紀の観光を特徴づける主要な出来事を以下に述べることによってこの世紀の観光の全体像を把握したい。

一　フランス有給休暇制度

二〇世紀は、国家が、観光に様々な形で関与をはじめた時代である。欧州各国では海外旅行の増大にともない旅券（パスポート）制度を導入した。低所得層を対象にしたホリデイキャンプが英国に出現した。スイスは、早くから来訪外国人旅行者のもたらす経済効果を認識しており、スイスへの観光誘致と来訪者の統計収集に取り組んでいた。

そうした様々な動きのなかで、その後の観光発展に大きな貢献をもたらすのは有給休暇制度の誕生であった。意外なことに、全体主義国家が労働者を対象とした旅行と休暇をはじめに実施した。一九二五年に、イタリアのムソリーニ政権は、自由時間を活用して、労働者を肉体的に、知的に、道徳的に鍛錬するために、休暇を与え鉄道旅行やアドリア海への団体旅行を実施した。一九三三年にはナチスドイツでも同様な趣旨の休暇旅行がおこなわれた。

しかし、歴史上もっとも知られているのは、フランスでの長期休暇制度の導入である。一九三六年、フランスにはじめて誕生した左翼政権である人民戦線が、労働政策の一環として、すべての労働者に、一年間の継続した労働に対して二週間の有給休暇を与えることを法制化した。労働者にとっては給与が減ることなしに休暇をとる権利であり、雇用者にとっては休暇を与えることが義務であった。

突然に、有給休暇を与えられた労働者階級は当初、喜びよりもむしろ困惑したと伝えられる。休暇や旅行は、ブルジョワ階級の文化であり、当時の労働者にとっては敵対視していた階級の習慣であった。

フランス政府は、この年から国鉄の割引切符を導入して、休暇の普及に努めた。この夏、駅頭や、道路、海岸に見られぬ労働者の群れが出現した。労働者たちはおずおずとこの新しい文化に挑戦した。しかし、同じ年にスペイン内戦が勃発、その後、ヨーロッパにはファシズムが台頭し、第二次大戦への道をたどることになる。人民戦線もわずか二年で歴史の舞台から退場した。今日では、人民戦線の残した唯一の遺産は休暇制度だと言われている。ヨーロッパは再び戦争の時代に突入し、フランスの休暇制度が普及するのは戦後の一九五〇年代まで待たなければならなかった（飯田二〇〇八）。

戦後、フランスの休暇制度は、数度にわたる改正を経て、現在の年間有給休暇は五週間であり、フランス政府観光局統計では、休暇取得率は二〇〇九年で、一五歳以上の国民全体の七七・九％である。有給休暇制度は欧州のほかの先進国でも、ほぼ同じ時期に制度化されており、二〇世紀後半の観光大衆化の基盤となったことは言うまでもない。

二　マスツーリズムの到来

一九四五年に第二次世界大戦が終了した時点では、観光は人々の優先課題ではなかったであろう。しかし、戦後の混乱がおさまり、経済復興の努力の過程で、観光が大きく取り上げられることになった。今、歴史を振り返ってみれば、世紀前半の二つの不幸な戦争が、後半の観光の発展に大きく貢献したとみることができる。理由として三点挙げたい。

異文化への興味

自らの意志ではなく、また楽しみや喜びのためでもないが、あらゆる階層の人々が兵士として外国の戦場に赴いた。多くの兵士がそれまで知らなかった地域や国を見ることになった。新しい文化を知り、関心を抱くようになった人も多かった。外国人と友人になる機会もあった。そうした元兵士が、戦後の平和の中で、かって戦場であった地域へ家族をつれて観光にやってくる動きが盛んになった。戦争が多くの人に新しい世界への目を開いた。国が政策として観光を推進したことも影響して、戦後まもなく多くの米国人旅行者がヨーロッパを観光客として訪れることになった。また、我々に身近なところでは、戦後すぐに、多くの米国人観光客が、はじめは客船で、次いで航空機で観光目的で日本へやってきた。

平和のための観光

二つの大戦を経験した人々は、戦勝国、敗戦国ともに、その悲惨さを痛感し平和の尊さを改めて認識した。なによりも、平和な時代を再建することが、すべての国民の共通の願いであった。平和の維持のためには国民同士の相互理解が不可欠であり、お互いを知るためには、交流の機会をつくる観光が最適であるという認識に立ち、大戦直後、観光に脚光があたることになった。その中核機関として、観光を強く推進したのは国際連合であった。国連は一九六七年を、国際観光年と定めて、国際観光の振興を図った。その標語は、「観光は平和へのパスポート」であった。国連で観光を担当しているのは、マドリッドに本部のある国連世界観光機関（UNWTO）で、一九七五年設立、現在、世界一五三カ国の観光担当省庁が正式会員で、観光を通じての経済発展と国際相互理解を目的として活動している。

航空技術の進歩

両大戦は軍事技術を大きく進歩させた。とくに航空技術の進歩が、戦後、民間に活用され、鉄道や船に取って代わる主要な交通手段となった。技術の進歩により、大型機による迅速な大量輸送が可能となり、しかも時代が進むにつれて、料金も次第に安くなり、観光の大衆化を実現する大きな要因になった。鉄道は緩やかな停滞の時代に入り、遠洋航路の旅客船は廃業に追い込まれることになった。

戦後の混乱が収束し、経済復興が進むなかで、マスツーリズム（大衆観光）が出現した。この動きは、まず一九五〇年代の米国に現れた。この背景には、米国において工業生産力の飛躍的な増大が、稀れに見る経済的豊かさを生み、大量消費社会を形成したことがあった。六〇年代には欧州にも波及し、まもなく、日本もやや遅れて大衆観光の時代に入る。

欧米からはじまり全世界規模で、人びとのライフスタイルに大きな変化が見られた。経済復興にともなう中産階級の可処分所得の増加、労働時間の短縮、有給休暇制度の普及などを背景に、余暇や遊びに一定の価値を認め、観光や旅行を自己実現の手段として、あるいは生きがいとして重視する人びとが多くなった。そして、社会全体も徐々にこれを認めるようになった。こうした余暇にたいする積極的な姿勢は二〇世紀にはじめて出現したのではなく、以前から人間の本質的な願望であったものが、この時代になってようやく実現したものと理解したい。

マスツーリズムの発生は、同時に、観光によって発展途上国の経済進展を図ろうとする議論を活発にした。観光は、魅力的な自然資源があれば、相対的に少ない投資で、利潤を生む産業と考えられ、先進国が資金を投下して、途上国の観光開発を図ろうとするもので、外貨獲得と地域振興の有望な手段として注目された。国連世界観光機関も、観光振興による開発途上国の貧困解消を大きなテーマとして掲げている。しかし、途上国での観光開発は、負の側面もあり、後に、多くの議論と、時に批判を呼ぶことになる。

三　航空旅行の普及

航空が交通手段として大きく発達したのは第二次大戦後であった。欧州内の最初の商業航空は一九一九年のパリ～ロンドン間定期航空であったが、料金が高く、遅れや緊急着陸など運航も不安定で、旅行者の信頼を得ることができなかった。最初の民間航空の大西洋横断航空路は、パンアメリカン航空により、一九三〇年代に開始された。しかしまだ快適性に欠け、料金も高かった。長い航路は何回もの乗り継ぎを余儀なくされた。初めのうちは、旅客より郵便輸送が航空会社にとって重要だった。

大戦が一九四五年に終わり、最初の大西洋横断商業フライトは、米国ニューヨークから英国ボーンマスまで飛んだ。ダグラスDC4を使って運航したこのフライトは、まだ多くの経由地を必要とするため、時間とコストがかかり、長距離フライトの普及は当分無理だろうと予測された。しかしながら、戦争直後の航空機の余剰、民間航空産業育成を目指した国の政策、そして、英国で、格安航空会社を設立し、航空運賃の格安化を推進したフレディー・レイカーのような航空ビジネスの先駆者の登場などが、戦後の航空旅行の急速な拡大を実現した。

何より重要なのは、航空機がより快適、安全、迅速になり、一九五〇年代初めには、その他の交通手段に比較して明らかに安くなったことである。商用ジェット機の就航は一九五〇年代初めの英国のコメットからはじまったが、「不運の星」を持つと言われたように、この航空機は多くの事故を起こした。

一九五八年にボーイング707が登場し、商業的にも成功を治め、本格的な航空機による大衆旅行の時代が到来した。従来のプロペラ機の平均速度が時速四〇〇キロであるのにたいして、新しいジェット機は平均時速八〇〇〜一、二〇〇キロであり、航空旅行者は一定の時間にこれまでより遠いところまで旅行できるようになった。これは時間が貴重な商用旅行者にとってはとくに価値のあることであった。

一九七〇年に、ジャンボジェットB747が就航した。最大五〇〇席を越える収容能力を持ち、国際航空輸送力は大きく増強された。座席供給量の増加が一席あたりの航空運賃を大幅に下げ、大衆旅行の拡大に一層の弾みがつくことになった（Holloway 2002）。

B747は、二〇〇五年のエアバス社のA380（二階建て最大搭乗八五〇人）の登場まで、国際航空の花形機として、世界の空に君臨することになった。

汽車の登場から、一〇〇年も経たない間に、航空機が出現した。馬車の技術革新にローマ時代からでも、二千年近くかかったことを思えば、近代における技術革新の速さは驚異的である。航空の発達が二〇世紀のマスツーリズムを支えた最大の要因だったと言っても間違いないだろう。

四　定期船からクルーズへ

大洋航路客船は一九世紀から二〇世紀にかけて華やかな存在であった。ことに世界でもっとも重要な航路はヨーロッパと米国を結ぶ大西洋航路であり、大国が国威を賭けて、競って豪華客船を建造して、速度と船上でのサービスの質を競った。上流階級の社交場であると同時に、移民輸送や郵便物運搬などに見られるように当時の最大の輸送手段であった。

大西洋航路について多くの歴史や伝説が伝えられているが、もっとも有名なのはタイタニック号沈没であり、この事故が起きたのは一九一二年のことで客船がもっとも隆盛を極めていた時期であろう。こうした船は形態としては定期船（Ocean Liner）であり、その役割は船客の輸送であった。国の権威を背景に、客船会社が、ほぼ一世紀にわたり、潤沢な利益を享受したことはすでに述べた。

ところが、二〇世紀に入って登場した航空機が、船会社に決定的な打撃を与えることになった。両者の競合のポイントは、料金と所要時間であった。一九五八年のボーイング７０７の就航が、大型定期旅客船の衰退を速めることになった。大西洋路線の航空旅客の数が、船客数をはじめて上回ったのは一九五七年のことである。大西洋航路の定期船は更に一〇年続くことになるが、徐々に競争力を失ってゆく（Holloway 2002）。

一九六〇年代には伝統的な定期路線を徐々に放棄する会社が増えた。会社によっては、定期船をクルーズに転換しようとしたが、必ずしも成功しなかった。長距離の遠洋航海用に建造された船は、経済的にも船客サービスの面からも、クルーズ向きではなかった。カリブ海のようなクルーズ地域では、浅い海のドックに接岸することができなかった。資金も将来展望もなく、新しい船を建造することができない会社は廃業した。しかし、ギリシャ、ノルウェー、ロシア船籍のクルーズ会社は、それまでの会社が退場した間隙を狙って、市場に登場した。これらのクルーズ船は、船籍に拘わらず、主にカリブ海と地中海域を主要基地とした。英国、フランス、ドイツなどの老舗船会社もこの分野に進出した。

ここで言うクルーズは、定期船と異なり、波が穏やかで美しい島の点在する海域を周遊する船の旅で、純粋に観光目的の旅行者が対象であった。期間は最低一週間程度から、数週間である。観光船であるから、快適な船上空間を提供することが使命で、おいしい食事や、様々な娯楽、スポーツ、イベントなどの船上サービスを船会社は競っている。

現在、カリブ海、地中海の他に、アラスカ海域、バルト海などが主要舞台であり、世界一周クルーズもある。現在、クルーズがもっとも盛んなのは米国であり、世界最大のクルーズ目的地はカリブ海である。欧州や豪州でも近年、クルーズ人気は高く、クルーズ船客は毎年着実に増加している。現在では、船が出発する港までの往復は航空機を使う航空と船を組み合わせたフライクルーズがこのビジネスの主力となっている（飯田二〇一一）。

航空機の登場は、鉄道にも大きな影響を与え、鉄道会社はこれ以降緩やかな衰退の道をたどり、現在では、斜陽産業と位置づけられている。しかし、船会社の場合は、産業全体が消滅したのであるから、比べようもないほど深刻だった。

五　自動車と休暇

自動車は、一九〇八年のT型フォードの発売以来、中産階級の夢の対象であったが、本格的な普及は第二次大戦後のことであった。

戦後の緩やかな回復時期を経て、英国では一九五〇年以降生活水準の明らかな向上が見られた。多くの人々がたとえ中古車であっても、自動車を買うことを考える時代になった。大衆がはじめて車に家族を乗せて、道路の上を自分の好むままの方向に行けるのは画期的なことであった。ロンドンと南の海岸を結ぶ道路が週末は混雑するようになった。自動車での移動の自由さ、融通性、機動力は公共交通サービスとはまったく異なる良さがあった。

　自動車の普及は、米国や英国が先駆的な存在であり、世界でもっとも早い時期に自動車による観光が盛んになったが、その他の国でも多少の時間差があったとはいえ、自動車の普及と自動車による旅行の拡大が二〇世紀を特徴づける動きとなった。そして、自動車は航空機とともに、鉄道の衰退を決定的なものにした。自動車の普及は、また、キャンピングカーとキャラバンという新しい旅行形態を生みだした（Holloway 2002）。

六　ビジネス旅行とコンベンション

　人類の歴史を通じて、常に仕事のために移動する旅人がいた。二〇世紀後半においてその数はさらに増加している。経済活動が全世界規模で国際化している事実を見れば当然のことである。ビジネス旅行者の旅行形態は通常の観光客とは異なる。彼らの旅行目的地は、観光魅力のある場所という選択肢はない。ビジネスがあり、取引先のある場所が彼らのデスティネーションである。移動は原則として、月曜から金曜であり、ホテルには週末は泊まらない。注意するべきは、ビジネス旅行者は、旅行中にしばしば観光旅行者に変身することである。ビジネスのない週末に観光することがあるし、しばしば同行する配偶者はもっと自由に観光を楽しむ。

　国際規模での学術会議やセミナー、あるいは展示会に出席するために移動する旅行者も、一種のビジネス旅行者と考えることができる。このタイプの旅行者の数も増大している。背景には、学術活動の国際化があり、専門分野の細分化がある。現代の観光産業にとってビジネス旅行の重要さは言うまでもない。

七　観光の負の効果への対応

二〇世紀後半の大衆観光の進展は、予想を遙かに超える速度で進んだ。国内旅行とともに、国境を越えて旅行する国際旅行者の数は飛躍的に拡大した。生活の中で旅行は、多くの人のライフスタイルとして確実に定着した。平和維持の手段として、また観光開発による経済振興と地域の活性化という目的を目指す観光の理念は、社会的にも肯定的に捉えられた。

しかし、一九七〇年代から、マスツーリズムのもたらす弊害が指摘されるようになった。具体的には観光公害や不健全観光であり、時として人権問題までひきおこした。問題は、自然環境破壊と観光地の文化への影響などにも敷衍し、マスツーリズムの負の効果として、一九九〇年代には大きな社会問題として提起されるようになった。

世紀末から今世紀にかけて多くの議論が交わされ、新しい観光の形を求める動きも多く見られる。半世紀の観光の拡大・進展を経て、これまでの観光理念について、今、私たちは見直しを迫られている。

第五章　団体旅行と海外旅行

第一節　団体旅行から個人旅行へ

前章まで、あちこち寄り道をしながら、古代から二〇世紀まで、時代の流れに沿って、それぞれの社会における旅や観光の形と姿をながめてきた。ここからは、現代の我々をとりまく観光現象や観光理論のうちで、とくに重要と思われるテーマについて、その内容を検証して、これからの観光全体の展望の方向性を探りたい。

わが国の二〇世紀における観光形態は、団体から個人旅行に大きく移行した。その理由は、大きく二つ考えられる。第一に、これまで団体旅行より高かった個人旅行の料金が団体旅行とあまり変わらない水準になったこと、および、輸送や宿泊など旅行手配が個人でも簡単にできるように、とくにインターネットの普及により、流通構造が簡素化したことである。第二には、個人の意志や価値を尊重する理念が社会一般に広く浸透し、旅行でも、団体より、家族や友人、あるいはひとりでの旅行を好む風潮が拡がったことである。

従来、日本人は、個人旅行が主体の欧米人に比べて団体旅行好きだという通説があった。しかし、現在の日本人の旅行形態は、統計で見るかぎり、個人・グループが主体である。国内旅行の団体比率は八・一%、海外旅行でも一一・四%でしかない（日本旅行業協会二〇〇九）。

それどころか、団体旅行は、旧世代のもので、本当に旅行を楽しむには、家族、友人あるいは一人で旅行をするべきだとして、団体旅行を一段低く見る向きもある。旅行を団体で大勢の人と一緒にするか、個人あるいは少人数グループでおこなうかという問題は、観光にたいする旅行者の姿勢を考える時、案外大事なことなのかもしれない。

日本であるいは世界で団体旅行はもう終わってしまったものなのか、今後、すべての旅行は個人行動になるのだろうか。

一　二〇世紀欧米でのパッケージツアー

近代観光の始まりとされる一八四一年のトマス・クックのラフバラ禁酒大会へのパッケージツアーについてはすでに述べた。五七〇名が参加した団体旅行であった。そしてこの形態の旅行が、旅行の大衆化を急速に進め、その後長い間、人気のある旅行商品として普及した。繰り返しになるが、パッケージツアーのメリットは、安い旅行費、手配一切を旅行会社に任せられる手軽さ、そして専門家が計画・実施する旅行への安心感であった。それでは、その後の欧米観光先進国でこの形態の旅行がどのように進展したのか、現在もまだ存在するのかという疑問が湧く。

結論から言えば、クックの時代と同じように、二〇世紀後半のマスツーリズム拡大にも、パッケージツアーは大きな貢献を果たしたのである。この時代のヨーロッパにおけるパッケージツアーの特徴は、輸送手段として貸切り（チャーター）航空機を活用したことである。チャーター機を使った団体旅行は戦前にもあったが、戦後大手航空会社が新しいジェット機を購入し、中古のプロペラ機をチャーター専門会社が安く買ったことがこの動きを加速した。旅行会社は、地中海の海浜リゾートへの旅行に航空機を丸ごとチャーターし、全席満員にすることで、航空運賃の大幅な値下げを旅行料金に反映した。背景には、まさに拡大の一途をたどろうと膨張する戦後の大衆旅行市場があった。

一九六〇年代はじめまでに、チャーター機によるスペイン、イタリア、ギリシャなどの海岸リゾートへのパッケージツアーは、大衆マーケットに定着した主力商品になった。英国、ドイツとヨーロッパの北方諸国からの南の太陽を求める旅行がとくに盛んになった。一九七〇年代からは、欧州各国での有給休暇日数の増加を反映し、冬のウィンターホリデイが登場し、ホリデイパッケージは年間を通じて催行されるようになり、旅行費は下がり続け、旅行需要は一層拡大した（Holloway 2002）。

ここで、注意しなければならないのは、こうした休暇パッケージツアーは、リゾート滞在客に、航空券と一週間単位の宿泊、それに、精々空港からホテルへの送迎程度のサービスを提供するもので、クックが初期に企画した各地を周遊して、観光をおこない、必ず添乗員がついたタイプの旅行とは異なる構造であることである。現在、ヨーロッパにおけるパッケージツアーは、このタイプが主力である。とくに、英国とドイツでは、現在まで大衆観光の最大の商品である。団体と個人という概念から見れば、この旅行は、旅行会社がパッケージ商品を企画、宣伝し、不特定多数の個人旅行者市場で販売する。旅行の実態も、団体での同一行動はほとんど皆無であり、団体か個人かと言えば、個人旅行という分類をするべきである。

英国では、ここ四年間のレジャー目的の海外旅行者の四二％がこのタイプのホリデイパッケージを購入し、最大の目的地はスペイン、次いでフランス、トルコとなっている。

英国、ドイツとも大手旅行会社数社が、チャーター航空会社を所有し、計画的な大量仕入れにより低価格を提供するビジネスモデルで寡占体制を築いてきた。しかし、近年はこのビジネスモデルにも、新たに登場した格安航空会社との競合、旅行者のオンラインでの直接宿泊手配などいくつかの問題が指摘されており、パッケージ参加者は年を追って減少している（櫻田二〇一二）。

二　戦後の国内団体旅行の変遷

先に述べたように、日本では、一九〇八（明治四一）年の南進助の善光寺参詣団が近代的な団体旅行のはじまりとされる。寺社参詣が目的の宗教旅行ではあったが、形態としては、不特定多数市場への公募型のパッケージツアーであった。その後、戦前には、この分野に鉄道省（実態としては国鉄そのもの）が進出して、各地に旅行会の組織を作り、旅行費積み立てにより団体旅行振興を図った。これもパッケージツアーそのものである。一方で、明治時代から普及した修学旅行は、すでに紹介したとおり、同じ団体旅行ではあっても、旅行企画の母体は学校であり、特定のメンバー（学生・生徒）を対象としている点でパッケージツアーとは異なる形態の団体旅行である。

戦時中は観光のための団体旅行が下火になったことは言うまでもない。しかし、一九四五（昭和二〇）年以後は、戦後の混乱や経済不況、戦争による旅行インフラの消滅などの状況にもかかわらず、旅行需要の復活は早かった。修学旅行だけでなく、宗教団体による大祭や例祭、法要などの行事に際して、多くの団体旅行が企画された。その後、昭和三〇（一九五五）年〜四〇（一九六五）年代に、広く普及したのは、社員旅行であった。職場慰安旅行とも言われた。小学校、中学校、高校と修学旅行を経験して大学に入ると、さすがに大学では修学旅行はないが、社会に出ると、ふたたび職場旅行が待っている。社員旅行は多くの日本人が経験している旅行であり、現在も継続しているので、よく知られているが、念のために簡単に説明しておく。

社員旅行の基本的な構造は、旅行費積み立てである。毎月一定額を給与から天引きして積み立てる。それに会社からの補助がつくのが普通である。税制上も一定の条件を満たせば会社からの福利厚生費支給が可能である。旅行目的地は、旅行幹事が相談して決める。幹事は、各世代から選ばれるが、はじめのうちは、中高年の発言力が強く、目的地は多くが温泉地であり、旅館での宴会が最大のイベントであった。男性社員中心の酒とマージャンに終始することが多かった。

社員旅行には当時から、いろいろな批判もあったが、ほぼ全員が参加した事実を見れば、全体としては肯定的に捉えられたと考えるべきだろう。一つには、一般庶民の家計では、まだ宿泊を伴う旅行をする機会は多くなかった。年一回の社員旅行はそれなりに貴重な娯楽の機会であった。また、会社も、労務管理上、旅行により社員の会社へのロイヤリティーを高めるという意義をかなり高く評価していた。職場での一年中での最大のイベントであったことは間違いない。

しかし、日本の経済が発展し、豊かな時代になると、社員旅行は次第に変貌していく。まず、参加者が少なくなる。若い世代の意見をとりいれて、

（一）スポーツなどのレジャーが目的となる
（二）旅館をやめてリゾートホテルに泊まる
（三）日本式宴会の代わりに立食パーティーとする
（四）旅行に出かけず、ホテルなどでのパーティーに切り替える

など、様々な変化が見られるようになった。そして、新しい傾向として、旅行先が国内だけでなく海外にも出かけるようになった。社員旅行の多様化であり、現在もそれが続いていると思われる。

それでは、社員旅行は現在どれくらいおこなわれているのだろうか。二〇〇八（平成二〇）年にＪＴＢが実施した調査によれば、一年に一回社員旅行をおこなう企業は五三％で、それ以外の会社でも数年に一回、あるいは業績により不定期におこなうことがある。期間は一泊二日が七六％、参加人員は三〇人以下が七一％である。社員旅行を実施している企業での社員旅行経験率は八九％である。意外にも社員旅行はまだしぶとく生き残っているという印象である。旅行実施の判断は多くの場合、企業側の決定であるので、企業がなお社員旅行にそれなりの存続意義を認めているということだろう。海外旅行も含めて、福利厚生費として一定の優遇措置をしているのも、国が社員旅行制度を肯定的に捉えているということもできる。つきあいや義理で、渋々参加している社員も多いことが想定できるが、それでも多くの日本人が現在も社員旅行を体験していることがわかる。

団体旅行が衰退して個人旅行へと転換したのは、白幡洋三郎の「旅行のススメ」によれば、昭和四〇年代で、

転換点は一九七〇（昭和四五）年の大阪万博であった。昭和四三年には旅行全体の半分を占めていた団体旅行が三四・八％に急落した。一方、家族旅行は一八・五％から二九・八％に急上昇した。少人数のグループ旅行を加えると、実に総数の五七・六％を占める。こうした急激な変化の契機となった大阪万博はこの年、三月一五日から九月一三日まで、六ヶ月間、大阪吹田市の千里丘陵で開催された。日本を含む世界七七カ国が参加し、国内外からの入場者数は延べ六、四二二万人であった。当時は「民族の大移動」とまで言われた。当然ながら、万博を目当てとして鉄道やホテル施設の増強がおこなわれた。問題は万博後の落込みにどう対応するかであった。

万博後に、国鉄が中心となって実施された国内旅行振興キャンペーンが「ディスカバージャパン」であった。ディスカバージャパンが推進を目指したのは、最早団体旅行ではなくて、個人やグループ単位の旅行であった。

三　海外パッケージツアーの出現

現在の日本人の海外旅行は、戦後の長い海外旅行禁止令が、ようやく解禁になった一九六四（昭和三九）年にはじまった。一人年一回、五〇〇ドルと二万円という制限つきではあったが、誰でもが海外へ行けるようになった。自由化後最初の海外旅行は、日本交通公社が主催した「ヨーロピアン・ジェット・トラベル」で、昭和三九年四月六日、アリタリア航空ＤＣ８型機で羽田空港を出発し、イタリア、スイス、西ドイツ、デンマーク、フランス、イギリスの六カ国を一七日間で回る欧州周遊旅行だった。男性六人、女性一〇人の計一六名がこの旅行に参加した（白幡一九九六）。

この旅行は、旅行会社が予め日程と旅行費を発表して参加者を公募した主催旅行であった。この時期に相次いで実施された旅行はすべて、このタイプ、すなわちパッケージツアーであった。理由は簡単に想像できる。第一には、日本人にとっては非常に高価な当時の航空運賃や宿泊料金をいくらかでも安くするためには、可能な限りの団体割引を適用しなければならなかった。

第二に、こちらの方がずっと重要であったが、外国旅行の経験のない日本人が未知の土地へ個人で赴くことなど論外であった。同胞と一緒に、しかも旅行会社の添乗員が随行する旅行しか現実に選択肢がなかった。日程は、宿泊、食事、観光、見学等すべてが団体行動であった。旅行先でも、一人になることを嫌がる人がほとんどであったと言われる。旅行者が未知の土地への期待とともに緊張感や不安感を持っていたことが想像できる。

海外旅行の解禁で、パッケージツアーという言葉が普及し、この旅行の構造が広く理解されることになった。国内旅行では戦前からあった旅行なのだが、本当に理解されたのはこの時期以降であり、その後長い間、これが海外旅行のもっともポピュラーな形態になった。パッケージツアーが海外旅行の大衆化を実現し、結果として、急速な旅行者増大に貢献した。クックのパッケージツアーが大衆化に貢献したのと同じ構造だった。

それから、半世紀、解禁の年一三万人弱であった日本人海外旅行者は、二〇一〇年で一、六六三万人になった。その形態は、相変わらずパッケージツアーが大きな比率を占めているが、内容的には、大きく変わった。現時点での海外パッケージツアーの半分以上、多分六〇〜七〇％は、航空券と宿泊程度の構成で個人行動型の、現在の英国型のホリデイパッケージであり、日本では個人型パッケージとか、フリープランなどと呼ぶこともある。フリープラン型パッケージは、旅行としては個人行動でありながら、旅行会社の大量一括仕入れに基づく商品なので、航空券やホテルが相対的に低価格で提供され、現代の旅行者の要望に適した商品であると言える。このタイプの商品に旅行者が求めるのは、航空券、ホテル、観光などの部品（パーツ）の選択肢が多いことである。多くのツアーが最少催行人員一名、つまり、一人だけで申し込んでも旅行の催行が保証されている（写真5―1）。

一方で、添乗員同行の周遊型で内容の濃いパッケージツアーは少なくなった。現在でも周遊型パッケージが催行されるデスティネーションは、ヨーロッパの一部、アフリカ、中近東（エジプト、トルコを含む）、南米などまだ日本人にとって馴染みの薄い、旅行情報が充分ではない地域である。周遊型旅行のもう一つの変化は、かっての一カ国滞在三日というような駆け足旅行から、長期間一つの国を地方まで広範囲に見学して、その国の文化に深く親しもうとする日程も多く見られるようになったことである。

四　団体旅行は生き残るか

スペシャル・インタレスト・ツアーの登場

パッケージツアーは相変わらず人気の高い商品であるが、上に述べたように、内容的には個人型が多い。海外旅行では、現時点では周遊型パッケージのデスティネーションである地域が、これから、現地の旅行インフラの整備や旅行情報の普及により、個人でも行けるデスティネーションになる可能性がある。数一〇年前には、日本人は団体に参加してしか行かなかったニューヨークやパリは、今は滞在型の個人旅行者のデスティネーションである。中南米もアフリカもいつか個人旅行者が平気で訪れるようになることは充分あり得る。パッケージツアーの個人旅行化は今後進むことはあっても、逆戻りはない。

ただ、ある分野では、伝統的な旅行内容が濃い、そして周遊型、団体行動型のパッケージツアーが今後も盛ん

写真 5-1　個人パッケージツアーパンフレット

におこなわれることが想定される。明確な目的やテーマを持った旅行で、米国でここ数一〇年盛んにおこなわれ、スペシャル・インタレスト・ツアー（ＳＩＴ）と称される。

具体例として、リンドブラッド・エクスペディションズ社の南極旅行を紹介する。同社は一九五〇年代に秘境を訪ねるアドベンチャーツアーの専門旅行社として創設された。南極大陸冒険旅行「白い大陸」の旅程は、米国から、航空機でアルゼンチンの南端ウシュアイアまで飛び、そこで南極クルーズ専用に造られた船に乗る。船室八一、総船客数一四八のエクスプローラ号である。二週間くらい南極の島々を見物、時には、流氷の上を歩き動植物を観察する。南極の地理、動植物、気候、エコロジーなどの専門知識をもったインストラクターが常時つきそう。当然、旅行費は高価であるが、一人では、とてもできない冒険旅行を安全に快適に体験できるメリットがある（写真５―２）。

写真 5-2　リンドブラッド南極旅行　リンドブラッド・エクスペディションズ社提供

ＳＩＴのもう一つの例は、ハーバード大学同窓会が主催する「日本の寺、城、庭園を訪ねる」ツアーで、三週間にわたり東京、箱根、広島・宮島、内子、砥部、道後、高松、直島、滋賀、京都、奈良の歴史遺産を訪ねる。二人のハーバード大学の日本専門の学者が同行する。専門家の解説がある上に、同じ趣味をもつ同好の士が旅の間に交流する楽しみもある。質の高い文化観光である。米国の大学のＯＢ組織は卒業生、その家族、友人などを対象とする旅行企画に熱心であり、ほぼ旅行会社に匹敵するような体制を持つところが多いと聞いている。その強みは、ＳＩＴの旅行テーマごとに、大学の教員という専門知識集団が背後に控えていることであろう。

ＳＩＴ旅行は今後も盛んになると予想される。日本でも、モンゴルのゲルに泊まる遊牧民体験ツアー、世界各地のマラソンに参加する団体、絵画・スケッチの旅等々、旅行会社が次々と新しいアイディアの旅行を提案している。文化観光が多いことに注目したい。

こうした旅行はこれからも団体として実施される。個人でおこなうには旅行費が高額になるし、同行する専門家による説明・案内・指導が受けられるし、同じ趣味を持つ人と一緒に旅行する楽しさも享受できる。テーマごとに質の高い観光を求めるこれからの旅行者の要望に応える旅行として今後も増えるであろう。この分野では、団体旅行は健在である。

組織の戦略としての団体旅行

それでは、パッケージツアーでもなく、ＳＩＴでもない通常の団体旅行の構造はどういうものなのか。わかりやすいのは修学旅行だろう。修学旅行は学校が母体となって旅行を企画し主催する。学校以外にも、様々な組織が主催する団体旅行は、我々の周辺に無数にある。企業の販売店や顧客招待旅行、行政の研修旅行、宗教団体の聖地訪問旅行、趣味の団体や同好会の旅行、同業組合の研修・慰安旅行等々である。いずれの場合も、団体旅行を企画実施する母体となる組織があり、旅行参加者はその組織に属するメンバーである。

そして、重要なポイントは、これらの母体組織は、本来、旅行を目的に創られた組織ではないことだ。つまり、旅行はこれらの組織の本来の目的を達成するための手段の一つである。学校は教育効果を高める有効な手段として修学旅行をおこなうのである。

団体旅行は、その組織に属するメンバーが旅行という非日常の世界を共有することで、組織へのロイヤリティーを認識し、自らの役割を確認し、本来の目的への意欲を高めるためにおこなわれる。

製造業企業が、優秀販売店を豪華な旅行に招待して、功績を讃え、さらなる販売意欲を高める営業戦略として、旅行は効果的なイベントであり、近年、企業に限らず組織運営の戦略としてこうした旅行の意義は高く評価されている。米国ではインセンティブ（報償）旅行という言い方をしており、多くの企業がこの手法を積極的に活用している。母体となる組織がこの効果を認めている限りこの旅行はなくなることはない。

団体旅行への回帰

旅行の個人化傾向は今後も変わらないと見るのが正しいだろう。旅行インフラが一層進化して、個人で旅行をするのがもっと容易になるという環境がこの動きを加速する。しかし、団体旅行がまったくなくなるという説には簡単には賛成できない。上に述べたＳＩＴや組織が企画する団体旅行の必要性だけでなく、徹底した個人尊重の風潮は、人間同士の触れあいや交流の機会を狭め、逆にそうした機会を求める動きが一部に見られるという。

一時期、米国の観光業界で「マンケーション」（マンとヴァケーションの造語と思われる）という言葉が流行した。文字通り「男たちの休暇」で、人間的な触れあいを求める人たちが、若い日の学友、昔の職場の仲間、軍隊での戦友などが、一緒に旅行に出かけ、過ぎし日の思い出と、それぞれの人生を語ることに米国人は大きな喜びを見いだしていた（飯田二〇〇七）。

個人やグループでの旅行に喜びがあるように、団体での旅行にも多くの人と触れあう楽しさがあるのである。修学旅行に参加した生徒たちは、なによりも友人や先生とともに旅行することに大きな喜びを見いだし、いつまでもいい思い出として記憶している。

観光ガイドの重要さ

団体旅行のメリットの一つとして、海外旅行における現地ガイドの観光案内を指摘しておきたい。個人旅行では、訪問地での観光案内は自分でガイドブックを読むか、現地の外国語ガイドの説明に頼ることになる。各国語に通じた例外的な人は別にして、一般には英語ガイドの説明を聞くのが普通である。一方、周遊型の団体旅行では、原則として母国語による観光案内が確保されている。これは、案外、旅行者が見落としている重要な団体旅行のメリットではないだろうか。とくに、ＳＩＴに代表されるように、現代の旅行者は一定のテーマをもった文化観光志向が強いのであるから、訪問地の文化や歴史の説明を十分に理解できるかどうかは、旅の喜びを左右する大きな要素である。旅行会社としては、優秀な日本語ガイドの確保や育成が重要となる。

五　団体旅行異質論

トマス・クックの団体旅行への知識階級からの激しい非難は、当時の階級制度の問題であったとするのが、後代の識者の結論のようだが、団体行動への反発という側面もあったのではないかと思う。一九六〇年（昭和三五）代からはじまった日本人旅行者の団体行動にたいして欧米人が違和感を抱いたことは、我々も記憶している。しかし、現時点で、日本人の団体旅行が同じ批判を受けているとは思えない。

様々な理由が考えられるが、日本人が海外旅行経験を積み重ねて、ゆとりのある精神状態で旅行をするようになった。初期の旅行者がもっていた異国での不安感がなくなった。同時に現地の習慣も少しずつ理解して反発を招くような団体行動をとらなくなったということだろうか。

トマス・クックの旅行団の団体行動が周囲の人に異様に感じられたとしたら、当時の外国に慣れていなかった英国人の不安感が、団体行動をより際立たせたのではないか。つまりこれはどの国の旅行者にも起こりうる一時的な現象であり、時間と経験の蓄積が自然に解決する問題と考えたい。

もう一点、指摘したいのは、日本人の間でも、団体旅行嫌いを露骨に公言し、批判する人がいることである。旅行、とくに観光は個人の楽しみであり、人それぞれの趣味の問題である。社会道徳的に問題を起こさない限り、団体でも個人でもそれは本人が判断することで、団体旅行を一段低く見る根拠はない。これは案外、クックの時代に上流階級の身分を意識する人たちが示した根拠のない気取り、スノビズムと同質のものかもしれない。

最後に、日本人の団体旅行好きという説には、個人的には疑問を抱いている。それぞれの時代で、団体旅行を選択せざるを得ない経済的、社会的な事情が結果として団体旅行を盛んにしたのではないか。ただ、修学旅行や社員旅行等で、我々が団体旅行を多く経験しており、団体旅行の良さを他の国の人びとより理解しているということはあるかもしれない。

第二節　日本人の海外旅行体験

二〇世紀の日本の観光でおきた最大の出来事は、海外旅行の普及であると言って間違いないだろう。しかも、この現象は、世紀後半のわずか四〇年という短い時間で実現した。人口の一割を越える日本人が国境を越えて外国へ旅行するという経験は、過去の歴史を通じてもはじめてのことである。この事実がわが国の社会や経済だけでなく、我々の精神や文化に与えた影響は計り知れない。海外旅行発展の時代を振り返り、日本人にとっての海外旅行という新しい文化の意味を検証してみたい。

一　戦前の海外旅行

江戸時代は別にして、第二次大戦前の時代に海外旅行がまったくなかったわけではない。幕末から明治にかけて、国が欧米諸国に送り出した公式視察団は別にしても、海外旅行は一部の階層に限定されてはいたが存在した。個人の資格で旅行する人もいたが、政治家、実業家、学者、文化人など一部富裕階級の人々であった。そうした人々が残した海外旅行記も多い。

また、参加者を公募する観光目的の団体旅行もなかったわけではない。よく知られているのは、一九〇八（明治四一）年に朝日新聞社が企画した「世界一周会」である。最近刊行された克明な研究書、小林健の「日本初の海外観光旅行」によれば、この年の元旦の朝日新聞紙上に読者サービスの一環として、「空前の壮挙」、「無比の快遊」と銘打つ世界一周旅行計画が発表された。一般公募であるから誰でも参加できる、現代の言葉で言えば、パッケージツアーである。旅行費は二、三四〇円で、現代の価格では約一、一七〇万円にあたる。最終参加者は女性三名を含む五六名で、参加者名は新聞に発表された。

高額の旅行費を負担できる富裕層ばかりであったことは言うまでもないが、職業は大企業から中小企業までの経営者、地方議員、教員など多岐にわたり、年齢は二〇代から四〇代が中心であった。

三月一八日に横浜を船で出発して米国に向かい、米国大陸横断後、大西洋を英国へ、次いでフランス、ドイツ、イタリア、スイスなどを回ってロシアへと周遊観光をした。そして、シベリア鉄道でウラジオストックに向かい、汽船で敦賀へ六月二一日に帰国した。

民間の旅行団とは言え、各地で大公使館や地元の名士の大歓迎を受け、ワシントンでは、セオドア・ルーズベルト大統領に全員が拝謁した。旅行を手配したのは、前年に横浜に支店を開設したばかりのトマス・クック社であった。ちなみに、ＪＴＢの前身のジャパン・ツーリスト・ビューローの創設は四年後一九一二（明治四五）年であり、これだけの旅行を手配できる日本の旅行社はなかったことがわかる。各地での歓迎や著名人との面会などは、朝日新聞社とクック社が手配したとされる。クック社は全行程に随行する添乗員をつけ、新興の日本市場での大きなプロジェクトの成功に最大の注意を払ったことは想像に難くない。

しかしながら、三ヶ月におよぶ大旅行に、アジアが入っていないことに気づく。主催者は「今回の道程はもっとも文化的な、もっとも愉快な道筋を選んだ」としている。先進国訪問ということであろうが、日露戦争直後の新興国としての気負いがうかがわれる。

自費での旅行だから、本来観光が目的の楽しみの旅行のはずだが、主催者も参加者も国を代表しての外遊という意識が強かったようで、旅行中は、男性は洋服を着用すべしという指示がでたうえに、念のため、礼服としてモーニングコートの持参が求められた。世界の一流国民として、欧米の人に見られても恥ずかしくない服装をということであった。近代日本の初めての民間人による観光団には、外国にたいする緊張感と国威を発揚しようという使命感が溢れていたことがわかる。旅行中の参加者の態度も実にまじめで真剣そのものであったようだ。

有山輝雄の「海外観光旅行の誕生」は、明治期の海外団体旅行は新聞社が主催するメディアイベントとしてはじまったとしている。

世界一周会も新聞社の営業戦略の一環であるが、その意図するところは、第一に、今や一流の文明国となった日本国民が先進国欧米を見に出かけること、第二には、「日本国民が文明国民に伍して毫も恥ずるところなき特性」を旅行中の自分たちの行動を通じて欧米人に見せることであった。そして、「旅行会会員は個々人として旅行するのでなく、帝国を代表して行動する役割」を担っており、その目指すところは「欧米列強との対等の交際」であった。

民間事業とはいえ、国の意向を体した公式ミッションに近いイベントであったようだ。旅行費を自分で負担しながら、旅行期間を通じて「国の代表として」健気に振る舞う参加者の心理は、現代の我々には理解が難しいが、新聞社が大々的なキャンペーンでこの旅行の大義を広報宣伝し、世論もそれを支持するなかで、当時の人々は案外素直にこの理念をうけいれたのだろう。楽しみだけの海外旅行が、社会的に認知されていたとは思えない時代に、権威ある新聞社が社会的意義のある旅行の機会を提案してくれた。高額の旅行費を払える限られた上流階級であるという自負心や優越意識もあったのかもしれない。現代の我々の観光旅行とはまったく性格の異なる特異な旅行であった。

有山が指摘する「日本人の海外旅行には常に国家意識が裏面にはりついており、欧米人から見られる自己を絶えず意識する後発帝国主義の自意識」や、「欧米への劣等感とアジアへの鈍感な尊大さ」は、当時の日本人については正しい観察であると思うが、現在の日本人海外旅行者の意識の問題としては再検証する必要があろう。

世界一周会以後も、同じような旅行を朝日新聞とトマス・クック社が実施したが、第一回ほどの成功はみなかったようだ。

その後、大正・昭和時代には、中国大陸や朝鮮半島への戦跡を訪ねる旅行が盛んになり、旧制高校の学生なども大陸旅行をおこなった時期があった。しかし、戦局の進展とともに、すべての海外旅行は抑制されることになった。

二　戦後から海外旅行解禁までの時代

一九四五（昭和二〇）年の第二次世界大戦終了後、国が直ちに定めた観光政策は、経済復興のための外国人旅行者の誘致であった。外貨獲得が至上の国策の前で、海外旅行はとうてい許されるものではなかった。一九六四（昭和三九）年の海外旅行自由化まで、終戦以前から数えれば、実に二〇年以上海外旅行禁止が継続した。明治以来の戦前にも経験しなかった異例の措置であった。敗戦から徐々に経済が復興し、国内では、修学旅行や社員旅行を中心に旅行が活発におこなわれるなか、観光目的の私的な海外旅行は一切禁止されていた。

当然ながら、禁止が長く続くと、国民のあいだに海外への憧れは強くなった。当時、海外へ出国できるのは、外交官、商社マン、留学生くらいであった。こうした機会を得たわずかなエリートが、一九六〇年代はじめ、海外体験記を出版した。北杜夫の「どくとるマンボウ航海記」（一九六〇：昭和三五年）、安岡章太郎の「アメリカ感情旅行」（一九六二：昭和三七年）、小沢征爾「ボクの音楽武者修行」（一九六二：昭和三七年）などで、それぞれ、医師、ロックフェラー財団給費留学生、音楽家の資格で海外へ出る機会を得た体験を書いたもので、外国の情報に飢えた日本の若者たちに広く読まれた。いずれの著作も海外旅行自由化直前に出版された。

その中でも、最大のベストセラーになったのは、一九六一（昭和三六）年に出版された小田実の「何でも見てやろう」であった。フルブライト奨学生として、一九五八年にハーバート大学に留学した小田は、一年後、米国各地から、ヨーロッパ、アラブ、アジアの計二二カ国を見てまわり、一九六〇年に帰国した（白幡一九九六）。

この旅行記が日本人に与えた感動は、未知の異国の日常生活に気負いなく自然体で入っていく著者の姿勢だったのではないか。この本によって外国は意外に自分たちに近い、親しい存在として理解することができた。本に登場する人物は著名作家から、無名の芸術家・作家、庶民まで幅広いし、話題も多岐にわたる。相当まともな議論もあるが、わかりやすい表現であるし、何となくわかった気分になる。外国へのあこがれを持つ人々にどこかで安心感を与えたと言っても過言ではない。戦前にもこうした旅行記もあったのかもしれないが、戦後のしかも海外への情報を遮断されていた日本人にとっては、正に求めていた新鮮な旅行記であったことは間違いない（写真5―3）。

写真5-3　小田実　何でも見てやろう

反応の一例を挙げれば仏文学者海老坂武は、「戦後が若かった頃」で、

この本は私にとってただならぬ衝撃をもたらした。小田は西洋との距離がなく、劣等感も気負いもなく西洋の中に入っている。西洋を日本として受け入れている。

と書いている。

海外旅行自由化は一九六四（昭和三九）年のことであった。この年は、東京オリンピックが開催され、東海道新幹線が開通し、その上に海外旅行解禁という日本の観光の歴史のなかで大きな意味を持つ年になった。戦後の日本の新しい門出であり、現代の国際観光はこの年からはじまったのである。

一九六三（昭和三八）年、国際通貨基金（ＩＭＦ）は日本に対して八条国移行を勧告した。我が国はＩＭＦに一九五二（昭和二七）年に加盟していたが、この時点で先進工業国で八条国でないのは日本だけだった。日本経済の復興が明らかであるにもかかわらず、国内産業の保護を理由に海外産品の輸入制限や貿易統制を続けている状況に、外国から経済開放を迫られた。

日本政府は何次かに分けての輸入制限の緩和でこの圧力をかわそうとしたが、遂に、一九六四（昭和三九）年四月一日に日本は八条国に移行し、経常取引に制限を加えることができなくなり、海外旅行も、外貨事情を理由に制限することができなくなった。しかし、当時の大蔵省は外貨が大幅に減るのを防ぐためという理由で、一人年一回、持ち出しは五〇〇ドルと日本円二万円という制限をつけた。国としては、海外旅行をけして歓迎していなかった状況がうかがわれる（日本交通公社七〇年史一九八二）。

航空運賃は日本円で支払うのでこの制限金額には含まれないが、宿泊、食事、観光などその他の現地経費すべてをまかなうには、この制限額は充分とは言えない金額で、自由化になっても、ゆとりのある旅行が直ちに可能になったわけではなかった。それでもとにかく、誰でもが海外へ出かけることができるようになった。

実は、それ以前から観光業界では、自由化を見通して様々な準備をしていた。一つは「海外旅行積み立てプラン」であり、例えばＪＴＢは、六〇年代初めから旅行資金の積み立てを募集して、ハワイで八日間三五三、〇〇〇円、ヨーロッパ周遊で二五日間七五万円という積み立て額が評判になった。大学卒初任給が一三、〇〇〇円の時代であった。また、大手旅行会社は、これに備えて社員の大量採用をおこなっていた。

自由化後最初の海外旅行は、先に紹介した日本交通公社主催の「ヨーロピアン・ジェット・トラベル」で、一七日間の旅行費は七一五、〇〇〇円であった。二日後には、同じ交通公社の「第一回ハワイダイヤモンドコース旅行団」、一行二五名がパンアメリカン航空機で七泊九日の旅に出発した。旅行費は一人三六四、〇〇〇円であった。大卒男子の初任給で、ボーナスも合わせてほとんど二年分を超す額で、当時の生活感覚からすれば大変な高額であった（秋山一九九五）。

四月一日が自由化で、その数日後の出発ということは、それ以前から旅行会社と顧客はこの旅行を準備していたことが推定できる。

このはじめのヨーロッパ旅行団の写真を見たことがあるが、ほとんど全員年配者であり、男性は背広を着てネクタイを締め、女性の多くは着物を着ている。楽しみのための旅行とは言え、未知の国へ行くには正装をしなければという気持ちが全員にあったのであろう。明治時代の世界一周会の参加者と気分の上では同じような緊張感を抱いて出発したことが想像できる。しかし、この旅行は明らかに世界一周会とは違っていた。国家的大義とは無縁であり、一回限りのイベントでもなく、彼らの後にも次々と旅行者は日本を発った。純粋に個人の楽しみとしての海外旅行が、このとき以降認知されることになった。

三　半世紀の海外旅行発展の軌跡

その後、今日までの約五〇年、日本人の海外旅行は飛躍的に拡大したが、その間のとくに目立つ動きを簡単に列挙しておく。

パッケージツアーの隆盛

自由化後当初の海外旅行の形態は、旅行会社や航空会社が企画するパッケージツアーが主体であった。一九六八（昭和四三）年にはＪＴＢ「ルック」、一九六九（昭和四四）年にはジャルパックと、海外パッケージツアーのブランドが誕生した。一九七二（昭和四七）年には近畿日本ツーリストの「ホリデイ」、日本旅行の「マッハ」が登場した。日本のパッケージツアーが本当の意味ではじまったのはこの時期であり、戦前からすでに実績があった国内旅行のパッケージツアーはこれを追って、一九七一（昭和四六）年にＪＴＢ「エース」、翌一九七二（昭和四七）年に日本旅行「赤い風船」、近畿日本ツーリストの「メイト」とブランド名が発表された。以後、パッケージツアーは国内海外を問わず旅行業界の最大のビジネスモデルとなる（今井二〇一一）。

ジャンボジェットの就航

一九七〇年代はじめは、ジャンボジェットボーイング７４７機の就航の時期であった。それまでの主力機材が一六〇〜二〇〇席だったのに対して、ジャンボ機は三五〇〜四五〇席もあり輸送力は倍増した。国際航空運送協会（ＩＡＴＡ）はこれを契機に、六九年から七一年にかけて、欧州線、太平洋線、アジア線に、座席の一括購入制度であるバルク運賃を導入した。この運賃は旅行会社が航空会社から四〇席（または二五席）単位で座席を買い取るシステムで割引率も大きく、旅行商品を従来の半額程度で販売することができた。この運賃が七〇年代半ばまでの海外旅行市場を牽引することになった。日本経済の高度成長とパッケージツアー量販体制の確立が海外旅行者数を大きく増やした。旅行会社も、渡航自由化前後の手続き業務を主体とした「代理機能」から、旅行商品の企画・生産・販売を一貫しておこなう「メーカー」機能を強めていくことになる（今井二〇一一）。

ソ連セット旅行

高額の航空運賃は払えないという若年旅行者が、船を利用して海外へ向かうこともはじまった。「ソ連セット旅行」が六〇年代後半にＪＴＢから発売された。当時、ＪＴＢの若手社員だった安田彰によれば、横浜からソ連船で津軽海峡を抜けて二泊三日でナホトカまで行く。そこから、シベリア鉄道に乗って、ハバロフスクに向かい、ハバロフスクからは、ソ連の国内航空便でモスクワまで飛ぶ（写真５―４）。

モスクワで二泊三日の滞在を楽しんだ後、鉄道でウィーンに行くコース、チャーター航空機でストックホルムへ行くコース、国際夜行列車でヘルシンキに向かうコースに分かれる。この片道ソ連セット旅行が一一万円だった。大学卒の初任給が三～四万円で、欧州までの片道正規航空券が三五万円の時代に、これがヨーロッパへ行くもっとも安い方法として人気を呼んだ（安田二〇一〇）。

留学生や、大学の教員などの他に、外国に夢を求める若者たちの姿も多く見られた。一九六七（昭和四二）年に出版された五木寛之の小説「青年は荒野をめざす」は、バイカル号の横浜出航からはじまり、主人公たちがモスクワ、ヘルシンキ、ストックホルム、パリと放浪し、アメリカへ向かう船のリスボン出航の場面で終わる。こうしたヨーロッパ放浪の旅が、まだ外国が未知の存在であった若者たちの夢と希望をかき立て、このコースで欧州に向かう若者が多くなった。外務省から、片道だけで、若い人を放り出すのはよろしくないとの声が上がり、復路セットも作った。これが一〇年くらい続いたが、そのうちに外国航

写真 5-4　ソ連セット旅行　バイカル号（安田彰氏提供）

空会社が格安の運賃を提示するようになり、この旅行は廃れた。

持ち出し制限の撤廃

当初年一回に限られていた海外旅行は、一九六六（昭和四一）年から一人年一回制限が撤廃された。ついで、一九六九（昭和四四）年、貿易の大幅黒字により、これまでの持ち出し外貨枠も七〇〇ドルに引き上げられた。この年日本人の出国者数は四九三、〇〇〇人、そのうち観光目的が二五五、四四九人、初めて業務渡航者数を上回った。

一九七〇（昭和四五）年には、旅券法が改正され、数次往復旅券が観光目的にも発給されるようになり、それに先立つ一九六六（昭和四一）年、一九七二（昭和四七）年と帰国時の「その他物品」の免税枠も拡大された。その後も海外旅行は順調に伸び、外貨持ち出しも一九七六（昭和五一）年の制限緩和で三、〇〇〇ドルまで引き上げられ、ついに一九七七（昭和五二）年に、海外旅行の持ち出し制限は廃止された。制限つき自由化以来、一三年後のことであった（日本交通公社七〇年史一九八二）。

格安航空券とメディア販売

一九七〇年代後半に格安航空券が市場に登場した。背景には成田空港開設の結果、航空座席の供給が増え、航空会社間の競争が激化したことがあった。格安航空券は、それまでの常識を破る価格の航空券で、団体用の割引運賃チケットが、航空会社や大手旅行会社から市場に流れたものと言われ、当初はうさんくさいイメージがあったが、新興の旅行会社がこの分野に積極的に参入した。代表的な会社は一九八〇（昭和五五）年創立のエイチ・アイ・エス（ＨＩＳ）であった。この市場がその後急速に拡大して、現在では、大手旅行社も取り扱い、海外個人旅行の増大の大きな原動力になったと言われる（今井二〇〇二）。

リクルートが海外旅行情報専門誌「エイビーロード」(AB-ROAD)を一九八四(昭和五九)年に創刊し、その中に、格安航空券も掲載したことも増大の一因であったとされる。新興の中小旅行社が、この雑誌によって格安航空券情報を安い経費で発信できたからだと言われる。エイビーロードは、旅行各社のパッケージツアーの日程と料金を掲載するカタログ雑誌であり、一時は若者層の人気が高かったが、二〇〇六(平成一八)年に休刊になった。リクルートは、「価格訴求型商品やツアー価格比較などが急速にインターネット媒体へ移行している」と、その後はすべてウェブサイトで対応すると述べている。

なお、周知のとおり、HISは急成長を続け、現在では海外旅行については、大手旅行社の一郭を占めるまでにいたっている。

エイビーロードとおなじ同じ紙媒体でも、新聞広告により旅行を販売する手法を業界では、メディア販売と言っているが、一九八〇年代から現在まで継続しており、格安航空券と同様に、現在の旅行流通構造に一定の地位を占めている。新聞広告に掲載される商品は国内と海外のパッケージツアーであり、特徴は信じられないような低価格、内容の濃い日程であり、参加者は圧倒的に中高年層が多いと言われる。

代表的な企業はクラブツーリズムと阪急交通社(ブランド名はトラピックス)の二社である。業界のなかでは、旅行需要拡大への貢献と同時に、旅行価格を過度に低下させた元凶という声もある。オンライン化が進む現在でも、毎日の紙上に掲載される大量の旅行商品を見ていると、新聞広告の効果はいまだに健在のようである。

テンミリオン計画

一九八五(昭和六〇)年代にはいると、観光市場の成熟化が進展するなかで、経済環境の激しい変動を反映して、国の観光政策も大きく揺れ動いた。一九八六(昭和六一)年から九一(平成三)年まで継続したバブル景気に煽られて、海外旅行のみならず国内旅行でも高級旅館がもてはやされ、旅行熱はいよいよ高まっていた。

一九八五（昭和六〇）年に発表された前川レポートは、日本経済をそれまでの輸出主導から内需主導へと転換させて国際収支のバランス改善（貿易黒字の縮小）を図ろうとするものだった。この政策に則り、観光政策上も、様々な試みがなされたが、その一つが、一九八七（昭和六二）年に国が推進した海外旅行倍増計画（テンミリオン計画）である。

この計画の基本姿勢は、観光政策としてはきわめて特異なものであった。日本の貿易黒字を減らす手段として海外旅行を推進するものであり、明治の開国以来の、外国人旅行者誘致、つまり輸出による外貨獲得という基本姿勢が、まったく逆の方向に振れて、どんどん外貨を使って海外旅行をしなさいという輸入促進に変わったのだ。観光政策としては、あまり例を見ない異例のものであった。具体的には前年一九八六（昭和六一）年の日本人海外旅行者五五二万人を五年間で倍の一、〇〇〇万人にしようとするものであった。この計画は予定より一年早く目標を達成した（今井二〇一一）。

低成長時代へ

皮肉なことに、テンミリオン計画達成目標の年であった一九九一（平成三）年は、湾岸戦争の影響で、海外旅行者が前年より三・二％減少した。これは、一九八〇年の前年比マイナス三・二％以来の対前年割れであった。翌年一九九二（平成四）年は、持ち直して、一〇・九％の成長となり、その後も、長期的には成長が続いている。しかし、成長率の低下はあきらかで、市場が成熟し、かってのような急成長とは異なる低成長時代に入ったと言われた。一九九五（平成七）年は市場最高の円高もあり、海外旅行者数は大きく伸びたが、一九九六（平成八）年からは円安傾向で、停滞が数年続く。

二〇〇〇（平成一二）年は史上最高の一、七八二万人を記録したが、翌二〇〇一（平成一三）年の九・一一テロ以降、減少傾向が続いている。二〇〇三（平成一五）年は、ＳＡＲＳなどの影響で実に一九・五％減少となった。

その翌年二〇〇四（平成一六）年は対前年成長が二六・六％と久しぶりの大幅成長を記録したが、これは前年の落込みの回復と考えれば、それほどの率ではない。それ以降、ここ数年は、停滞が鮮明で、最新統計の二〇一〇（平成二二）年は、一、六六四万人である（JTB Report 2011）。

ここまで驚異的な成長を続けてきた日本の海外旅行マーケットが、二〇〇〇年以降低迷を続け、急成長の時代は終わったという悲観論が主流になってきた。

四　日本人にとっての海外旅行

ここまで半世紀にわたる日本人の海外旅行発展史を概観したが、日本人にとって海外旅行体験の意味は何であったのか、海外旅行を契機とした外国との触れあいをどう評価するか、そして、これからの海外旅行の方向性という三点について考えたい。

海外旅行肯定論

まず、日本人にとっての海外旅行という新しい文化をどう評価するかというテーマについては、代表的な論考として、「旅行のススメ」で紹介している加藤秀俊が一九六八（昭和四三）年、中央公論に発表した論文「日本人と海外旅行―現代文化接触」を挙げたい。ここで、著者は日本人の海外旅行者の増大を率直にいいことだと明言している。

羽田や伊丹で、外国に出て行く日本人、帰ってくる日本人の大群衆を見ていると、どうやら、これは日本文明史における画期的大事件なのではないか、という気もする。なぜなら、海外旅行というのは、直接体験としての文化接触であり、日本人が、これだけの規模で、他の文化と直接に接触したことはこれまでいちどもなかったからだ。

ひとことで言えば、現在の海外旅行ブームは、大衆の眼による、直接的な「世界」の発見過程なのだ。じっさいに、多くの日本人が海外に出ることによって、伝統的な外国認識の方法も、またその認識内容も変わってきているのだ。わたしは、そのことを無条件にいいことだと思う。何の目当てもなく、物見遊山のためにやたらに海外旅行に出かけるのはけしからぬ、という意見もあるらしいが、それは、海外旅行を外交官・留学生中心の特権と考える伝統的な考え方の名残りなのではないか。外国との体験的な接触は、もはや国家によって許可される特権なのではなく、現代の民衆にとっての権利の一つなのである。

きわめて率直な海外旅行肯定論であり、正論である。この論文が書かれた一九六八年は、海外旅行自由化後わずか四年後のことであり、この年の海外旅行者は三四四、〇〇〇人に過ぎず、ジャンボジェット機も数年後の就航が予想される段階であった。国自体が旅行費制限を課しており、社会一般にも海外旅行にたいする否定的な意見も少なくなかったであろう時勢を考えれば、大変に勇気のある先駆的発言だったのかもしれない。海外旅行がこの時代とは比べものにならないほど定着した現代では、こうした原理論が語られることはないが、海外旅行が現代に生きるわれわれが獲得した貴重な権利であり、生活の中での大きな歓びであることは疑いの余地はない。

だが、それから四〇年過ぎて、海外旅行者数が、実に、五〇倍の一、七〇〇万人近くに達している現在、加藤が予想した「文化の世界化」、「国を離脱した超国的精神」がどれだけ現実のものになったかは、慎重に検討しなければならないだろう。

文化摩擦

それまでまったく姿の見えなかった日本人旅行者が、世界各地へ突然に出現したのだから、現地の人々にとって一種の衝撃であったのは当然だろう。両者のあいだに様々な軋轢や摩擦があったとしても不思議でない。これは日本人に限ったことではなく、例えば、第二次大戦後、大量の米国人旅行者が欧州に旅行をしたときにも、現地から相応の批判がなされたと聞いている。日本人旅行者にたいする、当時は先進国とされたアメリカやヨーロッパで日本人旅行者に投げかけられた批判はどんなもので、なにが原因であったか。

一九六〇年代末から七〇年代初めにかけて、ヨーロッパで日本人旅行者に接した私の個人的な体験を述べてみたい。現地の人びとの日本人旅行者にたいする違和感や反発の理由は、私の観察では以下のようなものだった。

文化習慣の違い

文化習慣の違いが一つの原因である。それも服装、食事など日常的生活習慣上の差が、大きな問題にまでならないにしても、現地の人には不快感を与えることがある。例えば、浴衣姿、スリッパでホテルのロビーを歩くのは奇異に見られた。食事マナーについては細かいことで多くの習慣の違いがあった。

団体行動への反発

本書ですでに何度か触れたが、団体行動が異質のものとして不気味さ、不快感を与えた。当時の日本人は外国に馴れていないので、独りでは動けないから、団体で行動せざるを得なかったのだが、ヨーロッパでは異質の行為と見る人もいた。

ショッピング行動への反発

ショッピングに多額の金を使うことへの違和感。とくに当時は、ブランド商品は一部上流階級のそれも一定の年齢以上の女性が身につけるものであるのに、日本人は二〇代の学生のような女性が買い漁る現象が見られた。まず、そうした経済力への反発があり、高級ブティクでの買い物マナーも知らないことへの反感もある。ものの価値がわからないのに、金だけは持っている成金だと見られた。この背景には欧州の根強い階級差別意識が、当時はとくに厳然と存在していたことが理由の一つだと思う。

現地の人が違和感を抱く一方で、日本からの旅行者も、はじめての外国へ来た喜びとともに、緊張のあまり平常心を失い、一部には精神が不安定になる人もいたのは事実である。当時の旅行者の心情を理解しなければならない。考えて見れば、旅行者の心強い随行者であるはずの旅行会社の添乗員にしても当時は全員が経験豊かであったとは言えない。

こうした一連の軋轢を簡単に文化摩擦と名づければ、半世紀後の今、摩擦はほとんど解消されたと個人的には考えている。理由は、一言で言えば、両者の学習効果である。日本人の生活習慣が限りなく欧米に近づき、洋風な生活文化が日本にも浸透したこと。海外でホテルというものをはじめて経験した世代とは異なり、現代の旅行者は、外国のホテルに泊まってもなんらの違和感もない。服装や食事にしても同じである。

一方で、ヨーロッパの人々も、ビジネスの対象としての日本人の習慣の理解に努め、その要望を満足させるように相応の努力をした。習慣の違いがわかれば、不信感ではなく相手を理解することが可能になる。日本人以外のあたらしい市場からの旅行者が増えて、迎える側も日本人だけを批判しなくなった。

日本人旅行者の外国にたいする態度も、この五〇年で大きく変わった。はじめは緊張のあまり、萎縮した態度もあった。それが時間とともに、経験が蓄積して、次第に自信を持つようになり、旅行マナーも洗練されてきた。外国に対するコンプレックスがなくなり、自然体での旅行ができるようになった。スマートな新しい日本人旅行者イメージができたと考えたい。団体旅行は減り、団体行動自体も、現地の人に違和感を与えるような行動はなくなった。

しかし、この過程で一時見られたのは、すべてに優越感を持つ尊大な態度である。アジア諸国でもこうした行動が様々な問題を起こした。日本の経済力が発展し、米国などでも活発な経済活動を行っていたバブル時代の影響でもあったのだろう。外貨に対して円の購買力が高くなり、日本の国力が上がったと思って、世界中のものが何でも買えるような錯覚を抱いていた日本人も多かったはずだ。

日本がすべてに優れているという自信を悪いとは思わないが、冷静な目で外国を観察した上での結論ならいいが、はじめから、そうした先入観念で旅行をする態度は感心しない。バブル崩壊後、再び、日本の影響力が失墜した現在は、こうした態度は一般的ではなくなったようだが、海外旅行者は、常に、謙虚な気持ちで訪問先の文化を見る態度が基本ではないか。異質の文化を知ることこそ海外旅行の楽しさなのだから。

半世紀の学習で、日本人旅行者の旅行マナーが国際水準に達したとしたら、これも海外旅行が我々の文化に寄与した大きな功績であると思う。

ショッピングとグルメの短期旅行

日本の海外旅行市場の特長は、自由化以降の成長の速さであった。一九八〇年代までは、全世界平均を大きく上回る成長率であった。しかし、九〇年以降は成長率は全世界平均より低い。明らかに、ここ一五年くらいは成長が鈍化している。安定成長期に入ったという見方もできるかもしれないし、9・11やSARSのような客観情勢も考慮しなければならないが、これまでのような右肩上がりの成長は期待できないという不安感を専門家ももっているのが現実である。

先に述べたように、二〇一〇（平成二二）年の日本人の海外旅行者は、一、六六四万人で、観光庁が掲げていた同年までに二千万人という目標は達成できなかった。現時点での全世界の国際旅行者が約一〇億人であるから、

二、〇〇〇万人になっても、全体の中での比率は二%である。無視できる数字ではないが、観光大国と自負できる数字ではない。

一方、人口にたいする出国率を見れば、二〇〇九年は一二・一%であり、先進諸国に比べれば、まだ発展の余地は大きいと言える。しかし、この数値は、多少慎重に見る必要がある。欧州のように、多くの国が隣接して、経済関係も緊密である地域、また、シンガポール、マレーシア、台湾のように華僑が里帰りなどを頻繁におこなう国と比較するのは適切でないかもしれない。オーストラリアや韓国などとの比較の方が現実的かもしれない。ただ、海外旅行者数が低迷していることは観光産業にとって大きな問題であるにしても、観光の社会的・文化的視点からは数だけにこだわるのは本質を見失う恐れがある。

海外旅行の停滞を客観情勢の理由だけにはできない。日本人全体に海外旅行の意欲が低下しているのではないだろうか。海外旅行の主役は一時は若い女性であり、現在では熟年層だとされている。その中で、減少がもっとも大きい年齢層は若者世代であるという指摘がされている。

山口進の「ニッポンの海外旅行—若者と観光メディアの五〇年史」によれば、二〇代の海外渡航者のもっとも多かったのは、一九九六（平成八）年で四六三万人であったが、二〇〇八（平成二〇）年には二六二万人、一二年で四三・四%の減少である。この本は、海外旅行自由化以降の若者の海外旅行の軌跡を旅行メディア（ガイドブックや旅行関連著作）の分析から追った労作であるが、様々な指摘のなかで二点、気になることがある。

ひとつは、現代の若者の多くが好んでいるのは、香港、ソウルなどの東アジア都市やグアムを代表とするビーチリゾートへのフリープラン型短期の旅行であり、現地での彼らはショッピングとグルメに明け暮れ、地元の歴史や文化とはまったく出会わない旅だという分析である。消費も一つの文化であることは間違いないが、これだけが旅行目的化しているという事実は悲しいことである。しかも、これは若者の現象というより、年配者まで含めて全世代に共通した傾向のように思われる。旅行は個人の領域であり、旅行で何をするかはおおげさに言えば人間の生き方の姿勢の問題であるから、簡単に批判はできないが、こうした旅行だけが続くことへの著者の危惧には共感を覚える。

もう一つは、同書が紹介している下川祐治の「日本を降りる若ものたち」に描かれたバンコクの下町のアパートに引きこもり、「なにもしないでどこへも行かず長期滞在を続ける」日本の若者たちの姿に少なからぬ衝撃をうけた。アジアを旅して自分探しを続けるそれまでのバックパッカーとも異なり、「海外で日本を生きる」彼らの行動は、もはや観光の範疇で見ることが無理なのかもしれない。簡単に批判をする気持ちはないが、日本人の海外旅行がこうした形にまで進化したことに驚きを感じたことは確かだ。

なお、この現象とは目的が異なるが、海外で一定期間過ごし、自分の国と外国の二つの拠点で生活をする点では共通している定年退職者の海外でのロングステイについては次の章で紹介する。

人類学者山下晋司は新しい観光の展開の一つの形として、観光が日常から非日常世界への一時的滞在であるとする観光の原理に当てはまらない形、観光と移住の区別が曖昧となり、旅することと住むことは必ずしも対立していない観光について、「バリ観光人類学のレッスン」で述べている。例として、バリで現地の男性と結婚した日本人女性が、「文化と文化のはざまで自分とのおりあいをつけながら生きており、そこに二一世紀に支配的になるであろう生活のかたちが提示されている。」としている。バンコクで日本を生きる若者たち、定年退職者のロングステイ、そしてバリの日本人花嫁と、この三例は、それぞれ目的は異なるが、二つの文化のはざまを生きるという移動の形態として共通の要素がある。

これからの日本人の観光が向かう一つの方向を示しているのかもしれないが、これはもう観光とはいえない人間の生き方の問題として考えたい。

第六章　リゾートとテーマパーク

第一節　日本人にとってのリゾート

戦後の日本人の観光需要の急速な拡大のなかで、とくに海外旅行の隆盛は、一時は国際的にも過去に例を見ない現象とまで言われた。日本はいつの間にか、観光先進国の一つになったかのような幻想が社会一般に流布した。しかし、その後、様々な経済と社会環境の変化があり、ふと気づくと、今の日本はどう見ても、観光大国とは言えない。

国際水準との比較において、日本の観光の特徴は旅行期間の短さである。二〇一一年観光白書によれば、平成二二（二〇一〇）年度の国民一人の国内宿泊旅行（ビジネス旅行を含む）は二・八回であり、一人一回あたりの宿泊数は二・〇泊であり、韓国、フランス、英国、ドイツ、オーストラリアのどこよりも低い。滞在型観光が主流である欧米観光先進国との比較において、日本人の観光は年間合計でも、旅行一回ごとでも際だって短い。これだけでも、リゾートライフとはほど遠い現実と言わざるを得ない。

しかし、ずっとこのまま日本人はリゾートと無縁でいいとは考えたくない。日本人にとってリゾートとは何か、我々の観光行動のなかでリゾートをどう位置づけるかというテーマを考えてみたい。

まず近代における日本のリゾート開発の実例二つを紹介したい。ひとつは日本の近代リゾートの象徴的存在である軽井沢、もうひとつは、戦後のリゾート開発の先駆とも言える北海道のアルファトマムである。

一　外国人による軽井沢開発

近代日本のリゾートの多くは、明治時代以来、欧米からの外国人によって開発された。彼らはいずれも一時的な旅行者ではなく、日本になんらかの目的で、招聘されたり、自らの意志でやってきて、一定期間定住した人たちだった。彼らは日本にやってくる前に、すでにアジア各地の植民地において、リゾートを開発した実績があった。異国での自分たちの暮らしが快適になるように、故国の風土と似た地域に、休暇を過ごすリゾートを開発した。日本を代表する国際リゾート軽井沢の誕生を、宮原安春「軽井沢物語」により紹介する。

軽井沢を発見したのは一八八六（明治一九）年にこの地に偶然通りかかった宣教師アレクサンダー・クロフト・ショーと東京帝国大学教授ジェイムス・メイン・ディクスンの二人であった。ショーはカナダのトロント生まれで、一八七三（明治六）年に英国聖公会の宣教師として、日本に布教のためにやってきた。ディクスンはスコットランドの出身で、一八八〇（明治一三）年に日本政府に英語教師として招聘された。

軽井沢は元々、善光寺参詣の旅人や大名の参勤交代でにぎわった中山道の宿場町であった。周囲の土地は不毛で、浅間三宿（軽井沢、沓掛、追分）に旅人が落とす路銀がこの地の主要な収入であった。しかし、江戸末期に参勤交代はなくなり、一八八四（明治一七）年には国道碓氷新道ができて、軽井沢は表街道からはずれることになった。宿場町の賑わいが去り、貧しい寒村のたたずまいであった軽井沢へ二人の外国人がやってきた。

高原の風光は、二人に故郷スコットランドやカナダを思いださせた。欧米人にとってなにより耐え難いのは日本の夏の高温多湿であり、標高千メートル、八月の平均気温二〇度前後という冷涼な軽井沢の気候を彼らが気に入ったのは当然であろう。ディクスンは一八九二（明治二五）年に離日したが、ショーは、二年後に、大塚山に別荘を造り、以降、毎夏、家族で訪れた。彼の友人たちへの口コミで、日本と東洋の各地に滞在する宣教師たちが多くやって来るようになった。過疎の村が、外国人の手により避暑地として甦ることになった（写真6—1）。

写真 6-1　軽井沢ショー記念礼拝堂（筆者撮影）

その後、一八九三（明治二六）年に信越線開通により、交通の便もよくなり、夏の軽井沢は外国人の夏の避暑地としてその名前が知られるようになった。宣教師のほかに、貿易商、大学教授、大公使などの別荘が急速に増えた。外国人の日用品を商う商店も店舗を開いた。同じ年には、最初の日本人の別荘が建設され、日本人の政治家、皇族、新興ブルジョワの事業家も多く夏を過ごすようになった。

一八九四（明治二七）年の万平ホテルの開業以来、宿泊施設も増築された。一九〇九（明治四二）年夏の避暑客数は、外国人一、〇〇〇人、日本人四、〇〇〇人、宿泊延べ人数は一二万人であった。外国人宣教師が発見した軽井沢は、上流階級の国際的で華やかな社交場としてのイメージをいよいよ高めることになった。

一九一三（大正二）年には、外国人と日本人の別荘所有者有志による財団法人軽井沢避暑団が設立された。避暑客の増大に伴い発生する様々な問題の解決や行政との交渉などを目的とする組織であった。スローガンは「娯楽を自然に求める」であり、リゾートでの日常は、礼拝、思索、読書、散歩、テニス、ハイキング、ピクニック、講演会、音楽会など節度のある健全な娯楽が推奨された。リゾートの俗化を防ぐことに宣教師を中核とした外国人居住者の貢献は大きかった。

一方、軽井沢は高原療養地として転地療養の場所になった。文化人も多く滞在した。堀辰雄の小説などに描かれた避暑地の外国風な生活が読者を引きつけ、軽井沢の文化的イメージが確立した。

大正時代からは、新興の大資本が、低価格の別荘を開発・販売して、大衆化が進んだ。そして現在は、国際的雰囲気の高原リゾートとして人気があると同時に、軽井沢の俗化が言われて久しい。人口一五、〇〇〇人の軽井沢に別荘が一一、五〇〇軒、ホテル・ペンションも多く、夏の最大人口が一五万人という一大観光地である。

現在の軽井沢を、単純に国際高級リゾートと位置づけることには躊躇を感じるが、少なくとも、その形成過程において、それまでの日本になかったリゾート文化が外国人により導入され、地元民と別荘滞在者の共生する生活環境を守る伝統が長い歴史の中で育まれたことは確かであろう。この意味で、軽井沢は、日本では珍しい西欧の伝統的リゾートの系譜に属する。

二　アルファリゾート・トマム

現代のリゾート開発の先駆的な例として、北海道の過疎の村、占冠《しむかっぷ》村のアルファリゾート・トマム開発をみてみたい。

占冠村は、日高山脈と夕張山脈に囲まれた盆地で、北海道の中央に位置する。札幌からの交通手段としてJR北海道の石勝線がある。気候は、冬は積雪が多く非常に寒いが、夏は涼しい。雪質のいいことで知られている。一九六〇（昭和三五）年代の人口は四、七〇〇人であったが、一九八〇（昭和五五）年代には、一、六〇〇人にまで減っていた。道内でももっとも人口の少ない過疎の村だった。様々な産業振興を考えたが、観光誘致を中核とすることにした。一九八一（昭和五六）年までは、JR（当時国鉄）と組んで開発計画を進めていたが、折からの財政難で、JRが撤退した。代わってこの土地に注目したのは、仙台に本拠をおく不動産会社関兵精麦グループであった。一九七三（昭和四八）年から、北海道に進出、一九八〇（昭和五五）年から札幌で、ホテルアルファサッポロを経営していた。関兵グループは、一九八二（昭和五七）年に占冠村と共同で、第三セクター、株式会社シムカップリゾート開発会社を設立した。

開発にさいしては、米国コロラド州アスペンをモデルとするコンセプトを策定、それに基づいて長期開発計画が立てられた。スキー場、ゴルフ場のほかに、ウォーターパーク、国際会議場、リゾート大学などの構想もふくめて、最終的には五、〇〇〇ヘクタールの地域に五万ベッドを持つ「山岳通年リゾート都市」の実現を目指した。その後アスペンはロッキー山中にあり、一九世紀末に銀鉱山として繁栄したが、恐慌の影響を受けて閉山した。二〇世紀半ばに雪質の良さを生かしたスキーリゾートとして蘇り、現在は富裕層の別荘が多い高級通年リゾートとして知られている。

一九八三（昭和五八）年には、第一期として、トマムスキー場、三五億円を投じた一五五室のホテルアルファトマムを開業した。その後、一九八四（昭和五九）年には三〇五室、二、七〇〇ベッドのコンドミニアムの開業、一九八七（昭和六二）年には超高層のザ・タワー（四〇三室、一、六〇〇ベッド）の開業、翌年にはゴルフコースの開業、一九八九（平成元）年にはタワー二号棟の開業など施設の充実に努めた。トマムの基本戦略は、このように多額の投資を行って魅力付けをすることにより土地の価値を高め、コンドミニアムの会員権販売により投資を回収することにあった。

この戦略に沿って、開発当初から巨額の投資をおこない、高水準の施設展開を図って、地域のイメージを高めようとした。また、アスペンをモデルにした明確なコンセプトに基づく町作りの思想があった。リゾートへのアクセスも、一九八一（昭和五六）年の石勝線の開通で、千歳空港から一時間二〇分、東京から四〜五時間の圏内にあった。CI戦略や広報宣伝も徹底的に展開した。

この結果、投資額は一、六〇〇億円という巨額になったが、バブル経済の崩壊により、会員権販売による資金回収が進まず、施設保有会社（アルファコーポレーション）は、一、〇〇〇億円を超える負債を抱えて一九九八（平成一〇）年に倒産に追い込まれ、リゾートは閉鎖した。あまりに性急な投資の速度に、収入がついて行かなかった。開業から一六年だった。

その後、トマムで一部の施設の運営を受託していた加森観光が、一、六〇〇億円の施設を五億円で手にいれ、営業は中断することなく続けられた。一〇年には七六万人に落ち込んだ観光客数は一二年には、八六万人にまで回復した（今井二〇〇二）。

二〇〇五（平成一七）年からは、リゾートや旅館の再生を手がける軽井沢の星野リゾートが、事業の大半を買い取り、現在は自然体験リゾート星野リゾートトマムとして経営している。

アルファトマム開発は当時としては時代の先端を行く計画であったが、二〇世紀末近いこの時代において、リゾートは日本の観光の世界で主要な存在ではなかったし、リゾートという言葉も社会全般によく知られていたとは言えなかった。

三　リゾート法

ある日突然のようにリゾートが脚光を浴びて、日本全国が熱病にかかったようにリゾート開発にとりつかれた時代が到来した。

それまでほとんど聞いたことのないリゾートという言葉がマスコミを通じて全国民に周知徹底させられた（佐藤一九九〇）。

リゾート法制定から破綻までの経緯を、今井成男の報告を基にたどってみる。

発端は一九八七（昭和六二）年に制定された総合保養地整備法で、通称リゾート法と呼ばれた。そして、リゾート法による多くの開発計画が破綻や中止に追い込まれるまでの時期は、後で振り返ればほぼバブル景気の時代（一般的には一九八六～一九九一）に重なる昭和六〇年代であった。

テンミリオン計画のところで述べたように、一九八五（昭和六〇）年、前川レポートが発表された。中曽根内閣のもと、日米経済摩擦による米国の外圧を打開するための経済政策を、当時の日銀総裁前川春夫が座長となりまとめたものである。簡単に言えば、日本経済の活況による経常収支黒字を解消することと国民生活の質の向上を提案した。具体的方策としては、内需拡大、市場開放、金融自由化などであった。日本経済をそれまでの輸出主導から内需主導へと転換させて国際収支のバランス改善（貿易黒字の縮小）を図ろうとするものだった。

二年後のリゾート法は、この政策に則り、国内消費を高めるための手段として、働き過ぎの日本人も長期休暇を取るべきと強く推奨した。そして、国内での滞在型旅行を増やし、生活を楽しむライフスタイルの受け皿として、全国各地に適正な料金で滞在できるリゾート施設を建設することが、地域振興と内需型経済への転換の手段として提案された。

リゾート法のめざすところは、

（一）国民の余暇増大への対応（都市生活者にゆとりある余暇を）

（二）新しい地域振興策の展開（過疎化・自由化に揺れる地域の振興）

（三）内需主導型経済への転換（民活による内需拡大）

であった。

この法律が定めた仕組みは、民間事業者が具体的な整備計画を有していることが必要で、各都道府県がそれに基づき基本構想（具体的には県と民間の共同計画）を策定し、国（担当は六省庁で国土庁が中心）に提案する。その計画が国によって認定されれば、国として様々な支援・援助を行うというものだった。助成措置は、大きく二つで、

（一）事業税の減免、金融面の優遇措置
（二）国立公園内の開発や国有林の伐採の許可

であった。

国が主導したこの計画に、地方自治体と金余りで投資先を探していた金融機関と企業が飛びついた。彼らにとっては、国民の余暇が増えて豊かな生活を享受するなどという理念はどうでもよかった。巨大な不動産投資のチャンスであった。全国の地方自治体と関連企業は土地の買収に狂奔した。

一九八八（昭和六三）年に三重県と宮崎県が最初の承認を受け、一九九八（平成一〇）年までに四二都道府県が承認を受けることになった。

一九九一（平成三）年までに承認された三五県の基本構想の合計についてみると、総事業費は約一〇兆円、総面積は五四二万ヘクタールで国土の一四％におよび、その結果新たに二六五のゴルフ場、一五五のスキー場、一〇七のマリーナが誕生することになると見込まれた。

土地・不動産買収の動きは国内だけにとどまらず、外国へも波及することになった。一九九〇年代に、リゾート地や農地が、日本企業によって強引に買収される現象が、各地で日本人にたいする反発を招いたこともよく知られている。

これだけ日本全体を巻き込んでの開発ブームは、しかし、計画の大半が実現する前に、大きく後退することになった。開発計画が頓挫したのは、なによりも、バブル景気の崩壊だった。当時の日本は永久にバブル景気が続くことを全員が信じていたような時代であった。サラリーマンも金融投資に熱を上げ、製造業も、本業より、金融操作で利益を挙げることがよしとされた時代であった。リゾート開発計画のすべてが、永続的な経済成長を前提として立てられた。この前提が崩れたのだから、すべてが一度に瓦解したのは当然である。

さらに、自然と環境保全にたいする関心の高まりから、開発は悪であるとする考え方が強まり、時代の寵児であったかに見えたリゾート開発は一転して冷ややかな視線を浴びることになった。しかし、環境問題は以前から指摘されていた。国は一体何を考えて乱開発を認可したのかという疑問を抱かざるをえない。あの時代は、誰もそうした正論を聞く耳を持たなかったのだと考えるしかない。

こうした状況下で、官民の連携の破綻が各地の開発現場で起きた。結果として、それまでリゾート開発に遅れまいとして積極的な姿勢を見せていた企業は次々に撤退していった。リゾート法に基づく開発の多くは中止・凍結または規模の縮小を余儀なくされ、計画は大幅に狂ってしまった（今井二〇〇二）。

四　リゾート計画の破綻～シーガイア

バブル景気崩壊後、各地で計画の破綻が顕在化してくる。すでに建設済みのもの、建設中のもの、まだ着工していないもの等、様々な状況があったが、巨大な投資が失敗したことで有名になった事例の一つがシーガイアである。

宮崎県の「宮崎・日南海岸リゾート構想」は、リゾート法承認第一号であり、その中核施設であるシーガイアは、ホテル（オーシャン四五）、世界最大の開閉式屋内プール（オーシャンドーム）、国際会議場（サミット）、ゴルフ場などによる複合施設で、一九九一（平成三）年に着工、一九九五（平成七）年に全施設が完成した。着工がはじまったのが、バブル景気がはじけた時期なのだから、運が悪かった。

最大の問題は、年間五五〇万人の集客計画が、フタを開けてみれば、最高の一九九五（平成七）年でも三八六六万人にとどまったという計画の甘さであった。

その結果、経営主体の第三セクター、フェニックスリゾートは巨額の累積赤字を抱え込み、メーンバンクの第一勧業銀行もこれ以上不良債権を出せないとして融資を打ち切った。二〇〇〇（平成一二）年の沖縄サミット外相会議の舞台となったことを花道に、二〇〇一（平成一三）年に三、二六〇億円という第三セクターとしては空前の負債を抱えて会社更生法申請に追い込まれた。リゾート自体は、米国の投資会社リップルウッドホールディングに引きとられたが、買収額は一六二億円で、同社は二、〇〇〇億円の施設を僅か八％の価格で手に入れたことになる。営業は継続されたが、正社員一、五〇〇人のうち幹部社員約一〇〇人が解雇された（今井二〇〇二・朝日新聞二〇〇八）。

数値予測の甘さはこうした計画ではよくあることで、驚くこともないが、シーガイアは、はじめのコンセプトから間違っていたとしか思えない。町からのアクセスが遠いうえに、周囲には、遊びに行くところなど何もない。松林の美しい海岸は荒い海で遊泳禁止であった。その代わりに造った人工プールオーシャンドームが一番収益が悪かった。建築後も、施設の豪華さしかいうことはない。プランナーは、滞在型のリゾートライフというものをまるで知らなかったのではないか。しかし、そうした乱暴なやり方はあの時代の日本人にとっては普通のことだったのかもしれない

五　リゾート法の総括

リゾート法によって計画されたリゾート開発は、地域や企業に大きな打撃を与えて、限りなく消滅に近い結果となった。こうしたリゾート開発の破綻を目の当たりにして、いまやリゾート法は、悪評高い法律で、諸悪の根源とさえ見られている。当初のもくろみであった日本人の長期休暇の定着にも目立つような貢献は認められない。何が問題であったのか。佐藤誠「リゾート列島」および金子照美「グリーンツーリズムとその底流」で指摘されているリゾート法破綻の論点は以下のとおりである。

（一）政治的に利用された。

リゾート法は中曽根内閣の民活による多極分散型国家、内需拡大による貿易摩擦の解消、赤字国債脱却、農村都市問題、金融機関の金余り等の多くの問題を解決するための国策であった。こうした問題すべてをリゾートによって解決しようとした。

（二）自治体の狂奔

これまで開発のネックであった環境保全についての規制を政府が大幅に緩和したので、地方自治体は地域振興の最後の切り札として、リゾート用地の確保に狂奔した。しかし、どの自治体もリゾート運営について明確な展望をもっていなかった。

（三）企業の利益至上主義

企業は財テクを駆使して、全国で土地転がしに邁進した。この動きは海外にまで波及したことはすでに述べた。要するに、これは開発業者の金もうけのために考え出された仕掛けであった。

> リゾートフィーバーは、拝金主義と過度の土地投機が盛り上げた。リゾートビジネスは、不動産投資の延長線上にあった。（佐藤一九九〇）。

（四）開発と環境汚染

国立公園クラスの土地の開発が自然環境破壊と災害をもたらした。生態系の変化、ゴルフ場の農薬汚染、スキー場の森林破壊など住民の生活や農林漁業への被害も発生した。

> 景勝地の地域資源は限られているから、陣取りに遅れをとるわけにはいかなかった。国立公園だろうと、保安林だろうと、最早開発規制の聖域は存在しなくなる。（佐藤一九九〇）。

とくに沖縄でひどかった。国が先導して、環境破壊をおこなわせた。

（五）リゾートの理解

最大の問題は、国も関係者も、すべてがリゾートとはどういうものか知らなかったし、知る努力もしなかったことである。地方自治体は、リゾートの本質を理解できずに、民間の開発プランナーのアドバイスを求めた。率直に言えば、リゾートが普及していないわが国に、リゾート専門家がどれくらいいたのだろうかという疑問が湧く。少なくとも、全国の県の要望に対応できるほどの数はいなかっただろう。だからこそ、プランナーは海外視察を勧めるしかなかったのではないか。派手で大型のアメリカ型リゾートを見てまわり、結局どのリゾートもゴルフ、スキー、マリーナという金太郎飴プランで、単なる観光施設のデラックス化でしかなかった。

政策を立てた国も、実行した県と開発企業も、リゾートという習慣が、欧米では長い歴史を経て定着したもので、一夜にして国民の生活に浸透させられるような簡単なテーマでないことを理解していなかった。

「リゾート列島」は一九九〇(平成二)年に刊行されている。シーガイアはまだ着工もされていなかった。つまり、法律施行後、三年目でこうした批判が公けにされている。はじめから、問題を正確に把握している専門家もいたのである。しかしそうした批判は、開発企業の金儲け主義と、国がこれを政治的に利用して、押しつぶした。背景には、バブル景気に浮かれる世相があった。日本人すべての問題であるとしかいいようがない。こうしてみると、リゾート法の功罪と言っても、功の方はほとんどない。

一九九一（平成三）年には、日本弁護士連合会が、リゾート法による開発規制緩和が広大な範囲での自然破壊をもたらすこと、および地域の住民生活へ多大の影響をおよぼすとして、リゾート法の廃止を求める決議を発表している。

こうした批判にもかかわらず、リゾート法の国としての総括は、この法律ができてから一五年後の二〇〇三（平成一五）年まで待たなければならなかった。総務省と国土交通省は、二〇〇一（平成一三）年から一年以上かけて専門家を交えての検討会を開き、リゾート法の政策評価をおこなった。

総務省の発表によれば、整備が完了して利用がはじまった施設の割合は二〇〇一（平成一三）年一月で平均二〇％、整備中の施設の五五％が工事未着手か中断。利用がはじまった施設でも、データを把握できた二〇カ所で年間延べ利用者数は当初見込みの二三％、雇用者数は一八％であった（総務省二〇〇三）。

国土交通省の最終評価の冒頭に掲げられたのは、

（一）需要の見誤りにより巨大・豪華な投資が行われ、経営上問題が生じた事例が見られる

（二）特定施設整備や利用、特定施設での雇用は当初見通しと比べバラツキはあるが一般に進んでいない（国土交通省二〇〇三）

ここで言う特定施設とは開発・建設が予定された宿泊・交通・観光その他の施設をいうらしい。

二〇〇三（平成一五）年に総務省が公にした政策評価書では、「本政策をこれまでと同じように実施することは妥当でなく、社会経済情勢の変化も踏まえ政策の抜本的な見直しを行う必要がある」として、計画を提示した各県の基本構想の抜本的見直しを求めた。現時点（平成二三年一一月）の国土交通省ホームページによれば、平成二二年までに一二の県が、リゾート開発の実現性が見込めないとして、リゾート法の基本構想を廃止して、国もこれを承認した。残りは、三〇地域（二九道府県）である。

国の姿勢は、現時点のニーズを踏まえて、計画の廃止や削除を含めた再検討であり、その際、政策評価の定期的実施、整備の工程表の策定を二九道府県に求めている。早くから多くの批判がありながら、総括に一五年かけて、これからは「時間管理概念の導入・徹底により今後は着実に進行管理」と言われては、誰もが鼻白む思いであるが、高い代償を払って、ようやく多少の学習効果があったことを評価するべきなのだろうか。

また、形骸化したとしか思えないリゾート法を根拠にリゾート開発を考える自治体がまだあることはどう考え

たらいいのだろうか。本来、リゾート開発は民間の仕事であるので、この問題についての国の役割は、施設の建設の推進ではなく、リゾートライフが可能となるような環境づくりにあるのではないか。リゾート法が掲げた日本人が長期のリゾートライフを楽しむという理想は、現在も正しい。しかし、その実現にはこれから何世代もの時間と叡智の蓄積が必要と思われる。

六　ロングステイツーリズム

日本人の新しい国際観光のトレンドとして、最近ロングステイという言葉がよく使われる。ここまでお話したリゾートの概念とは少し異なるが、今後日本でリゾートライフが普及するとしたら、ロングステイはその初歩的な過程としての意味があるのかもしれない。

日本の旅行者も、少しずつ、長期滞在型旅行をする人が増えているという感じはある。その中で、ロングステイは、よく知られた現象である。ロングステイの前史として、リゾート法と同じ時代のシルバーコロンビア計画の挫折がある。一九八六（昭和六一）年（リゾート法の前年）に、旧通商産業省（現経済産業省）が提唱した「豊かな第二の人生を海外で過ごす海外移住」計画である。円高を利用して、住宅事情、物価、気候などで多くの利点が得られる外国に「日本人移住者村」を建設し、老後を過ごす制度を国として支援するというものであった。物価の安い国に、日本人の老後の福祉の問題を丸投げしようとするもので、今考えても違和感がある。当然のことだが、「日本はテレビだけでなく、老人まで輸出するのか」との批判があがり、内容の再検討を余儀なくされた。

軌道修正をして、移住ではなく、「海外滞在型余暇（ロングステイ）」という余暇スタイルとして再提案された。これを応援するロングステイ財団が一九九二（平成四）年に設立された。同財団によれば、ロングステイとは、「生活の源泉を日本に置きながら、海外の一か所に比較的長く滞在し、その国の文化に触れ、現地社会への貢献を通じて国際親善に寄与する海外滞在スタイル」と定義している。「観光」ではなく、「滞在」し、現地での「生活」を目的とする。財団では高齢者に限定しないとしているが、現実には、定年退職者がほとんどである。これは、別に日本だけのことではなく、北ヨーロッパの人（英国人やドイツ人）が退職後、気候や生活面で快適な地中海沿岸地域（スペインやポルトガル）に移住することは一九七〇年代から見られた。

日本人のロングステイの対象は主に、東南アジア諸国である。日本の年金を受給して、物価や医療費の安いアジアで、快適に過ごすという経済的なメリットがある。シルバーコロンビアのような永住ではなくて、ある程度長期の滞在ではあるが、あくまで拠点は日本である。

このころ、世界でも、アジアや中南米などの国が、積極的に、こうした退職者を受け入る政策をとるようになった。一例を挙げれば、一九八八年から五〇歳以上の外国人退職者の受け入れ政策を採用したマレーシアである。しっかりした経済基盤（一定額の預金）を持ち、現地では経済活動は一切しないことを条件に、一〇年の滞在が可能である。迎える国にとっては、観光収入の増加、外貨収入獲得である。国際交流の機会にもなる。名称は「マレーシア・マイ・セカンドホーム・プログラム」である（マレーシア二〇一〇）。

マレーシアのビーチリゾートペナン島、キャメロンハイランドなどに、一定数の日本人退職者が滞在している。また、日本企業の駐在員として勤務したクアラルンプールに滞在する人もいる。セカンドホームというように、マレーシア政府も永住者として受け入れるのではなく、あくまで一時的な滞在者である、旅行者の立場としては、日本と交互に往復して、二つの生活を楽しむというパターンで、マルチハビテーションとかトランスナショナル・デューアルライフ（Transnational Dual Life）などという言い方をしている。日本の年金で、物価の安いマレーシアで豊かな生活と、同時にすぐれた介護や医療サービスを受けようとするものである。

考えてみれば、日本は、医療介護の要員として、フィリピンなどから、若い労働力を輸入しようとしており、一方で「病気の老人」を輸出するという批判も一部にはあるが、ロングステイはリゾートライフの普及に多少の影響を与えるかもしれない。ただし、ロングステイはあくまで、老齢の定年退職者が対象であり、通常の観光とは異なる世界である。旅行会社も、一時この分野に力を入れ、現在も専門の支店や係などを設けているが、業務内容は、単なる航空券や観光手配だけでなく、生活一般の支援など、これまでの旅行会社ではできない広範囲な業務となり、現時点ではそうした要望に応えきれていないというのが現実であるらしい。

七　リゾートライフは実現するか

日本で欧米型のリゾートライフが普及しない理由は、大きく言って二つあるとされている。

（一）長期休暇の不在

長期間の休暇が制度としても、習慣としても定着していない。国も長期休暇の普及を進めているが、現実には、労働条件のいい大手企業でも、年間精々一週間から一〇日の連続休暇を取れればいい方だろう。日本の休暇日数が、国際水準と比較して必ずしも少ないわけではないが、問題は連続して休めないことである。

実は、一九七〇年に国際労働機関（ＩＬＯ）が定めた「一年の勤務につき連続して二労働週以上の休暇を与えなければならない」というＩＬＯ第一三二条を日本政府はいまだに批准していない。もう一つの特徴は、本来労働者が権利として有する有給休暇日数の実際の取得率が、きわめて低い（五〇％以下）ことだ。長い間、我々が誇りにしてきた経済大国日本も、労働時間に関してはとても先進国とは言えないのが事実である。

（二）未熟なリゾート文化

一カ所に滞在して、普通の生活をそこで行うというリゾートの形に日本人は不慣れであると言われている。旅行と言えば、短時日で多くの観光地をぐるぐる回るいわゆる周遊型が、われわれの観光スタイルであるとされてきた。日本人は海岸リゾートに滞在してやることがないとすぐ退屈してしまうと言われる。また、極論として、日本人は仕事熱心だから、欧米人のような長期休暇は好まないという説を、本気かどうかはわからないが唱える人もいるらしい。最終的にはこれは個人の思想や生き方の問題であるが、こうした風潮が休暇制度のまともな議論を阻害している印象がある。

要するに、長期休暇に我々は慣れていないだけなのである。これは別に、遅れているとか、程度が低いとかという問題ではない。そういうスタイルの旅行をこれまでしていないということである。しかし、まったくそういう動きがないというのも正しくない。旅館に二泊宿泊する（連泊）とか、海外の都市に一週間滞在する（旅行会社のパンフレットの宣伝文句によれば、地元の人と同じような生活を体験する）旅行も増えている。

個人的な意見を言えば、第二の問題は、多少の時間をかければすぐ慣れて解決する。短い周遊型の旅行にも無論良さはあるが、一定期間の滞在型旅行にも異なる楽しさがあることは、経験すれば、誰にも簡単にわかることである。

問題はやはり、長期休暇制度が、法的に整備されていないことである。企業は経営防衛上、長い休暇に不安を抱いており、国がこれまでそれを説得するほどの強い意志を示さなかった。長期休暇制度が他の国で実際におこなわれている事実を真剣に考えて欲しい。企業にとって、長期休暇がもたらす経済的、労働政策的利害を検証するべきである。長期休暇制度は、すでに専門家の論考があるように、企業にとってマイナスだけではないのである。

その後に、国の政策として長期休暇制度（ＩＬＯの言う二週間でなく、一週間からはじめることも可能だろう）を定めることである。そうした国の決断なしに、企業が自ら長期休暇を提案し、従業員が意識を改めて積極的に休暇を取るのを待つという現在の姿勢では、一〇〇年経っても、日本人のリゾートライフは実現しないだろう（飯田二〇〇八）。

第二節　テーマパーク～二〇世紀が生んだ模型文化

テーマパークは二〇世紀後半に生まれた観光文化である。観光旅行者のために創造される観光文化の範疇のなかで、典型的な模型文化とみなすことができる。テーマパークはディズニーランド出現以降、普及した表現であり、それ以前には、遊園地という言葉が使われていた。

経済産業省の統計基準（二〇〇一年）では、遊園地の定義は、「樹木、池など自然の環境を有し、有料の三種類以上の遊技施設を有する事業所」としている。思い浮かぶのは、豊島園や後楽園などの大規模遊園地や、デパートの屋上の小さな子供用遊戯施設などのイメージであった。

一方、同じ統計基準でテーマパークの定義は「入場料をとり、特定のテーマの下に施設全体の環境づくりを行い、テーマに関連するアトラクションを有し、パレードやイベントなどのソフトを組み込んで、空間全体を演出して娯楽を提供する事業所」としている。

根本祐二のテーマパーク概説書「テーマパーク時代の到来」は、テーマパークの第一の特徴は排他性であるとしている。具体的には、テーマパークとは、

（一）特定のテーマを持っていること
（二）非日常的であること
（三）一定の空間をもっていること
（四）施設・運営ともにそのテーマに基づいていること
（五）その基づき方が統一的かつ排他的であること

と解説している。

さらに、これを東京ディズニーランドに当てはめてみると、

（一）大きな空間が必要なのは、夢の世界を外の日常的な世界と切り離すためであり、パークの中でも、異なったテーマ部分はお互いに見渡せないし、外の世界を含めてパークの全体を眺められる部分もない

（二）すべての施設は飾りや演出によってディズニーランドにしかない特別なものであり、販売されている商品も飲食物もディズニー風であり、通路、植樹、造作から従業員の服装もマナーもすべてディズニースタイルである

ここでいうテーマは、ディズニーランドでは、ディズニー映画のミッキーマウスに代表されるファンタジーの世界であり、「古き良きアメリカ」を再現した「フロンティアランド」などである。佐世保のハウステンボスでは、伝統的なオランダの街並みがテーマになっていた。

テーマパークは人工的に造りあげた観光施設であり、巨額の投資を必要とする大規模ビジネスである。同時に、現代人のきわめて人気の高い観光対象として、社会的・文化的な影響力が大きい。二〇世紀を代表する観光の新しい形ということができる。

一　ディズニーランドの誕生と展開

テーマパークという言葉と概念が普及したのは、一九五五年のカリフォルニア州アナハイムのディズニーランドの誕生以後であろう。日本でも、テーマパークの概念が広まったのは、一九八三（昭和五八）年の東京ディズニーランド開園からである。

テーマパーク発展の歴史のなかで、ウォルト・ディズニーは先駆者であり、指導的な存在であった。現在、全世界にディズニーランドは五つあるが、ウォルト・ディズニー自身は、一九〇一年生まれで、一九六六年に亡く

なっているので、彼の生存中に開園したのは、アナハイムのディズニーランドだけで、フロリダのディズニーワールドは、計画は彼が主導したが、開園を見ることなしに世を去った。

ディズニー神話は、よく知られている物語だが、能登路雅子「ディズニーランドという聖地」により簡単に紹介しておく。

夢の別世界空間

一九五五年七月一七日に、ウォルトとロイのディズニー兄弟が、テレビ会社などからの出資を得て、カリフォルニア州アナハイムにディズニーランドを開園したのが、すべてのはじまりだった。ウォルト・ディズニーはすでにアニメ映画の製作者として三〇年のキャリアを持っていた。彼は、一九〇一年、シカゴの貧しいプロテスタントの家庭の四男として生まれ、子供の頃から貧困生活のなかで仕事に明け暮れ、高校も出ていないという苦労をして育った。広告会社でデザインの下絵を描く仕事からはじめ、成功して、数々のディズニー映画を製作した。

ディズニーははじめから、ディズニーランドを子供のための遊園地とは考えていなかった。子供から大人まで、すべての人のための「人間の子供心や遊び心に訴える夢の別世界空間」を作ることが基本構想であった。

一九五五年の開園式での彼の見事なまでに短いスピーチは、簡潔にその理想を語っている。

「この幸せな場所にようこそ。ディズニーランドはあなたの国です。ここは、大人が過去の楽しい日々を再び取り戻し、若者が未来の挑戦に思いを馳せるところ。ディズニーランドはアメリカという国を生んだ理想と夢と、そして厳しい現実をその原点として、同時にまたそれらのために捧げられる。そして、さらにディズニーランドが世界中の人々にとって、勇気とインスピレーションの源となることを願いつつ。」

すべてがつくりもの

ディズニーランドの世界が、すべて人工の作り物であることは指摘しておくべきだろう。そこには自然はない。「地面も山も全体がコンクリートやアスファルトで覆われた反自然世界」である。ディズニーランドが建設されたカリフォルニアのオレンジ郡アナハイムは、その名のとおりオレンジの果樹園であったが、建設の最初の作業は、何万本ものオレンジの木を根こそぎ引き抜くことであった。現在のディズニーランドにも樹木はあるが、これはすべて後から、ディズニーランドのプランに従って人の手で植えられたものである。

ディズニーランドは常に、「美しく清潔である」と言われる。すべてが人工的につくりあげた「理想の空間」なのである。端的に言えば、すべてが贋物なのである。来訪者はそれを完全に意識している。限りなく本物に近いニセモノとしての真正性、本物以上の迫力が現代人を惹きつけて止まない。これまで観光の対象は、美しい自然景観や壮大な自然現象であった。今やそれらを圧してディズニーランドが現代の観光客を引き寄せる。

アメリカ人にとっての聖地

開園後のディズニーランドの成功はよく知られている。一〇年間でアメリカの人口の四分の一がディズニーランドを訪れた。一九八九年には三億人になった。繰り返し訪れたリピーターは、一〇年後の一九六五年で五割になり、一九九〇年では八割になった。

「ディズニーランドという聖地」の著者は、「ディズニーランドは、単なるテーマパークを超えて、一種の神聖を帯びた祝祭空間であり、すべてのアメリカ人が一生に一度は行くべき聖地になった。」と主張する。

何故なら、ディズニーランドは、「共通の伝統や歴史のない米国で、アメリカとは何かを教える文化装置で、アメリカ人はディズニーランドで連帯感を味わう」のだという。

ディズニーワールド

フロリダ州のオーランドにディズニーワールドが開園したのは、一九七一年一〇月であった。こちらの特長は第一に、敷地の広大さである。アナハイムが総面積二〇万坪、テーマパーク部分が九万坪であるのに対して、オーランドでは、総面積三、三〇〇万坪、テーマパークのひとつマジックキングダムだけで一三万坪である。第二の特長は、敷地内にある施設の多様さである。テーマパークが四つ（マジックキングダム、MGMスタディオ、エプコット、アニマルキングダム）、二つのウォーターパーク、二〇以上のリゾートホテルなどである。

アナハイムでは、土地が狭く、周囲のホテル経営などに、ディズニー社が介入できなかったが、こちらでは見事に、すべてがディズニー社の経営になった。まさに「魔法の人口都市」を作り上げたのである。

ディズニー社は、州政府から警察権と司法権以外の本来公共事業である電力、ガス、上下水道、消防、建築基準、道路建設などを独自に運営する特権を得た。開園の一〇年後には、年間入場者がアナハイムを上回る一、三〇〇万人となり、フロリダ州を訪れる旅行者数は二・五倍になった。

海外進出～東京・パリ・香港

一九八三年に東京ディズニーランドが、一九九二年にはパリにディズニーランドが開設された。フランスのディズニーランドはパリ郊外三〇キロの砂糖大根畑六一一万坪の土地の一角に建設された。日本の場合と異なり、所有権と経営責任はディズニー社が保持し、投資額は二六億ドルであった。しかしフランス政府はこれを歓迎して、多くの公的優遇措置を与えている。テーマパークのほかに七つのホテルを建設した。アメリカ文化の象徴ともいうべきディズニー文化が、米国以上に個人主義的なフランス人に受け入れられるか、冬の寒さの影響はどうかなど様々な疑問が提示された。

二〇〇五年九月には、香港ランタウ島にもディズニーランドがオープンした。

二　東京ディズニーランド

一九八三（昭和五八）年四月、千葉県浦安市の埋立地一四万坪に、建設費だけで一、五〇〇億円を投じて、米国のディズニーランドのコンセプトをそのまま持ち込んで開業した東京ディズニーランド（ＴＤＬ）は、日本人の持っていたそれまでの遊園地の概念を文字通り覆した。

アナハイムの九万坪は勿論、オーランドのマジックキングダム一三万坪よりも広い空間であり、経営主体は京成電鉄、三井不動産出資の株式会社オリエンタルランドであった。これ以降現在まで、東京ディズニーランドは日本のあらゆるテーマパークのなかで、入場者数、評価その他すべてにおいて圧倒的なトップの座を維持している。

ＴＤＬの入場者数は、年間一千万人を超え、一九九九（平成一一）年には、一、六九〇万人まで達した。日本のすべてのテーマパークのなかでも、群を抜いている。二〇〇〇（平成一二）年度で、三〇回以上の来園者が一六・四％、一〇〜二九回が三九・四％という高いリピーター率が特長である。

経営形態としては、資金のすべてを日本側が調達して、経営責任を持つ。オリエンタルランドは、一定の特許使用料をディズニー社に支払う（能登路一九九〇）。

日本でも、ＴＤＬ以降統一したテーマを持った遊園地をテーマパークと呼ぶことが定着した。ＴＤＬ以前の遊園地でも、この定義を充たす遊園地はあったという説もある。例としては、明治村（愛知県犬山市、一九六五（昭和四〇）年開設、広さ三〇万坪）、ウェスタン村（栃木県今市市、一九七四（昭和四九）年、三・六万坪）、東映太秦映画村（京都府京都市、一九七五（昭和五〇）年、一・二万坪）などが挙げられるが、そうした過去の一切を忘れさせるほどＴＤＬの出現は、衝撃的で新鮮だった。

二〇〇一（平成一三）年、東京ディズニーシー（ＴＤＳ）が開園した。四、五〇〇億円を投じて二つの直営ホテル、商業施設「イクスピアリ」、二つのパークやホテル群をつなぐモノレールを建設した。TDSの開業は、TDLと合わせて、毎年、合計二、五〇〇万人前後の来場者実績を達成することになった。これまでの最高は、二〇〇八（平成二〇）年の二、七二二万人である。両者を楽しむには宿泊が不可欠であるとして、オリエンタルランドは、「テーマパーク」に代えて「テーマリゾート」というコンセプトを導入して、東京ディズニーリゾート（TDR）という呼称を使うようになった（今井二〇一一）。

しかし、「ディズニーランドという聖地」の著者も指摘しているように、日本人にとってのディズニー世界は、米国のような精神性・宗教性を伴わない純粋な娯楽であると考えたい。おそらくパリや香港についても同じことが言えるのではないか。

東京ディズニーリゾートが発表している入場者数は、二〇一〇（平成二二）年で、二、五三六万人であり、ディズニーシー開園以来、二、五〇〇万人台で安定的に推移している。第二位のユニバーサル・スタディオが八一六万人であるから、圧倒的な一人勝ちであることはいうまでもない。

三　ハウステンボス

長崎オランダ村

東京ディズニーランドが開業した一九八三（昭和五八）年に長崎県西彼《せいひ》町に「長崎オランダ村」が開業した。創業者は西彼町職員であった神近義邦で、テーマは長崎に縁の深い中世オランダで、「オランダの街並みを路面に敷かれたレンガ一つまで忠実に再現する」という独自の発想だった。

初期投資はわずか八億円で、開業時は風車と売店だけで中央からはほとんど注目されなかったが、その後五八億円を追加投資して、オランダで建造した一七世紀の木造帆船を再現したプリンス・ウィレム号を曳航し、オランダの町並みを再現したウィリアムスタッドを建設した。これが人気をよび、一九八五（昭和六〇年）には、前年七〇万人の入場者が一五〇万人に急増した。ＴＤＬとオランダ村の東西二つのテーマパーク誕生により、この年はテーマパーク元年と呼ばれることになった（今井二〇一一）。

写真6-2　ハウステンボス（阿比留勝利氏提供）

ハウステンボス開業

長崎オランダ村で一定の成功を治めた神近は、一九九二（平成四）年にハウステンボスを開業した。地元企業や、大手銀行、電気・自動車メーカーなどの出資を得て、工業団地として造成されながら未使用のまま放置されていた大村湾に面した佐世保の針尾工業団地により大きく、より本物のオランダの街を再現しようとした。ハウステンボスはオランダ王家の宮殿であり、「森の家」を意味する。総開発面積は四六万坪で、初期投資は二千数百億円と言われた（写真6―2）。

神近は著書「ハウステンボスの挑戦」で、

オランダ村のような通過型施設から一歩進めて、滞在型と定住型を組み合わせた新しい住空間の創造がハウステンボスのコンセプトだった。豊かな住空間のためには、自然環境に加えて公共施設、商業施設、スポーツ施設、文化施設、それに教育、医療、アクセスなどの充実が不可欠である。ハウステンボス計画では、観光事業との組み合わせによってこれらの問題を解決する。第一期は短期滞在者、第二期は中期滞在者や週末利用客、第三期は長期滞在客、定住者をターゲットにする。

と述べている。

この実現には「千年のときをかける」と打ち上げた壮大なビジョンは、テーマパークを越えた街づくりの思想であることが明らかである。

ハウステンボス開発の理念で注目するべきは、徹底した本物志向と環境重視であった。オランダの専門家の協力を得て、街並みを限りなく本物に近づけようとした。その徹底ぶりは、宮殿のレンガとレンガの接着部分の間隔が二ミリ、本物と違うというオランダ側の指摘を受けて、四、〇〇〇万円をかけて作業済みの二〇〇平方米を貼り直させたというエピソードで知られている。

また、高く評価されたのはエコロジー重視の姿勢を貫いていることで、海岸線をすべてコンクリートで造成せず、石積みとして生態系の保持を図ったり、排水は飲めるところまで浄化するという考えで第三次濾過までおこなって、しかもその水は大村湾に直接流さないで、木や花にやり、自然に土に浸みこませた（上之郷一九九二）。

この徹底ぶりには感心すると同時に、いささか違和感を抱く人もいるのではないか。こうした理想主義が造成コストを引き上げたことは間違いない。

単なるテーマパークではなく、「自然の息遣いを感じることができる新しい空間の創造」として、二〇年後には海を干拓したオランダの例に倣い、エコロジーを守りながら周辺に企業を誘致して、常住人口を持つ都市を建設しようとする意図は壮大なものだった。観光旅行者と定住民の共棲というアイディアも一見新鮮に見える。こうしたハウステンボスの特徴がこの施設の魅力であることは理解できるが、同時にビジネスとして成功しなかった原因は、こうした理念自体にあったのではないか。

経営悪化から再生へ

開園以後のハウステンボスの経営は困難をきわめた。開業四年目から当初目標の年間四〇〇万人入場者が四年続いたが、一九九九（平成一一）年度には三九〇万人となり、以降減少が続き、急速に経営が悪化した。

創業者の神近社長はメーンバンクの債権放棄との差し違えで二〇〇〇（平成一二）年に退陣に追い込まれた。その後は興業銀行主導の経営再建がはじまったが、最終的にはハウステンボスを不良債権と判断し、二〇〇三（平成一五）年に会社更生法申請となった。

その後、管財人が事業を継続する支援企業選びをおこない、野村證券グループの投資会社野村プリンシパルファイナンスが、支援企業契約を締結した。同社は、ヨーロッパをイメージした滞在型リゾートというコンセプトは維持し、設備資金などに新規投資をおこなったが、赤字が続き、二〇一〇年（平成二二年）には支援から手を引くことになった（今井二〇一一）。

現在は旅行会社エイチ・アイ・エス傘下の子会社となり再建中である。掲げているテーマは「古きヨーロッパを再現した街並み」、「自然と共生する観光ビジネス都市」である。ハウステンボス社長に就任したＨＩＳ澤田会長は、テーマパークにとどまらず、広大な敷地を利用して様々な企業を誘致する。ビジネスセンターの他、買い物や食事を楽しみ、レジャーやショーも満喫できる観光ビジネス都市を目指す。まずアウトレットを立ち上げるとしている。さらに、世界的なイベントや将来的にはカジノも考えていると述べている。「これまでのハウステンボスはオランダを真似ただけ、一度行けばよい施設だった」という指摘は鋭い（日本経済新聞二〇一〇）。

確かに、雰囲気のある街並みやホテルを見るだけでは繰り返しやってくる旅行者は期待できない。ディズニーランドと比較すれば、「ハードだけでソフト（コンテンツ）が乏しかった」というコメントにも頷かざるを得ない。理想家が造ったテーマパークが現実的な企業家に引き継がれた。この施設は、これから当初のテーマパーク以外の方向に進むのかもしれない。

先に紹介した「テーマパーク時代の到来」は一九九〇年の発行であるので、長崎オランダ村は開園していたが、ハウステンボスはまだ計画途上であった。この時点で指摘されている長崎オランダ村の特徴は、オランダの街並みというテーマに基づいてはいるが、「アミューズメントのみを目的とする施設は置かず、外国の徹底した再現、それ自体をコンセプトとしている」。と指摘している。同書は、日本で人気のある外国村のテーマパークは欧米では例が少なく、日本独自のものだとも述べている。

そして、ハウステンボスは、オランダ村のコンセプトをより徹底して、オランダ古来の建築様式に基づいたオランダの街の再現を図るもので、「一過性の観光地ではなく、そこに定住もしくは長期滞在することによってオランダの生活感覚そのものを与えようとする」と、そのコンセプトが世界でもユニークなものと評価し、「このコンセプトをどれだけ多くの人たちに理解してもらえるかが、この計画の成功の鍵である。」と分析している。その後の結果をみれば、ハウステンボスの先進的な理念は、現在まで、日本人に理解され受け入れられたとは言えない。

四　テーマパークブームと破綻

東京ディズニーランドとハウステンボス以後、八〇年代後半から九〇年代にかけて全国でテーマパーク建設ブームが起きた。これは先に述べたリゾート開発ブームに連動した動きであり、地域振興を図る地方自治体とそれに乗ろうとする民間企業が、多くのテーマパーク建設を計画した。

テーマパークブームが話題を呼んだ一九九〇（平成二）年までに、開業したテーマパークは二四箇所、建設中または建設決定が二五箇所、構想五〇箇所と報告されている。

主なものは、すでに倒産しているものも含めて以下の通りである。

日光江戸村（栃木県藤原町、一九八六（昭和六一）年、四・八万坪、初期投資七〇億円）
グリュック王国（北海道帯広市、一九八九（平成元）年、四・五万坪、初期投資四〇億円）
肥前夢街道（佐賀県嬉野町、一九九〇（平成二）年、二・二万坪、初期投資三四億円）
スペースワールド（北九州市、一九九〇（平成二）年、一〇万坪、初期投資三八〇億円）
サンリオピューロランド（東京都多摩市、一九八九（平成元）年、六、三〇〇坪（屋内）、総事業費六五〇億円）
志摩スペイン村（三重県磯部町、一九九四（平成六）年、三四万坪、総事業費六〇〇億円）

時代は、バブル景気とほぼ重なる時期で、右肩上がりの経済成長を期待していたものが、バブルの崩壊によって、すべての計画が決定的な打撃を受けた。いくつものテーマパークが破綻し、破綻まで行かなくても経営不振で事業が縮小したり、経営主体が変わった例は数多い。失敗の原因は、ほぼすべてに共通して、来訪者が予想を大きく下回ったことである。しかし、原因のすべてをバブル崩壊に帰するのは正しくないかもしれない。リゾート計画と同様、本当に魅力のあるテーマパークがどれだけ真剣に計画されたのかという疑問が湧く。また、テーマパーク開発の専門家がどれだけいたのかという疑問もある。
そんななかで、二〇〇一（平成一三）年、千葉県袖ケ浦に開設した経費をかけずに楽しめる農業公園タイプの「東京ドイツ村」が堅実に家族連れ客の人気を集めている例が興味深い（今井二〇一一）。

五　ユニバーサル・スタディオ・ジャパン

こうした状況のなかで、二〇〇一（平成一三）年に、巨大なテーマパークが東西で開業した。ひとつは東京ディズニーシーであり、もうひとつはユニバーサル・スタジオ・ジャパン（ＵＳＪ）である。

ＵＳＪは、大阪市此花区の臨海地区・工場跡地の総面積一六万坪に一、七〇〇億円を投じ、関西地区活性化の切り札として大阪市が誘致に成功したもので、経営主体は、大阪市、住友金属、日立造船などによる第三セクター株式会社ユー・エス・ジェイである。ハリウッドとフロリダにあるユニバーサル・スタディオのコンセプトを導入した。

初年度の入場者目標は八〇〇万人だったが、スタートは好調で、約一、一〇〇万人が入場した。しかし、翌年は火薬の不正使用やレストランでの賞味期限切れ食材の使用など複数の不祥事で打撃を受け、入場者は七六〇万人に落ち込んだ。二〇〇四（平成一六）年には新規アトラクション「スパイダーマン」を新設した。この年以降、入場者は八〇〇万人台を確保しており、これはディズニーリゾートに次ぐ全国第二位ではあるが、当初からの目標である一、二〇〇万人には達していない。

今後のわが国のテーマパークはこの二つを中心に進展することはたしかであろう（今井二〇一一）。

六　ラスベガスのテーマホテル

二〇世紀の後半、日本人にとって、北米大陸が人気の観光目的地となった。アイラブＮＹ（ニューヨーク）で、観光宣伝の成功例といわれたニューヨークは無論であるが、もうひとつの人気デスティネーションはラスベガスであった。日本人だけではなく、文字通り全世界から旅行者が殺到した。

ラスベガスは二〇世紀観光開発の成功例として知られている。観光を中核の産業として旅行者を惹きつける様々な創意工夫を積み重ねて来た歴史は大変興味深い。その一つとして、「テーマホテル」をとりあげたい。

ラスベガスの歴史は新しい。一九世紀なかば、モルモン教徒がこの砂漠の地に入植したが、忍耐強い彼らも荒涼とした不毛の地をまもなく放棄せざるを得なかった。一九二九年の大恐慌対策としてのニューディール政策のなかで、付近のミード湖を堰きとめてフーバーダムが建設された。このダム建設の労働者一万人が隣接したラスベガスに集まったことで、この街は変身した。

一九三一年に州法でギャンブルが公認された。また離婚法が緩和され、ネバダ州での最低滞在期間が三ヶ月から六週間になり、この州の離婚と結婚が簡単な法律により、離婚をするために金持ちや芸能人が滞在することになった。ギャンブルが解禁されたのも、砂漠の町で退屈しているこうした滞在者のためにカジノを公認したのだとも言われている。

第二次大戦後、ニューヨークのマフィア、ベンジャミン・シーゲル（バグジー）がこれに目をつけ、一九四六年にフラミンゴホテルを建設した。当初経営がうまくいかず、バグジーはマフィア仲間に殺されてしまうが、その後多くの投資がおこなわれる契機となった。ギャンブルを目当ての観光客が増え、カジノの税収からラスベガスは発展した（井崎一九九七）。

その後、七〇年代から八〇年代にかけて、ギャンブルとともにラスベガスは、世界的なショーエンターテインメントを提供することにより観光客を引き寄せた。とくに、業界団体のコンベンション（大型会議や大会）が好む観光地になった。

そして九〇年代から、テーマホテルの時代である。テーマホテルという新しいコンセプトが生まれた背景には、ラスベガスがギャンブル都市の印象を改善して、ニューファミリー層にたいして町のイメージをもっと健全なものにしようとする意向があった。コンベンション都市として成功していたラスベガスが、さらにハイテク企業や研究所の誘致促進のために、いろいろな意味で悪いイメージを変えなければならないという事情があった。八〇年代に各地に地域活性策としてカジノが開設され、ラスベガスだけがギャンブルのできる都市ではなくなっており、ギャンブル産業が構造不況になっていることもあった。

そこに、テーマパークとホテルを一体化するアイディアが生まれた。一九九〇年にできた初めてのテーマホテルは、ホテル・エクスカリバーであるが、このホテルの建設に新しい経営思想が導入されている。梅澤忠雄「ラスベガスの都市開発戦略とテーマパークホテル」によれば、

(一) 四、〇〇〇室のホテルとテーマパークをコンバインした

(二) 建設費の大幅な削減のために、部屋の設備を簡素化し、四、〇〇〇室のホテルを三億ドルで建設した

(三) 宿泊費は一泊三九ドル、それまでの標準相場は一五〇〜二〇〇ドル

このホテルのテーマは、中世の騎士物語であるアーサー王伝説であり、ホテルは中世のお城をホテル棟が囲んでいる特徴的な外観である。開業以来の盛況で、四年で資金回収の予定が、二年半でこれを達成してしまった。エクスカリバーは現在は、家族向けの比較的安いホテルとして健在で、アトラクションは、中世の馬上槍試合を再現したディナーショー「トーナメント・オブ・キングズ」である。

この成功に刺激されて、同じディベロッパー、サーカス・サーカス社が、一九九三年にエジプトをテーマにした、客室二、五〇〇室（現在は四、四〇〇室）のルクソールを開業した。ルクソールは建物自体がピラミッドというテーマそのものを明快な形で表し、その内部にできる世界一のアトリウムに古代エジプトをテーマにしたテーマパークを建設した。水周りの建築費削減のためにこのホテルでは、浴室はシャワーだけで、バスタブはない。また、レストランはハンバーガーなどのファストフッドを提供するフッドコート方式である。

以降、現在に至るまで、ラスベガスのあらゆるカテゴリーのホテルは、それぞれ独自のテーマを持ったテーマホテルとなった。建築の外観から、内部装飾、レストラン、エンターテインメント等すべてがこのテーマに基づいている。まさにテーマパークの特徴である徹底した排他性がここでも見られる。現在人気のホテルとしては、

ベラージオ：北イタリアコモ湖畔リゾートがテーマで、前庭の巨大人造湖での噴水ショー
ベネチアン：リアルト橋、サンマルコ広場、ゴンドラの行く運河、ロビー、天井のフレスコ画等ヴェネツイアの再現（写真6―3）
パリス：テーマはパリで、エッフェル塔、凱旋門、コンコルド広場噴水等々
ミラージュ：テーマは「南海の楽園」、フロントの巨大水槽、椰子の木のプール、火山噴火ショー

写真6-3　ラスベガス　ベネチアンホテルのゴンドラ（大工原紀久雄氏提供）

ホテル全体が一つのテーマパークになっている。さらに、こうしたテーマホテルが集合したラスベガス全体がテーマパークであるとも言える。多分、他のどの国にもない特異な、そしていかにもアメリカ的な光景である。

テーマホテルの出現によって、ラスベガスのターゲットは男性中心からファミリー層に、カジノ主体の高価格路線から低価格路線に完全に移行した。世界の客室数トップ一一のうちの一〇のホテルがここに蝟集する異常ともいえる状況である。

ラスベガスのこれまでの歴史を概観すると、離婚の町↓カジノ↓ショーエンターテインメント↓テーマパークホテルと次々と先駆的なコンセプトで、新しい観光資源を市場に提供してきたことがわかる。すべて、自然や風土に依存しない人工的なエンターテインメントであることが特徴である。テーマホテルがこれからもずっと継続するとは考えられないが、この観光都市が次にどう変

貌していくのか興味が尽きない。

七　テーマパークはいつまで続くか

テーマパークの誕生とその後の隆盛は二〇世紀観光分野の最大の出来事の一つであった。ウォルト・ディズニーがディズニーランドを開いてから半世紀、ここまではテーマパークは継続的な成長を遂げて来た。今後の姿はどうなるのだろうか。

テーマはいくらでもある

社会一般の動きとしては、人工的な世界より自然への回帰が目につく現代において、本物でないことがわかっているテーマパークがなぜ人の心を惹きつけるのか。

人工的に造りあげる理想の非日常空間であるテーマパークは、これからも無限に造ることが可能である。テーマはいくらでもある。今後も新しいテーマを求める動きが続くだろう。しかし、どこかでいくら完全であっても作り物の世界への反動が起こるのではないか。

聖地としてのディズニーランド

「ディズニーランドがアメリカ人にとっての聖地である」という理論はそれなりに説得力がある。ただ、ディズニーランド以外のテーマパークもこうした宗教性を有しているかと言えば、それは簡単にはうなずけない。あくまで、ディズニーの独自性として考えるべきであろう。

また、こうした聖地説には、あらゆる観光の本質を、現代でもなお、中世の聖地巡礼以来の「聖地への旅」とみなす思想に通底するものがあるように思われる。

一方、日本人にとってのディズニーランドとは何か。聖地の概念はあてはまらない。それにしては、九〇％以上と言われるリピーター比率をどう解釈するべきであろうか。沢山の論文や記事が書かれているが、そのほとんどは商品開発やマーケティングの成功と捉えている。つまりディズニーランドが日本人を惹きつけるのは、エンターテインメントとしての完成度の高さということなのか。あるいは、その背後になにか日本人の心を捉える別の要素があるのか。

ビジネスとしてのテーマパーク

多大の投資が必要なテーマパークは、これまでのわが国の例を見れば、けして成功ばかりの世界ではない むしろ勝者は限定されており、撤退した例も多いし、現実に苦しい経営をしているテーマパークも多いといわれている。過去については、バブル期の熱狂に乗せられて甘い採算の見通しでこの分野に参入したビジネスも多かったという時代背景も考慮しなければならないだろう。

成功例として挙げられるディズニーランドとユー・エス・ジェイが、ともに米国のコンセプトの輸入であること、大都市市場に近接していること、大型投資であることを考えれば、これからの新しいテーマパークのビジネスとしての難しさは変わらないだろう。

最後に、テーマ化はテーマパークだけの理念ではない。先に団体旅行に関する章でも述べたが、現代の観光の大きな傾向はテーマ化であり、特定の目的をもった旅行である。テーマパークもその一つの現象で、「遊園地のテーマ化」と考えるとわかりやすいかもしれない

第七章　宿と祭り

第一節　伝統文化集積としての宿泊施設～日本旅館とパラドール

宿泊施設は観光の基本的基盤の一つである。すべての旅行者は、自分の家を離れているのだから、安全・快適に宿泊し、休息する場所を必要としている。ホテルは観光に必要な機能であり、ビジネスである。同時に、ホテルは人と人の交流の場でありコミュニケーションの舞台である。

現代のホテルの機能は、大きく言って二つであり、その土地の人間でない旅行者や外国人を迎えいれる施設であると同時に、多くの場合、地元都市や地域の人々が集会・会議に集まり、結婚式を行い、食事にやってくる地域の社交場である。結果として、ホテルは旅行者と地元の人、旅行者同士、さらに地元民同士など広範囲な交流の場となる。この意味で、ホテルは地元と外の世界がぶつかる空間であり、ホテルが一種の「文化装置」であると言われる所以である。

ホテルの基本的な機能や構造は、原則的にどのホテルでも同じであるが、当然、ホテルの存在する地域の自然条件や文化、歴史などの影響を受けることは避けられない。この意味で、ホテルは地元の伝統文化の集積拠点と見ることもできる。そうしたホテルの個性が旅行者を惹きつける魅力になることも多い。特定のホテルに泊まることが目的である旅行の形も現代観光の一つの特徴である。

ここでは、地域の伝統的な文化の集積としての宿泊施設のいくつかの例をとりあげ、その文化的存在意義を考えたい。

一　日本におけるホテルの誕生

日本人にとっての伝統的宿泊施設は旅館であり、西洋式ホテルの歴史は新しい。日本における最初の本格的ホテルは、一八六八（慶応四）年に築地に開業した「築地ホテル」とされている。以来ずっとホテルは、外国人旅行者のための宿泊施設であり、半世紀前には、東京ですら洋式ホテルは少なく、一般庶民の日常生活には縁遠い世界であった。

ホテルが普及したのは、一九六四（昭和三九）年の東京オリンピック以後であり、たった五〇年で、これだけホテルが我々のライフスタイルに浸透したのである。

日本の近代的ホテル誕生の前史として、まず、欧米のホテルの歴史のなかでの二つの現象をとりあげる。次いで、明治期を代表する二つの日本のホテルの誕生について述べたい。

グランドホテルの時代

欧米における近代的ホテルは、一九世紀にヨーロッパ主要都市に出現したグランドホテルが起源とされる。鉄道網の発展の結果、飛躍的に増大した旅行者に対応するため、大規模な宿泊施設が必要となった。近代的ホテルの先駆けは、鉄道主要駅前にできたステーションホテルであったと言われる。

その後、ヨーロッパ各地に、王侯貴族や高級ブルジョワジーなど富裕層の旅行者を顧客とする豪華なホテルが出現した。とりわけ、一九世紀末から二〇世紀初頭にかけて、現在まで高級ホテルとしての名声を維持しているホテルが多数開業した。

例として欧州大陸での有名ホテルを年代順に挙げる

一八五〇　ホテルデュルーブル（パリ）
一八六二　グランドホテル（パリ）
一八七四　カイザーホフ（ベルリン）
一八七六　フランクフルターホフ（フランクフルト）
一八八九　サボイホテル（ロンドン）
一八九八　リッツホテル（パリ）

このうち、最後の二つは近代ホテル業の始祖といわれるスイス生まれのセザール・リッツが手がけており、とくに、サボイは、リッツが総支配人で、総料理長がオーギュスト・エスコフィエであったことで有名である。各都市を代表するこうしたホテルは、パリのグランドホテル以来、グランドホテルと呼ばれることが多く、この時代はグランドホテルの時代と言われる。いずれも、壮麗な外観と豪華な内装を誇り、選ばれた上流階級の客層に徹底した上質のサービスを提供する伝統をいまだに継続している。

労働力を惜しまず顧客の要望のすべてに対応する姿勢は、日本の伝統的な高級旅館の質の高いサービスとの共通点がある。また、こうしたホテルの多くが、その土地でも高い評価を受けているレストランを有していることも指摘しておきたい。

コロニアルホテル

ヨーロッパ主要列強の台頭は、アジアやアフリカ等非西洋世界への植民地展開をもたらした。植民地化は、一六世紀位からはじまっているが、頂点に達したのは一九世紀である。とくに、英国は、インドからアジアまで巨大な植民地を獲得して、「陽の沈むことのない帝国」とまで言われた。

植民地で、ヨーロッパ人が暮らすためにホテルが建造された。意図するところは、異文化の未開の地で、快適に過ごすことができる、自分の国と同じ生活環境をつくることであった。ベッドも、風呂場も、食事もヨーロッパと同じものを作ることが絶対的に必要であった。植民地におけるホテルは、ヨーロッパ人にとって、自分たちの生活と文化を守る砦であった。そして、そこは、単なる宿泊、食事の施設であるだけでなく、植民地におけるヨーロッパ人の社交の中心であった。ホテルは、彼ら侵入者である外国人のための施設であった。

一方、植民地の現地人にとっては、ホテルは、自分たちの知らない西欧的、近代的世界の文化を知る窓口であった。これはけして、憧れの感情だけでなく、自分たちの国土へ侵入してきた支配者である異邦人の文化の象徴としてのホテルへの反発があったことは言うまでもない。ホテルはまさに、当時の先進国と言われた西洋文化の象徴であった。

植民地におけるホテルは、基本的に母国の建築様式を踏襲したが、故国とは異なる気候風土への対応として、様々な現地の建築様式がとり入れられた。高温多湿の南方地域では、広いベランダと深い庇や鎧戸、風の吹き抜ける開放的なロビー、天井の高い客室、天井の扇風機、木のフローリング、籐や木綿など現地素材のインテリアなどであった。宗主国毎の様式に現地デザインを加味した混血の多様なスタイルのホテルが出現した。ここには、ヨーロッパ人の異文化への関心、東洋のエキゾチシズム（異国趣味）への憧れの要素もあったに違いない。

こうして、植民地にできたホテルは、本国のグランドホテルとは異なる、二つの文化の融合したコロニアルスタイルという様式となり、それが本来の西洋式ホテルとは異なる魅力を持つものとして評価されることになった（増島二〇〇二）。

例としてよく取り上げられるのは、シンガポールのラッフルズホテルである。シンガポールが英国の植民地になったのは一九二四年。ラッフルズホテルは一八八七年にアルメニア人兄弟が開業した。改築を経つつ、常に、シンガポール社交の中心であった。

しかし、シンガポール独立前夜の一九五〇年代には反植民地勢力からシンガポールで最も英国的な場所として攻撃の標的とされ、その取り壊しが議論された。しかし、一九八七年にシンガポール政府は、それまでの方針を転換して、ナショナルモニュメントに指定した。これはシンガポール政府が、観光誘致の一環として、文化歴史遺産として歴史的建造物を保存する政策に転じたからである。一九八九年から一九九一年には、歴史的建造物として、ホテルの黄金時代であった一九一五年の状態に戻る大改造をおこなった（大橋二〇〇七）。

現在アジア各地にある老舗高級ホテルの多くが、ヨーロッパ人が建設した起源をもつ。第二次大戦後、アジア諸国が、独立後の経済復興のために観光誘致政策をとった時、観光インフラの基礎となったのが、こうした西欧人が建築したコロニアルホテルであったことは興味深い。また、現在こうしたアジア諸国の旧コロニアルホテルが、その伝統的建築と質の高いサービスによって、世界でも有数の一流のホテルとなっていることは感慨深い。

日本でのホテルの誕生

日本の近代的ホテルの建設は、幕末から明治にかけての開国期にはじまった。日本は、西欧列強の植民地にはならなかったが、他のアジア諸国と同様に、近代的なホテルは外国人の宿泊用施設として建設された。軽井沢の例に見るように、その多くがリゾート地に建設されたことは興味深い。そして、これらのホテルの多くは、現在まで日本を代表する老舗ホテルとして存続している

この時代にできて今なお営業しているホテルの例として箱根宮ノ下の富士屋ホテルと東京の帝国ホテルがある。

箱根富士屋は、外国人専用ホテルとして、一八七八（明治一一）年に開業したが、一八八三（明治一六）年に宮ノ下大火で全焼した。その後、一八九一（明治二四）年に完成した本館には、寺社や城郭を思わせる大屋根や破風の孔雀や鳳凰の装飾など和風の意匠が多く取り入れられた。その後何回かの増築でも、客室や食堂など内部

の基本施設は西洋式でありながら、和風の要素が多く導入され、今日みるような和洋混合の独特な外観となった。

設計者は、当時の富士屋ホテルの唯一の顧客であった西洋人のエキゾチシズムのイメージへの期待を満足させる目的で東洋趣味（オリエンタリズム）を意図的に演出したと考えられるが、これを、ホテルの施主の日本文化への「民族的誇り」の表れと考える説もあるようだ（大橋二〇〇七、山口二〇〇七、富田二〇〇三）。富士屋ホテルの和洋折衷建築の芸術的価値の評価は様々な意見があり、建築界にも否定的意見が多かったようだが、このイメージが明治という時代の一つの象徴であり、かつ、長い年月を通じてこの老舗ホテルのブランド化に貢献したことは間違いないだろう（写真7―1）。

写真 7-1　箱根富士屋ホテル（阿比留勝利氏提供）

一方、帝国ホテルは一八九〇（明治二三）年に開業した。一八八三年に建築された鹿鳴館に代わる国の迎賓施設として、官政財界が一体となり建設された。近代国家形成を急速に進めようとしていた明治政府が首都にふさわしい西洋的なホテルを作るというのが目的であった。ドイツルネサンス様式の地上三階、客室数六〇の規模は当時としては破格であり、明治の国家が威信をかけて行った事業であった。

帝国ホテルは、ヨーロッパ人が自分たちのために建築したホテルではなかった。外国人を対象に、国として作ったゲストハウスであった。この建物が一九二二（大正一一）年に火災で全焼した後、一九二三（大正一二）年に、米国の著名な建築家のフランクライト・ロイドの設計でライト館が建てられ、一九六七（昭和四二）年の取り壊しまで存続した。帝国ホテルはじめから現在まで、富士屋ホテルのような日本趣味を加えることはなかった（竹内一九九七）。

ともに、日本人にとっては、長いこと、外国人と一部上流階級だけの施設であり、同時に、西欧文明の象徴であった。

一九世紀ヨーロッパが作り出したホテルの基本構造は、全世界に近代的ホテルの原型として普及したが、すべての地域のホテルが全く同じスタイルということではなく、それぞれの土地の気候、立地条件、そして地域の文化の影響をうけて、その地域の個性を反映する要素が付け加えられた。その意味で、近代的ホテルといえども、その地域の伝統文化の集積であることは確かだ。

二　伝統文化集積としての日本旅館

日本旅館は、近代的ホテルが明治時代に日本に導入される以前から、日本独自の宿泊施設として存在していた。旅館という日本文化が、新たに登場した西洋式ホテルと、現在、どういう関係にあるのかを見てみたい。現在の旅館のあり方に関する私の基本的な認識は以下の二点である。

伝統文化の集積

日本の伝統的な文化、とくに生活文化の集積として、旅館は興味深い存在である。畳の部屋、床の間、客室での食事、宴会スタイルなど、外国人旅行者にとって魅力的な日本文化体験の場を提供するだけでなく、生活様式の洋風化が進む現代の日本人にとっても、伝統的生活文化を体験できる貴重な機会である。

経営の難しさ

ビジネスとしては、現在、観光産業のなかでも旅館経営はとくに厳しい環境にあり、今後の観光拡大の流れのなかで、旅館の存続を疑問視する声もある。二〇一一（平成二三）年は東日本大震災により多くの宿泊施設が倒産・廃業したニュースが日々伝えられたが、大震災以前に、ここ数年、すでに毎年一〇〇軒前後のホテル・旅館が倒産しており、そのうち老舗を含む旅館が占める比率が高いといわれている（帝国データバンク二〇一一）。

旅館がいくら日本文化の粋を集約した存在であっても、博物館や美術館ではない。旅館もビジネスである限り利潤の追求が第一の目的である。文化的意義だけで満足していては、直ぐに倒産してしまう。日本文化の伝承という役割をもちつつ、同時にビジネスとしても現代に生き残らなければならない。

表 7-1　旅館とホテルの相違点

	旅館	ホテル
宿泊料	原則として１泊２食（食事を省くこともできる）	原則として室料（食事込みの場合もある）
チェックイン／チェックアウト	ホテルと比較してインが遅くアウトが早い	旅館と比較してインが早くアウトが遅い
客室	原則として和室（洋室もある）	原則として洋室（和室もある）
浴室	大浴場がある（客室内にもある）	客室のみ（ごくまれに大浴場がある）
食事場所	原則として客室内（食堂・料亭街の場合もある）	原則として食堂（ルームサービスもある）
食事内容	選択の余地がない	自由に選択できる
サービス	客室係が密着サービス（客室への誘導・お茶入れ・館内の案内・食事のサービスから場合によっては町の案内まで）	客室への誘導のみ
服装	館内すべて浴衣・スリッパ（館内すべて“自分の家”）	浴衣・スリッパは室内のみ（“自分の家”は室内のみ）

出典：JTB 能力開発「観光概論第８版」

旅館とホテルの違い

宿泊業として旅館とホテルはどういう関係にあるのだろうか。国の法律として、旅館、ホテル、および民宿、ペンション等のすべての宿泊施設を統括する法律は、一九四八（昭和二三）年制定の「旅館業法」である。それによれば、ホテルとは、洋式の構造および設備を主とする一〇室以上（一室の床面積九平方米以上）の施設、旅館とは、和式の構造および設備を主とする五室以上（一室の床面積七平方米以上）の施設と定義されている。

しかし、最近では旅館の洋式化がすすみ、両者の区分はかならずしも明確でない。名称にしても、ホテルは通常「＊＊ホテル」と名乗るが、旅館のなかにもホテルと称するものが少なくない（今井二〇〇二）。

次に、ユーザー側から見たホテルと旅館の相違点は表7―1の説明がわかりやすい。指摘しておきたいのは、

(一)旅館とホテルを区別する基本思想は、この表の最後の服装のところに明らかである。旅館は本来旅館全体が、自分の家の代わり、旅行中の家であった。館内を普段着である浴衣・スリッパで歩けるのもその理解による。一方ホテルは、自分だけの世界は、客室内に限られる。部屋を一歩出ればそこはもう私的領域ではなくなる。

(二)宿泊料から食事内容に至るまで、括弧つきが多い。旅館とホテルの内容が重複する部分が多く、両者の区別が明確にできなくなりつつある。旅館に洋室もあれば、客室内の風呂もある。朝食のバイキングのようなレストランでの食事もある。旅館が限りなくホテルの様式をとりいれて、ホテルに近づいている。

(三)両者を区別するのは、サービスであった。客室係の接客サービスは、旅館の優れた要素だったはずだが、最近はそれほど徹底したサービスをやらない旅館が多くなった。

全体の印象としては、現代の生活様式が近代化・洋式化するのに伴って、旅館がその特質を失いつつあるということができる。

旅館からホテルへ

旅館の経営不振が言われて久しいが、戦後のかなり長い間、旅館が繁栄した時代があった。一九五五（昭和三〇）年代から一九六五（四〇年）代には、地域・職場・学校などの団体旅行が隆盛で、これに対応するために、

多数の客室と大宴会場を備えた大型旅館の建設が盛んになった。

一九八〇（昭和五五）年代には、世の中全体が高額・高級へと価値観が転換し、名旅館に泊まることがステータスシンボルになった。これ以降、バブル絶頂期まで、日本旅館は新しくて大きな高級旅館（例として山代温泉ホテル百万石、和倉温泉　加賀屋など）と、古くて小さな高級旅館（熱海　蓬莱、京都　俵屋旅館など）に人気が二分した。まさに、日本旅館繁栄の時代であった。この当時、大型旅館はハワイの大型リゾートホテルから多くを学び、モデルとしたといわれる。一方の小規模名旅館は、バリ島をはじめとするアジアに展開したアマングループをまねて、部屋数が極端に少ない、独立性のあるヴィラ（離れ）主体の構造の旅館が多く建設された。

そして、一九九〇（平成二）年代、バブル崩壊とともに、大型旅館は客数減少に苦しみ、廃業したところも多い。観光地としては、熱海や別府のような温泉地がとくに被害が大きかった。

経営の苦しさはホテルにおいても同様であるが、現時点で、ホテルと旅館の数と客室数だけを比較してみると、二〇〇九（平成二一）年で、旅館軒数四八、九六六、客室数七九一、八九三であり、ホテルは、九、六八八軒、七九八、〇七〇室と、はじめて客室数でホテルが旅館を超えた。ここ一〇年で、旅館は軒数、客室数で二六・六%、一八・一%の減少であるのに対して、ホテルは一九・五%および三〇・三%の増加である。この傾向は、さらに過去に遡れば、一層顕著である（旅行年報二〇一一）。

まだ、軒数では、旅館の方が多いが、趨勢は明らかである。旅行者の志向は旅館よりホテルに向かっているのである。

日本における戦後の急速なホテル発展の歴史についてはここでは触れないが、半世紀前には都内のホテルでさえ、一般庶民がロビーに入るには相当な覚悟が必要であった。スーツを着てネクタイを締めた正装でないと気後れがしたものだった。たった五〇年でホテルは我々のライフスタイルのなかに確実に定着したのである。

旅館離れの原因

旅館の現在抱えている問題については様々な議論があるが、旅館自体にたいする我々の憧れや愛着は少しも変わっていないと思う。木造建築の落ち着き、和室の部屋の安らぎ、伝統的会席料理、そして、多くの旅館にある温泉浴の愉しみ、旅館に滞在することは、日本人にとってかけがえのない楽しみだと多くの人は確信している。旅館への批判や不満は、その伝統的なサービスの形の一部がやや現代人の趣向に合わなくなっているということではないか。例えば、

個人化対応

旅行の個人化傾向はもう否定できない事実である。団体旅行が隆盛の時代には、一部屋に四~五名収容するのが旅館の常識だった。しかし、個人客が主流の時代になると、こうした旅館の常識は通用しない。現在では、一室二人は受け入れざるを得ない状況である。それどころか、一人部屋を要求する声もある。団体旅行の減少だけでなく、生活のすべてで個人尊重の傾向は明らかで、旅館では数人が一部屋にということは受け入れられない。

団体旅行主体の時代の設備は、個人化の時代の旅行者の要望に合わなくなっている。館内でゆっくりするため、早いチェックイン、遅いチェックアウト、パブリックスペースの拡大、客室の大型化、家族・小グループの食事処としての料亭街の設置などが求められる。

食事への不満

旅館での食事についても多くの批判と議論がある。現在の趨勢は、これまでの一泊二食制を室料と食事代を別建て（泊食分離）にするべきだというのが多数意見のようだが、それがすべてを解決するとは思えない。多くの旅行者は日本旅館での伝統的会席料理という非日常体験に大きな期待を持っており、食事も旅館文化の大きな要

素である。食事がおいしいという評判で旅館を選択することも我々がいつもおこなっていることである。旅館での食事が嫌な人ははじめから、ホテルを選ぶのではないか。

不満は旅館で食事をすることでなく、その内容やサービスの仕方にあるのではないか。ヨーロッパのリゾートホテルでも(この後紹介するパラドールを含めて)、二食込みのハーフペンション方式は存在している。将来的に、とくに連泊（二日以上の滞在）が普及する時代になれば、解決の方向性は、旅行者が好みの食事形態を選ぶことができる選択の自由を提供することであろう。

人的サービス

日本旅館の特質は、日本伝統の質の高い人的サービスであるといわれてきた。サービスの基本として、旅館の場合は、客室への誘導、旅館の説明、浴室の案内などのほかに、身の回りの世話、食事の時の相手というように、多大の時間を必要とする密着サービスが本来の形とされてきた。経営としてはコスト高になる大きな要素である。

一方、家族連れが主体となった旅行者が必ずしも伝統的な密着サービスを好まなくなったという客観情勢もある。また、最近は大分改善されているようだが、旅館業界全般で、食事時間、起床時間、チェックアウト時間など、旅館側の都合を顧客に押しつける姿勢を感じた人も多かったはずだ。現実には、最近は昔風の密着サービスは、高級旅館を除いては形骸化して、旅館側が可能なかぎり省略化しているのが事実であると思う。また、旅行者の方からもそれにたいして不満が出ているわけでもない。

サービス面では、多くの日本旅館は伝統をほとんど失っているのである。女将が旅館を事実上経営していると言われてきたが、すくなくとも宿泊客へ女将が直接挨拶することは、きわめて少なくなっており、それに顧客が不満を抱いているとも思えない。旅館の特質は、女将文化であると以前から言われているが、これは現在ではもう死語ではないか。

サービス面においては、旅館の伝統は知らないうちに、しかも、旅館側の意志で崩壊している。旅館本来の家庭的な、しかも過度の密着サービスでない、新しい形の現代風のホスピタリティを考え直す時期ではないか。

三　海外での伝統的宿泊施設〜パラドールとポザーダ

旅館の問題を考える参考に、日本旅館と共通する性格を有する外国の伝統的な宿泊施設について述べたい。

パラドール（スペイン）

スペインのパラドール（Parador）は政府直営のホテルチェーンである。スペイン・パラドール観光公社が経営している。観光公社の株式は一〇〇％スペイン政府が保有しており、施設はすべて国有の資産である。パラドールはスペイン語で「宿屋」を意味するが、政令により民間の宿泊施設がこの名称を用いることは禁じられている。

一九二六年に当時のスペイン観光長官ベガ・インクラン伯爵が発案し、国王アルフォンソ一三世の了解を得て、実現した。国王はスペインの国際イメージを高めるためにこの計画に熱心で、一九二八年に開業した最初のパラドールは、王自らが、マドリードの西、グレドス山脈の王家所有の狩猟山荘を選び、開業式にも出席した。

意図するところは、歴史的建造物や遺産を宿泊施設として改築し、各地域の歴史や文化を目に見える形で維持保全し、体験する機会を提供することであった。外国人の観光誘致のためでもあったが、自国の文化・芸術的遺産をスペイン人自身が気づき、それを誇りにすることを目指すものであった。

その後、スペイン内戦時の停滞もあったが、一九六〇年代には拡大する旅行需要を背景に、パラドールの数は飛躍的に増加した。二〇一一年現在で、パラドール観光公社の公式ホームページによれば、スペイン全土に計九三カ所、グレドスのわずか三〇ベッドではじまったネットワークは一万ベッドまで拡大した。従業員数は四、三〇〇人、平均客室数は六三で、これが、高品質のサービスを提供できる限度の部屋数としている。

全パラドールの半分以上が、古城や旧領主の館、豪族の邸宅、修道院などの歴史的建造物を改造したものである。こうした古い建築を見学するだけの博物館でなく、宿泊することにより伝統の文化遺産や習慣を生活体験することがパラドールの最大の特徴であり、魅力である。内装、家具調度も、居住の快適さを失わない程度に可能な限り伝統的なものを維持している。

パラドールの残り半数は、新たに建築したものであるが、美しい景観を持つ海岸または山岳地帯や、歴史的な場所、交通の要衝、景観地などを選び、その地方の伝統的な建築様式をとりいれて内装も地域特性を尊重している。専用のゴルフコースを持つパラドールもある。

パラドールのもう一つの特徴は各地の郷土料理の提供である。ほぼすべてのパラドールのレストランは、その地域を代表するレストランとしての評価が高い。

パラドールは三つ星から五つ星までのカテゴリーに分けられているが、チェーン全体としては高級ホテルのイメージである。人的サービスも高い水準とされている

パラドールのなかで、人気の高いのは、歴史的な建築であり、完全に修復されて設備は高級ホテル並みで、内装とインテリアはその時代の雰囲気を再現している。一番有名で、とくにアメリカ人と日本人が好むと評判なのは、グラナダのアルハンブラ宮殿の敷地内にあるパラドールサンフランシスコで、一年前に予約しないととれないといわれている。イスラム建築として名高いアルハンブラ宮殿内に、イスラム支配からスペインを解放したカトリック両王が一四九二年に、アルハンブラのモスク跡に建てたサンフランシスコ派修道院が、一九四五年にパラドールに変身した。修道士たちが暮らしていた質素な部屋が客室となり、総客室は三〇余りであるが、グラナダ独特の寄せ木細工の調度品が配された歴史そのもののようなホテルに再生した（上野一九九五、香川二〇〇四）。

私自身が滞在したパラドールの中で、もっとも印象的であったのはレオンとサンティアゴ・デ・コンポステーラである。レオンはサンティアゴ巡礼路の主要な中継地として栄えたレオン王国の首都で、「ホテルサンマルコス」と呼ばれるパラドールは、プラテレスコ様式（イスラムの影響を受けたスペイン独自のルネサンス建築）の横幅一〇〇メートルに及ぶ壮麗で巨大な建物である。

写真 7-2　サンティアゴ・デ・コンポステーラのパラドール（筆者撮影）

一二世紀からレコンキスタに活躍したサンティアゴ騎士団の本拠であったが、イスラム支配終了後、カトリック両王の命で修道院兼巡礼者の病院として改築した。一五一五年から二〇〇年の歳月をかけてようやく一八世紀初めに完成した。パラドールになったのは一九八八年である。ホテル内に、昔のままの回廊や教会があり、すべてが現代では見られない天井の高い壮大な空間をもつ建築である。

もう一つの、聖地サンティアゴ・デ・コンポステーラの「カトリック両王ホテル」は、サンティアゴ大聖堂のあるオブラドリオ広場に、大聖堂に並んで立つ。一四九九年にこれもまたカトリック両王の命により建てられた巡礼者のための王立病院兼宿泊施設で、一九八六年にパラドールになった。大伽藍のすぐ脇に建つ、歴史の蓄積を感じさせる重厚な外観がすばらしいのは当然として、内部の回廊、中庭、礼拝堂などが醸し出す雰囲気は独特なものがある（写真7―2）。

両パラドールとも、レストランの内装・装飾も見事であるが、食事メニューやサービスも一流のものであった。宿泊も食事もかなり高額ではあるが、国立のホテルチェーンだからであろうか、二〇〜三五歳までの若者向け割引や五五歳以上の年配者への三〇％割引があるのが面白い。これだけの雰囲気を楽しめたら旅行者はけして高いとは思わない水準である。

ポザーダ（ポルトガル）

ポザーダ（Pousada）はポルトガルの古い城や貴族の邸宅、修道院などを改築したホテルチェーンで、一九四〇年に大臣であったアントニオ・フェッロが発案し、最初のポザーダは一九四二年にエルヴァスに開業した。

当初、国の直営であったが、二〇〇三年以来経営は民間企業がおこなっている。そのコンセプトは、ほぼパラドールと同じで、伝統的な歴史遺産をホテルに改修して、地域の伝統的文化を維持し、国民や外国人に広く理解してもらうというものである。チェーンの公式ホームページによれば、現在合計四〇を越えるポザーダは、四つの種類に分類されている。

歴史的ポザーダ：歴史的建造物、修道院、古城、要塞などを保存・改築したポザーダ
歴史デザインポザーダ：歴史的建造物の価値ある雰囲気を残しながらも現代の美意識や快適性を共存させたまったく新しいタイプのポザーダ
自然ポザーダ：山、海、川、沼、大平原といった壮大で美しい自然に囲まれたポザーダ
魅力のポザーダ：我が家にいるような家庭的な雰囲気とそこに流れる暖かい空気と時間を楽しんでもらえるポザーダ

平均して三〇室程度という小規模ホテルが多く、創設者アントニオ・フェッロの言葉「滞在客を決して部屋番号で呼ばずに、名前で呼ぶことがポザーダのパーソナルなサービス精神の基本である」をポザーダの特徴と掲げている。国を代表する高級ホテルチェーンの位置づけだが、五五歳以上一五％のシニア割引などパラドールと同様のシステムを導入している。

スペイン・ポルトガルとも、国が意図するところは明快である。歴史的な建造物を宿泊施設にすることにより、地域に基づいた生活伝統文化を博物館に保存するのでなく、生きた生活環境として再現し、国民や外国人に自国の伝統文化の理解を深めてもらう。一方で、外国人観光客誘致による国際理解・交流を推進し、同時に経済効果を享受するという理念である。経営状況はわからないが、少なくとも世界中にこれだけ存在が知られたことの意義は間違いなく大きい。

この両国ほど組織化はされていないが、歴史的建造物を活用した宿泊施設は、ヨーロッパには多くある。英国のマナーハウス（あるいはカントリーハウス）は中世からの荘園の貴族や領主の居住した広大な邸宅である。現在こうした建物を改造してホテルとしたものが英国には無数にあり、古き良き時代のイギリスを偲ぶ宿として、英国人ばかりでなく、外国人観光客にも人気が高い。同じような施設はフランスではシャトーホテル、ドイツではシュロスホテルと言っている。

また、メキシコにはアシエンダと呼ばれる伝統的な宿泊施設がある。アシエンダは、メキシコのスペイン植民地時代の一六世紀～一九世紀の大農園・荘園のことで、現在は当時の屋敷がホテルやレストランに改装され、植民地時代のコロニアルスタイルの建築・インテリアを持つ高級な宿泊施設となっている。

四　日本旅館再生の道

伝統文化の集積としての旅館が、旅行者にとって大変魅力的なものであるにもかかわらず、主に経営上の問題で、旅館の存続が危ぶまれているのは残念なことである。旅館再生の議論は多くの専門家によって以前からおこなわれているが、あくまでもユーザーである旅行者の立場で個人的なコメントをいくつか述べたい。

旅館の存在価値はなにか

柏井壽「極みの日本旅館、いま、どこに泊まるか」によれば、「日本旅館に泊まること、それは実は日本を知ることである。日本旅館という形を通して日本の様々な、とりわけ、土地に根ざした文化を知ることである。」旅館に泊まることは、日本文化の伝統に戻ること。今や自分の家にはない伝統的生活文化を体験することである。非日常的な生活体験である。例えば、

畳の部屋……自宅では畳は少なくなり、次の間付きの様式は都市部では稀れである。

温泉…………いつでも湯が溢れている浴槽は自宅にない。

囲炉裏………昔のひとの生活基盤だったが今はない。火のそばにいる安らぎもある。

旅館は機能ではなく、文化体験を提供する施設として生き残るのではないか。機能ではホテルと競争しても勝てない。ホテルは現代の生活様式を機能的にして便利さを商品として売っている。

最低限の機能性

しかし、文化体験といっても、冷暖房のないような昔風な生活環境のままでは現代人は受けつけない。快適な近代設備は旅館でも不可欠である。昔の旅館は部屋に鍵がなかったといわれるが今は鍵がある。トイレットもいまや洋式が主流である。また、布団はいやだと要望もあるので、ベッドを導入する旅館もある。旅館が洋風化してホテルに近づいていくのは、ある程度止むをえないが、現代的な機能を徹底的に追求すれば、ホテルになって

しまう。どこで線を引くか難しいところだが、伝統的文化空間としての旅館の特徴は維持しなければならない。

高級化が一つの方向

現代生活のなかでは希少になった純和風建築は、施設の建築や維持が多分通常の現代建築より高コストになるのではないか。しかも、和風の雰囲気を壊さずに、最低限の利便さを提供するための現代的な機能を導入すればさらにコストが上がるだろう。

施設だけでなく、日本旅館の特質の大きな要素として高いサービス水準がある。これは簡単に言うと潤沢に人を投入することで、もっともコストが高くなる要素である。今の時代にない生活環境を作るのは、高いものだという理解を旅行者はしなければならない。

優れた魅力ある旅館に滞在することは、それなりの価格を支払わなければならないのである。ここまで見てきた海外での伝統的宿泊施設も、高級・高価なものであった。高級化が旅館の生き残る一つの方向ではないだろうか。すべての旅館が高級化することは現実的ではないかもしれないが、少なくとも、低価格で素晴らしい旅館というのはありえないのである。

第二節　観光と伝統文化の葛藤〜伝統芸能のイベント化

一　観光と伝統芸能の接点〜黒川能とオーバーアマガウ受難劇

人は、何か面白いもの、自分の日常生活にないものを求めて旅にでる。そして、未知の国や土地で出会うのは、その土地の歴史遺産や様々な行事、さらには、意識しないでも目に入るその土地のたたずまい、そして人びとの暮らしである。これらは、その土地の人たちが長い年月をかけて作り上げた固有の文化ということができる。この意味で、自然観光以外のすべての観光は「文化を見ること、体験すること」だといえる。

こうした文化のなかでも、それぞれの地域の伝統的宗教儀礼、芸能、祝祭などの行事は、とくに旅行者にとって魅力である。こうした行事を観たいという旅行者の強い希望にたいして、地元住民は必ずしも受け入れに積極的ではない。一方、増大する観光旅行者の流入が、伝統文化に悪影響をもたらすと考える人は多い。

ここでは、このテーマに関して、旅行者と地元住民の間に生じる様々な葛藤や軋轢、そして両者の共棲の努力などについて考えてみたい。

まず、よく知られた伝統芸能と観光の接点の現況を二つ報告したい。

黒川能

黒川能は、山形県月山の麓にある櫛引町黒川地区で、黒川の鎮守である春日神社の神事能として知られている。櫛引町は、庄内平野の南端に位置し、鶴岡市に合併前の二〇〇三（平成一五）年で、一、九九八所帯、人口八、五二九人という小さな町である。黒川能の起源は、はるか昔、庄内地方の豪族が、京都から能役者を連れてきたのがはじまりと言われているが、室町時代末期にはすでに存在が確認されていた。庄内藩主酒井氏や歴代の領主の手厚い援助に支えられて、五〇〇年を経た現代に至るまで継続している。

この伝統芸能の担い手は、全員が地元の住民である。現在、春日神社の氏子は二四〇戸。能役者は囃し方を含めて子供から長老まで一六〇人。能面二三〇点、能装束四〇〇点を所有し、演目数は、能五四〇番、狂言五〇番と、民族芸能としては大変な規模である。黒川能は、現在の能楽のいずれの流派にも属さず、独特の形と中央ではすでに滅びてしまった古い演目や囃子を数多く残しており、文化史的にも重要で、一九七六（昭和五一）年に、国の重要無形民族文化財に指定されている。

春日神社の年四回の例祭に神事として奉納されるが、二月の王祇祭が最重要で、二月一日の夕方から翌朝四時まで、式三番、能五番、狂言四番が次々と演じられる。独特なのは、これが神社ではなく、上座、下座と二つに分かれたグループのそれぞれの当番にあたる民家（当屋）で演じられることである（写真７―３）。

黒川能公演のスケジュールを見れば、二月、三月、五月、七月、八月、一一月という頻度で、これを二四〇戸の住民だけでやるのだから、準備をするだけで大変なことで、黒川の人たちは、謡をうたいながら農作業をしていると言われる所以であり、まさに生活に密着した伝承芸能と言える。

黒川能は現在全国的に知られており、これを観たいという観光客も多く、誘引力の強い観光資源である。もともと神への奉納芸能であるこの行事を観にくる旅行者に、地元はどう対応しているのだろうか。

写真 7-3　黒川能（翁）鶴岡市櫛引庁舎提供

櫛引町のホームページでは、今どれくらいの観光客が能を目的に黒川に来ているのか発表していない。ただ、最大行事である王祇祭は、観能申し込みフォームで受付けている。申込者が多いので、抽選で決める方式で、寄進料と仮泊所の料金で一万円程度かかるとしている。

地元の姿勢は、決して閉鎖的とは思えない。王祇会館という建物があり、そこでは、常時、黒川能に関する展示をしているほかに、研修やイベントも開催している。黒川能の年間スケジュールを見ると、奉納の演目以外に、イベントという分類があり、「蝋燭能」と「水焔の能」

の二つが、蝋燭能は二月に春日神社の能舞台で、水焔の能は、七月に公園の野外ステージで行われる。どちらも、本来の宗教行事とはべつに、黒川能の普及と理解のために、新たにできたイベントであり、このあたりにも、地元の姿勢がうかがわれる。王祇会館も自分たちのためだけなら不要のものであるので、これは他所から来る人のために建築したと思われる。また、演目日程で、「例祭奉仕」、「奉納」、「イベント」と分類しているのも興味深い。

黒川の人たちは自分たちの伝統文化を自分たちだけのものとするつもりもないし、新しく工夫したイベントが、従来の奉納能より劣るものとも思っていないことが理解できる。黒川には旅館や民宿も少なく、鶴岡から八キロ三〇分という場所でもあり、宿泊は鶴岡に泊まって、能だけ見にやってくる人が多く、経済効果もそれほど期待できないであろう。ホームページからの印象では、黒川能でお金を稼ごうという意図はあまり感じられない。

しかし、観光客を拒む閉鎖的な姿勢ではなく、自分たちの祭りを壊さない程度の、それも祭りのしきたりを守りつつ、外の人にも分かりやすい形で、黒川能を見せる努力をしているという印象である（鶴岡市観光連盟ホームページ）。

オーバーアマガウキリスト受難劇

もうひとつの例として、南ドイツのオーバーアマガウのキリスト受難劇をとり上げたい。一〇年に一度キリスト受難劇が地元の住民によって演じられ、世界中から大勢の見物客が訪れる。今や世界中によく知られた宗教行事である。同時に、大変魅力のある観光資源であることは間違いない。

オーバーアマガウはババリア地方、アルプスのふもとの町で、人口は僅か五千人。一番近い都市はフュッセンである。この受難劇の起源は一七世紀で、当時三〇年戦争の最中にヨーロッパ全域をペスト（黒死病）が襲った。アルプスの谷間にあるこの村はペストの進入をなんとか防いでいたが、ついに、この村出身の一人の男が二〇キロ離れた村の農園で働いていていてペストにかかり、これを村に持ち帰ることになった。一年のうちに、村の人口一、五〇〇人の五分の一以上が犠牲になった。村の幹部と長老は、一六三三年一〇月二七日、神に祈りを捧げ、ペストから町を守るために、村人によるキリスト受難劇を一〇年ごとに奉納することを約束した。このとき以来、村からは一人の犠牲も出なかったと伝えられる。最初の受難劇は一六三四年におこなわれ、その後一〇年ごとに現在まで、神との約束は固く守られた。

現在の劇のシナリオと音楽は、一九九六年に、一九世紀のものを使うことが決められた。受難劇の上演には、オーバーアマガウ生まれか、二〇年以上村に住んだ人しか参加できない。

第四一回目の二〇一〇年の公演は、五月一五日から一〇月三日までの計一〇二回、上演は午後二時三〇分から夕刻一一時までで、間に三時間の休憩がある。座席数四、七〇〇の会場に、合計五〇万人を超える来場者があった。入場料金は一人四九・五〇ユーロから、一六五ユーロであった。俳優だけで、約二、四〇〇人が参加した（受難劇公式ホームページ）。

オーバーアマガウにはホテルは少なく、旅行者は民宿などに一泊して観劇をして直ぐに帰るのが普通であるらしい。村人たちとともに、全世界からやってくる観劇者が受難劇の存続を支えている。

二　現代における観光と文化のあり方

伝統芸能を観たいという旅行者の希望にたいする地元の反応は様々である。まず、否定的な反応が一般的だった。自分たちの守ってきた伝統文化に観光客は触れて欲しくないという拒絶の姿勢である。彼らは貴重な伝統文化が、多くの観光客の来訪によって変質し、本来の価値を失うと考える。とくに二〇世紀後半の膨大な観光客の到来は、この感情を一層強くしたであろう。

一方で、旅行者の来訪を肯定的に考える意見もある。自分たちの守ってきた文化を誇りに思い、外部の人にも知ってもらいたいと考える。また、当然ながら、旅行者のもたらす経済効果のために旅行者を歓迎する動きもあるだろう。

現在の一般的な地元の姿勢は、様々な客観情勢のもとで旅行者の要望を拒絶することは現実的に難しい、むしろ、地元として一定の条件は求めるにしても、旅行者の来訪を積極的に迎えて、自分たちの文化の理解を外来者に深めてもらうというのが主流であるようだ。これは、現代の文化をとりまく環境と文化のあり方が変化していることによるものであると、大橋健一は、「観光と文化」で、次のように分析している。

現代はグローバル化の勢いが高まる一方である。「グローバル化は地球規模での交流の拡大により、既存の社会の境界を超えて文化が展開する。ある地域の文化が地球規模で流通し、共有されていく。」

他方、「世界一体化への反応として、様々な地域の文化がその固有性を主張しながら、差異が生み出されていく」動きも発生する。「グローバル化」と同時に「ローカル化」も進んでいる。そして「観光は、まさにそのようなグローバルとローカルが出会う場所」である。こうした時代に、外部の人の目に触れないところに、伝統文化を隠しておくことはあり得ない。

これまで文化は本質的に地域的なもので、一定の地域内で機能する整合的な体系とされてきたが、こうした状況下で、現代において、「外部世界とまったく接触を持たない真空状態にある文化はあり得ない。」文化というものは固定的なものではない。文化は常に変化する流動的なものである。訪れる旅行者が増えれば、その影響をまったく受けないということはない。文化に影響を与えるのは観光だけではなく、「現代社会における文化は、それを取り巻く外部との接触の中で、多かれ少なかれ雑種化・混淆化している。」

観光と文化を考えると、観光現象は拡大する一方で、しかも旅行者は、こうした貴重な文化を探し求めている。あらゆる局面で観光の影響力は増大している。これだけ大きな流れの中で、いくら努力しても、伝統文化を観光客の目に触れない世界に隔離しておくことは不可能である。

人類学者山下晋司も、従来の「ある土地に、ある人々がいて、ある文化があるといったスタティックな民族＝文化理論は現実から乖離している」と論じている（山下一九九九）。

この意味で、観光が地域の文化に与える影響は否定できない。地域の文化の今後の進展をどう考えるかというときには、「観光の対象としての文化を静態的に捉えるのではなく、むしろ、観光というグローバルなシステムとそれぞれの文化を支える個別の社会のローカルなシステムがせめぎ会う場面において、その相互作用の過程の中でどのような文化が生み出されていくのかを考えていくことである。」という思想が支配的になっている。なお、この分野については人類学者の発言が目立つが、これはここ半世紀のことであるらしい。山下晋司によれば、従来の伝統文化の研究をおこなう人文・社会科学においては、観光はまじめな研究対象とはみなされていなかった。人類学者は伝統文化研究の邪魔者である観光旅行者を避けてきた。しかし、観光の存在がこれだけ大きくなり、観光の地域文化へ与える影響を無視することができなくなった現在、観光を視野にいれた文化人類学研究が盛んになった。（山下一九九九）。

三　伝統文化とヨーロッパ文化の融合〜バリ島の混血文化

伝統文化が観光旅行者の存在を排除することが事実上不可能であることは理解できるが、両者の触れあう現場においては、なお観光の否定的な側面が強調されているのが事実である。観光客の到来が伝統文化を破壊するという議論である。

この議論のキーワードを三つ挙げれば、文化の商品化、文化の変容および文化の真正性である。ここでは、この三つのキーワードを検証するための実例として、伝統芸能と外来文化が、不思議な融合を遂げた例として有名なインドネシアのバリ島の観光イベントを、山下晋司「バリ観光人類学のレッスン」および永渕康之「バリ島」

により紹介する。

バリ観光の魅力

バリ島は東南アジアの観光地のうちでも、世界的に知名度が高く、欧米人の間でもよく知られている。観光地としては高級なイメージがあり、欧米の富裕階級が新婚旅行などで訪れる場所であった。日本では、長いことサーファーなどの若者が行く観光地として知られていたが、近年は、大人も楽しめるリゾートとして、多くの日本人が行くようになった。

バリ島の観光地としての魅力は多彩である。第一に自然の美しさ。バリを代表する風景として有名なのは、水田を高い椰子の木が囲む写真である。バリ島では、椰子の木より高い建物は建設できないと聞いたが、自然と人の生活が見事に調和した光景が魅力的である。ビーチの美しさはよく知られているが、山間部の渓谷も見事である。そうした環境の中で多くのビーチスポーツや、ラフティング、フィシング等のスポーツを楽しむことができる。

第二に、「神々の島」であり、伝統的なヒンズー教への敬虔な宗教心に基づいた芸術と文化の豊かな島である。日常の生活の中に、何気なく昔からの宗教行事が根づいている。

第三に、観光施設が整備されている。国が観光開発に力をいれ、欧米の高級ホテルチェーンも早くから進出している。

バリ島は、インドネシアにある大小一三、〇〇〇の島のひとつに過ぎない。愛媛県くらいの広さで、人口は二〇一〇年で、三八九万人、伝統的な産業は水稲耕作による農業である。この小さな島に、年間約二三〇万人の外国人旅行者が訪れ、うち日本人は約三四万人と推定される。一九三〇年代、オランダの植民地時代から、「最後の楽園」として欧米人に知られていた。イスラム教の国インドネシアのなかでは珍しくヒンヅー教であり、ヒンヅー教の儀礼が日常生活に浸透し、人間と神と自然が共生していると言われる。島のあちこちに寺院が立ち、暦にしたがって宗教的儀式が日々おこなわれている。

こんなに小さな島がなぜ欧米で有名になったのかについては、二つの歴史的出来事が挙げられる。ひとつは、一九三一年に、フランス、パリで開かれた国際植民地博覧会に、当時インドネシアを植民地にしていたオランダが、オランダ館のなかで、バリ建築と文化を紹介し、バリから呼んだバリ舞踏団の公演がヨーロッパ人に強い印象を与えたことである。

もうひとつは、一九三七年、ニューヨーク在住のメキシコ人画家・イラストレーターのコバルビアスが、「バリ島」という大著を発表し、これがベストセラーになった。このなかで、コバルビアスは、写真やイラストでバリの信仰と芸術の深さを伝え、バリの娘たちの褐色の肌、椰子の木などの楽園のイメージを強くアピールした。

一九二〇年から三〇年代には、すでに、オランダ王立郵船会社による船旅が企画され、シンガポール~スラバヤ~マラッカ~バリを週に一度結ぶ定期船が就航した。船がバリに着いて、再び入港するまでの間、つまり一週間の島内観光がおこなわれ、三万人の観光客が訪れていた。

観光資源としてのバリ伝統芸能

バリ観光の魅力のひとつは、伝統芸能である。ほぼすべての観光旅行者の日程に、ケチャ、バロンダンス、クリスダンス、エンジェルダンス、ファイアーダンス、レゴンダンスなどの鑑賞が組み込まれている。これらは村で観光客のために定期的に演じられることもあるし、ホテルなどでショーとして提供されることもある。いずれにせよ、バリ観光の重要な柱である。これらのダンスは、元々、神に捧げる宗教的芸能で、その神聖性や伝統性が強調されることが多い。初めてのバリ訪問者の目には、これらのダンスはバリの伝統的文化の象徴であると映る。

しかし、実際は、これらの芸能は、一九二〇年以降、バリと欧米の出会いのなかで新たに創り出されたものなのである。一九二〇~三〇年代に、バリが西欧社会で注目されはじめた頃、バリに、欧米の芸術家、学者、人類学者等がやってきた。著名な名前では人類学者のマーガレット・ミード、グレゴリー・ベイトソン、ジェーン・ベロー、作家ヴィッキー・バウムなどがある。

欧米の知識人がバリの文化に惹かれた背景には、当時のヨーロッパの状況がある。第一次大戦後の不安の中で、ヨーロッパの知識人は自分たちの文化に自信を失っていた。一九一八年に刊行されたシュペングラーの「西洋の没落」で、ヨーロッパ文明の没落が予告された。彼らは、キリスト教以外の未開地の宗教と文化に新しい可能性を求めてバリにやってきたとも言える。彼らは、バリの生活と文化に親しみ、「楽園バリ」を西洋世界に紹介する役割を果たした。

このなかのひとりが、一九二五年にバリにやってきたモスクワ生まれのドイツ人ヴァルター・シュピースだった。画家・音楽家・舞踏家で、生まれながらのコスモポリタン。たちまちバリの多彩な自然と文化に魅了された。絵を描く一方、ガムラン音楽やダンスにも興味を惹かれた。シュピースはバリの伝統文化に深く心を動かされる。彼は、バリが近代的西洋文化に同化されることを恐れ、伝統的文化を維持し、それを西洋の人々に紹介しようとした。彼が独創的であったのは、欧米人にわかりやすいように、彼自身のドイツロマン派の伝統の美学を注入して、人為的に脚色して、新しい芸術を作り上げようとしたことである。とくに、宗教儀礼のなかでの伝統芸能に力をいれた。例えば、ケチャは、本来、トランス（神憑り）儀式の際の男性コーラスであった。上半身裸の男性が大勢で行うコーラス・群舞である。シュピースはこれを有名な古代インドの叙事詩ラーマヤナ物語と結びつけ、様々な演出を加えて、観光用のスペクタクルに仕立てあげた。やがて、モンキーダンスの名前で観光客に知られるようになった。

また、バロンダンスは、魔女ランダと聖獣バロンの戦いをモチーフとした悪魔祓いの儀礼の一環としておこなわれるチャロナンと呼ばれる儀礼劇を単純化したものである（写真7—4）。

シュピースは、音楽や絵画でも伝統的なバリ文化に刺激を与えた。従来、バリ絵画は地獄絵風の宗教的テーマ

写真 7-4　バリ島　バロンダンス　日本アセアンセンター提供

が多かったが、田園や生活などの日常テーマが描かれるようになった。絵画でも新しいバリスタイルが誕生した。

しかし、一九四〇年、第二次大戦開戦後、ドイツ国籍のシュピースは、オランダ植民地政府に敵国人として逮捕された。一九四二年、シュピースなどの収容者を乗せた船はスリランカに向かう途中、日本軍の爆撃で沈没、四七年の生涯を閉じた。バリ島のウブドには、今もなおシュピースのアトリエが残っている。

四　バリ島観光イベントの評価

こうして誕生した混血文化としてのバリ芸能をどう評価するか。先に述べた伝統文化と観光の接点で生じる問題点三つのキーワードをバリの実例に当てはめて考えてみる。

文化の商品化

まず、伝統文化（ここでは伝統芸能）の商品化をどう考えるか。伝統的な論は、文化が観光資源として利用され、それに価値がつけられ、観光商品として観光客の消費の対象となる、すなわち商品化されると、文化の本来の意味は変容、喪失、破壊されるという考え方である。

代表的な理論として、米国の人類学者グリーンウッドの指摘が有名である。スペイン、バスク地方の町フェンテラビアの一七世紀以来の祝祭儀礼アラーデが、観光のアトラクションとして商品化され観光客のために演じられるショーになったことで、祝祭儀礼の本来の意味が変容、破壊された。地元の人が祭礼にたいして抱いていた情熱が減じ、地元民の参加も少なくなったと主張した。

文化は、建築敷地や公道用地、ファスト・フッドやルーム・サービスなどと同じようにパック化され、価格をつけられ、そして販売されているが、それは観光産業が容赦なくその支配を拡げているからである。お金を支払う観光客に対して、観光産業は世界とは彼・彼女の使用に供するものだということを約束する。文化的伝統を含んだすべての「自然資源」に価格がつけられ、お金さえあれば、望むものは何でも見る権利があるのである。(グリーンウッド・小島一九九一)。

グリーンウッドは、この行事への思い入れが非常に強かったようで、学術論文には珍しく個人的とさえ思える怒りを激越な調子で投げかけている。

この主張にたいして、二つのコメントができるだろう。まず、祝祭儀礼の観光イベント化であるが、先に述べたように、伝統文化を観たいという旅行者を排除することは、現代の文化のあり方から見て現実的ではないし、建設的な議論でもない。また、後に述べるように、伝統文化のイベント化の傾向は、どこにおいても避けられない事実である。

次に、文化の商品化と観光産業の存在を否定することは、非現実的な議論と言わざるをえない。イベント化は必ず商品化を伴うし、現代では事実上、観光産業の存在なしには観光行動は不可能である。

しかしながら、観光産業による伝統文化の商品化の方向性や手法が適切でないと批判することは正当な行為である。観光産業は当然ながら耳を傾けなければならない。大事なことは、観光産業の介在の否定ではなく、観光産業が、伝統文化の精神を尊重し、その本質を最大限正しく旅行者に提供するような商品をつくるようにしむけることではないだろうか。その土地の人々は、観光産業が見識を持って自分たちの役割を遂行しているかどうかを厳しく監視する役割を担っているのではないか。

バリの観光芸能の商品化の問題に関しては、「バリでは伝統的に芸能のパフォーマンスにたいしては報酬が支払われてきたのであって、観光客向けの有料の上演も伝統的なやり方から逸脱しているとは必ずしもいえない。」(山下二〇〇七)というコメントを紹介しておく。

文化の変容

こうした文化の商品化を弾劾する論調にたいして、一方で、文化の商品化は、むしろ衰退化する伝統文化の保存、改革、再創造をうながす作用があるという指摘も多い。バリでシュピースのやったようなことを評価する考えである。観光という機会がなければ喪失するかもしれない地域や民族のアイデンティティーが維持される側面を強調する立場である。この主張の背景には、先に述べた「文化は不変なものではなく、常に変容する」という理論がある。

山下晋司はこう分析する。第一に、現在我々の見るバリ芸能は、たんに文化伝統が保存されただけではなく、シュピースをはじめとする西欧の芸術家との共同作業で、つまり、バリと欧米の二つの文化の出会いのなかで創り出された新しい混血文化である。しかも、この混血文化がバリそのものの文化として本質化していく。すなわち観光用に演出されたバリ芸能は、観光ショーの場だけでなく、同じ踊りが寺院儀礼でも奉納され、同時に、インドネシアの国民文化の一つとして認知されている。

「儀礼＝聖、観光＝俗という区分はバリ文化固有のものでなかった。」

「村であれ、劇場であれ、踊りはどこでも同じだ。」

第二には、バリ芸能は本来、宗教儀礼という枠組みのなかに埋め込まれてきた。その目的は、神々に捧げられたり、悪霊を追い払うことであった。シュピースはこれを美として評価して、西欧の観客にも理解可能な安心して観ることができる芸術として完成させたと積極的な評価をしている（山下一九九九）。

文化の真正性

もうひとつ、地元は伝統芸能をどのように旅行者に提供するのかという問題がある。旅行者が体験する地元文化がどこまで本物であるかという真正性のテーマである。前提として、すべての旅行者は、観光において本物を見たいという強い願望を抱いていることがある。

米国の社会学者ディーン・マッカネルは、「すべての観光旅行者（ツーリスト）には、観光に本物を求める志向があり、これは聖なるものにたいする人間の普遍的な関心そのものである。観光の対象である自然や文化は神聖化され、ツーリストは本物を求めてこうした聖地を訪れる」と提唱した（MacCannell 1999）。

マッカネルの理論を知らなくても、私たち自身が旅行者として、この本物志向は十分承知している。すべての人は他の旅行者とは違うもの、「単なる観光」ではない本物の経験をしたいと常に望んでいる。しかし、なにが本物かを判断する基準を旅行者は持っていないから、この願望は抽象的で漠然としたものにならざるを得ない。

一方、地元の伝統芸能の担い手は、地元文化のアイデンティティーに当然ながら強いこだわりをもっているから、本質的に、旅行者にも本物を見せたいという願望は強い。しかし、すべての旅行者に本物体験をさせることには多くの難しさがある。行事への一時的な旅行者の集中や時間やコストなどの物理的条件のほかに、本物を見せることが果たして旅行者の理解を深め、彼らの願望を満足させる最善の方法であるかという疑問もある。伝統芸能のエッセンスだけをわかりやすく演出した観光用のパフォーマンスを提示することも当然考えられる。

米国の歴史学者ブーアスティンは、観光客に提供されているのは、本物らしく演出された「疑似イベント」であり、いわば偽物であるが、旅行者は偽物によって、事前にメディアによって与えられたイメージが確認されれば満足をすると厳しく批判した（ブーアスティン・星野一九六四）。

ブーアスティン説については、後でもう一度触れたいが、現実に、観光の現場で提示される伝統芸能の姿は多少なりとも「演出された本物」、すなわち、「観光イベント」になることは否定できないだろう。

観光イベント化を批判する人は多いと思うが、それでは、様々な制約のなかで、本当に旅行者に地元芸能の本物を体験させることが必要であろうか。私個人としては疑問を抱いている。一時的な滞在者、あるいは通過者、そして基本的に傍観者である旅行者の体験と、その地に定住し、文化を作り、維持する当事者である地元の人々の文化体験が異なることは当然なのではないか。さらに、率直に言えば、旅行者の本物志向願望もどこまで真剣で徹底したものなのかという疑問もある。

商品化で述べたことの繰り返しであるが、文化体験を提供する地元の人びとや、多くの場合それに関与する観光産業が、旅行者に提供する文化体験に、どこまで本物の精神を注入し、旅行者に感動を与えることができるか、その誠実な姿勢と努力こそ現実的に評価するべきではないか。イベント化を否定するより、質の高いイベントの提供に努力することが、現実的な方向ではないだろうか。

バリ芸能に戻れば、混血文化である現在のバリ芸能を、旅行者は素直に本物と受け取っており、バリの人々も、それが自分たちの本質的な文化と意識しているので、どちらも真正性に悩むことはないのだろう。きわめて幸運な成功例と考えるべきなのだろう。

五　新しい観光イベント～札幌雪まつりとYOSAKOIソーラン

伝統芸能のイベント化は、先に紹介した黒川能でも見られる。奉納の能と区別してイベントをおこなっている。イベントの目指すのは黒川能という伝統芸能を、部外の人によりわかりやすい形で提示する意図であり、当事者たちはイベントという表現を奉納能より価値が劣るとは思っていないだろう。多くの伝統芸能や地域の文化が、観光旅行者との接点において、今後も観光イベント化する傾向は否定できないだろう。

一方で、現在全国各地で行われている無数の観光イベントは、歴史的あるいは宗教的起源を持たない新しく創造されたものも多い。その目的は住民同士の交流促進であることも多いが、大多数は、観光旅行者を誘致して経済効果を上げることである。

具体的な一例として、さっぽろ雪まつりを考えてみたい。さっぽろ雪まつりは、一九五〇（昭和二五）年、まだ戦後の不況、人心の荒廃のただなかで、若い世代に夢を与える催しとして地元有志により企画された。市内の高校三校、中学校二校の生徒が六つの雪像を大通り公園に作ったことからはじまった。雪像制作のほかに、雪合戦、カーニバル等を併せて開催、五万人の人が集まった。

翌年、一九五一（昭和二六）年の第二回のさっぽろ雪まつりの目的は、四点掲げられている。すなわち、「健康で明朗な市民生活の推進」、「体育レクリエーション」、「芸能文化の向上」、最後に「産業の振興」であり、当初の目的は何よりもまず地元住民の生活レベルの向上であった。第一〇回あたりから、雪まつりを観光の呼び物にしようとする動きが盛んになり、道内および道外からの観光客が、毎年倍々ゲームで増えるようになった。海外からの参加者も増え国際化が進み、雪まつりは現在、二〇〇万人を超える来訪者を集める北海道最大の観光イ

写真 7-5　YOSAKOI ソーラン祭り　YOSAKOI ソーラン祭り組織委員会提供

ベントとなった。

しかし、雪まつりもすでに開始以来半世紀を超え、イベントそのものが形骸化して、規模の縮小や来訪者の伸び悩みが指摘され、今後の継続を不安視する声もあるという。

一方、同じ札幌で、新しいイベントが誕生した。高知県のよさこいまつりと北海道のソーラン節がミックスされて生まれたのがＹＯＳＡＫＯＩソーランである。一九九一（平成三）年八月、よさこい祭りを目にしたひとりの北海道の学生の感動からすべてがはじまった。一九九二（平成四）年六月、一〇チーム、一、〇〇〇人の参加者が、二〇万人の観客に支えられて祭りがはじまった。

二〇一一（平成二三）年で二〇回目を迎えたが、参加チーム三〇〇、参加人員三万人、観客二〇〇万人の大イベントにまで成長した。六月、札幌が一年中で一番美しい季節に、街中を踊りの輪が駆けめぐる。特徴は、なにより自由奔放でスピードのある躍動感と、老若全世代が参加していることであり、自ら参加する型のイベントである（写真７―５）。

この二つのイベントは、ともに、はじめから観光旅行者を意識していたものでなく、地元の住民のためのイベントとしてはじめられ、拡大とともに観光イベントになったものである。興味を抱くのは、こうした新しいイベントがどれくらい継続するかということである。雪まつりもYOSAKOIソーランも、すでに札幌の文化であることは間違いないが、バリ島の例に見るように、恒久的な伝統文化にまでなるのかどうかはわからない。これらのイベントが、地域住民の意識のなかで伝統文化にまで昇華するかどうか、それを決めるのはやはり時間であろう。

第八章　観光を考える

第一節　観光の負の効果の克服～持続可能な観光へ

観光については、多分その原初の時代から様々な批判があったと思われる。にもかかわらず、近代における観光の普及は著しく、二〇世紀後半には、観光の大衆化が進み、現代人の生活習慣として定着して、過去に例を見ない発展を遂げた。しかし、この急速な拡大が約四〇年続いた後、一九九〇年代から観光のもたらす負の効果を指摘する声が高くなった。具体的には、観光の拡大が自然環境を破壊すること、観光地の文化や住民の生活に悪影響をおよぼすことであった。

ほぼ半世紀にわたる例外的とも言える拡大発展期を経験した私たちは、今、観光を新しい視点で見ることを余儀なくされている。

一　マスツーリズムの弊害

実際には、一九七〇年代に、すでに、マスツーリズムの拡大による弊害が指摘されはじめた。数々の問題が顕在化しつつも、一九八〇年代にも国際観光の拡大は続いた。八〇年代には、アジア経済の発展により、新興工業経済地域（ニーズ）、東南アジア諸国連合（アセアン）の国が新たな送り出し国になり、九〇年代には、韓国、台湾、香港などの海外旅行者も急速に増大した。同時に、マスツーリズムへの批判も八〇年代から高まっていったが、本当に問題視されるようになったのは一九九〇年代になってからである。

マスツーリズム批判

一九七〇年代から指摘されていた観光旅行者の増大による負の効果とは具体的には何であったか。一般に言われているのは次のような問題であった。

・観光公害

観光客によるゴミ投棄

歴史的建造物への被害（寺社の壁などに落書き）

・自然環境破壊

ゴミの残飯、観光客の侵入、観光客の衣服についた植物の種、果物の種などにより生態系が乱れる

希少な植物の盗掘や動物の密猟（観光客がとらなくても、観光客に売るため地元民が密猟する）

・不健全観光・犯罪

買春・売春

観光客への犯罪が増える

・人権問題

豊かな国からの観光客が貧しい観光地住民に社会的優位な立場をとる

先進国企業が観光開発をおこない観光地を経済的に支配する

セックスツアー批判

これらの問題のなかで、一時期、メディアで取り上げられ社会的に大きな反響を生んだのは、日本人男性の東南アジア諸国におけるセックスツーリズムであった。

日本人の初期の海外旅行に見られたひとつの傾向は、男性だけの商業的性的サービスを目的とした団体旅行

で、これは業界では、セックスツアーと呼ばれた。主な目的地は台湾、韓国、フィリピン、タイなどであった。一九七〇年代から八〇年代初めまで、これら地域への日本人旅行者の九割は男性であったといわれる。この現象は、買春・売春の倫理的問題だけでなく、エイズや性病などの伝染、人権問題、犯罪の発生などにも波及し、現地への影響は大きかった。

当然ながら、これらの国や日本国内でも批判が高まり、国会でも取り上げられるまでになった。他の国からも同様な行動をする旅行者がいたが、とくに、日本人への批判が強かったのは、常に集団行動をとる旅行形態や、過去のアジア諸国との歴史的関係などが影響したと思われる。八〇年代に入ってようやくこうした旅行が下火になり、同時にアジアへの女性旅行者が増えることになった。

日本人の旅行にたいする意識やメンタリティーの特質が負の面で明らかになった現象で、日本の旅行文化の歴史のなかで忘れることができない汚点であり、これに関わった観光産業が深く反省するべき出来事であった（安村二〇〇一）。

キリスト教団体による告発（オールタナティブツーリズム）

マスツーリズムのもたらす負の効果のうち、第三世界（発展途上国）における先進国観光旅行者の行動を早くから指摘したのはキリスト教系の団体であったと、安村克己「観光―新時代をつくる社会現象」が報告している。世界教会協議会（ＷＣＣ）は、キリスト教系超教派の教会再一致運動をすすめる団体であり、一九七〇年代はじめから、豊かなゲストと貧しいホストから成り立つ国際マスツーリズムが、ホストの人権にかかわる被害をもたらすと批判してきた。彼らが提起した課題は多いが、とくに、途上国の民衆が先進国の観光客によって基本的な人権を侵害されていることを強く指摘した。彼らは一九八二年には二つの団体を設立した。第三世界観光超教派教会連合（ＥＣＴＷＴ）と第三世界観光ヨーロッパ超教派教会ネットワーク（ＴＥＮ）である。ＥＣＴＷＴは

表 8-1　第三世界観光超教派教会連合の観光者倫理コード

	観光者倫理コード
1	ホスト国の人々についてもっと知りたいという謙虚な心と真摯な願いのある旅行。他人の感情を十分に思いやること。そうすれば、あなたの行動が攻撃的になってしまうのを防げる。写真の撮影はそのよい例である。
2	ただ耳や目に入れたりするよりも、注意深く聴いたり観たりする習慣を養うこと。
3	あなたが訪れる国の人々は、あなたと異なる考え方をもつ場合がしばしばあるのに気づくこと。ホスト国の人々は未熟なのではなく、ただ異なっているだけなのだ。
4	“ビーチ・パラダイス”を探さずに、別な視点から様々な生活様式をみて、心が豊かになることを発見しなさい。
5	地方の習慣になじむこと。人々は喜んであなたを助けてくれるだろう。しかし、ある国で丁寧なことが、別の国では正反対かもしれないのだ。
6	“何でも知っている”という西洋的態度を改めて、疑問をたずねるという習慣を身につけよう。
7	あなたはこの国を訪れる何千人もの観光者の一人であり、特別な計らいを期待できない。このことを覚えておく。
8	あなたが“家から離れながら家にいるようにしたい”と望むのなら、旅行に出費するのはばかげている。
9	ショッピングの際にあなたが“値切れた”のは、製作者に支払われる低賃金のせいだと思いなさい。
10	ホスト国の人々と約束する際、それを最後まで実行できないのであれば、してはいけない。
11	あなたの理解を深めようとするとき、日常の体験を自省する時間を持ちなさい。あなたの豊かさは他人からの収奪や強制だという指摘もあるのだ。

出典：安村克己「観光—新時代をつくる社会現象」

バンコクに本部を置き、アジアを中心に観光開発の諸問題を取り上げ様々な活動をおこなう。一方、ＴＥＮは送り出し国であるヨーロッパで問題に対応する。

ＥＣＴＷＴが作成した表８—１の「観光者倫理コード」を見れば、その宗教的倫理観の厳しさが印象的で、すべての旅行者が素直に受け入れるかどうかは疑問であるが、旅行者と地元住民との関係につき今なお通じる根本的な問題を提起していることで、軽視はできない。こういう考えもあるという意味で、参考までに紹介しておきたい。

「もう一つの観光」（オールタナティブツーリズム：Alternative Tourism）という用語は、ＥＣＴＷＴが最初に採用したと言われる。オールタナティブはマスツーリズムへの批判から、マスツーリズムに代わる観光を意味する。しかし、それがどういう観光であるかとの提示はなかった。この時代では、新しい形態を模索するより、まずマスツーリズムを厳しく批判することに全精力が費やされた印象が強い。

国際観光研究アカデミー（ＩＡＳＴ）の一九八九年にポーランドのザコパーネで開催した国際会議でも、オールタナティブツーリズムの概念は曖昧過ぎるとの意見が多く、これに代わるより的確な概念として、「持続可能な観光」や、「責任を伴う観光」などが提案されている。現在、もっともよく使われている表現は、「持続観光な観光」である。

国連による自然環境保全の動き

一方、観光以外の分野でも一九七〇年代は先進諸国で公害が頻発して、環境問題には国境がないことを世界が意識しはじめた時期であった。国連が先頭に立ってこの問題に警鐘を鳴らした。

一九七二年にストックホルムで開かれた「国連人間環境会議」で、自然環境や野生動物保護がはじめてとりあげられた。この会議で、「人間環境を保護し改善させることは、すべての政府の義務である」とする人間環境宣言が採択され、その結果、一九七五年には、「世界遺産条約」や「ワシントン条約」が制定された。また、「国連環境計画」（ＵＮＥＰ）が創設されたのもこの会議によってである。ＵＮＥＰの目的は、環境に関する国際・地域・国家・民間組織によって個別に行われてきた数多くの努力を統合化し、強化するための相互作用的な枠組みを提供することと、国連の枠内で、人間環境の問題に関する包括的な検討および調整活動を行うことである。本部はケニアのナイロビにある。

一九八〇年にＵＮＥＰ、国際自然保護連合（ＩＵＣＮ）、世界野生生物基金（ＷＷＦ）の三者は、自然保護の戦略に関する報告書の中で、「持続可能な開発」（Sustainable Development）の理念を提唱した。

「持続可能な開発」の概念は、ストックホルム会議の二〇周年にあたる一九九二年に、リオデジャネイロで開催された「環境と開発に関する国際会議」（通称地球サミット）の中心テーマとなった。人類と自然の共存が謳われたリオ会議では、持続可能な開発を実現するための諸原則を規定した「環境と開発に関するリオデジャネイロ宣言」が採択され、二一世紀へ向けた人類の行動計画を示す「アジェンダ21」が合意された。「持続観光な開発」とは、「将来世代の利益を損なわずに、開発と環境を対立しない、共存し得るものとして、環境保全を考慮した持続可能な開発」を意味する（海津二〇〇一）。

他方、一九八三年にはUNEPと国連世界観光機関（UNWTO）が、「観光と環境に関する共同宣言」を署名し、開発について提起された「持続可能」という概念が観光にも適用されることになった。以後、「持続可能な観光」(Sustainable Tourism) の理念が世界的に普及することになった。

一九九六年には、UNWTOが「観光のためのアジェンダ21」を発表している。こうした動きには、マスツーリズムを経験した旅行市場の成熟化や、個性的な旅行や明確な目的・テーマをもった旅行を求める志向の高まりといった旅行者の意識の変化も一定の影響を与えたと理解している。

二　持続可能な観光としてのエコツーリズム

「持続観光な観光」は、これまでの旅行者が旅行をして楽しめばそれで完結するという姿勢から、将来を見据えた視野で、旅行者が環境や、観光地の文化や生活に与える影響に責任を持つという思想への転換であった。古代からの長い観光の歴史、とくにここ半世紀の大衆観光の発展期を経てたどりついた大きな転換点であり、これまでの観光観を根本的に覆す画期的な思想であるということができる。別の言い方をすれば、旅行者が観光行動において、一定の倫理観を持つことが求められ、観光の質的向上をめざす理念であると考えたい。

これからのすべての観光の基本的な理念であり、旅行者が遵守しなければならない原理であることは言うまでもない。今後、この思想が再び元にもどることはあり得ないであろう。ただ、理論としてはだれもが正当性を認めるにしても、現実には様々な反応があることも真実である。使命感をもった理想主義への漠然とした反発もあるだろうし、そんな面倒な旅行などしたくないという旅行者もいるだろう。

ここまで述べてきた一連の世界的なマスツーリズム批判、新しい観光の模索、そして自然保護運動から提起された「持続可能な観光」という流れのなかで、いつの間にかエコツーリズムがもっとも注目を集める運動とみなされるようになってきた。しかし、エコツーリズムは、「持続可能な観光」が推進する具体的なプランのひとつではあるが、すべてではないことを理解しておくべきである。現時点では、「持続可能な観光」の理念にもとづいたもっとも現実的なひとつの提案と考えておくべきであろう。

エコツーリズムの概念・定義

エコツーリズム（Ecotourism）は、Ecology（生態学）とツーリズム（Tourism）の合成語であるが、新しい言葉で日本語の訳語はまだ定着していない。英語のエコツーリズムをそのまま使用している。英語自体もようやく最近、オックスフォード現代英英辞典に掲載され、「旅行者が環境におよぼす影響を最小化し、彼らが負担する経費が環境と動植物の保護に充てられる旅行」と解説されている。

エコツーリズムの啓蒙と推進を図る目的で二〇〇三（平成一五）年に設立されたＮＰＯ法人日本エコツーリズム協会では、エコツーリズムの定義を次のように述べている。

（一）自然・歴史・文化など地域固有の資源を生かした観光を成立させること
（二）観光によってそれらの資源が損なわれることがないよう、適切な管理に基づく保護・保全をはかること
（三）地域資源の健全な存続による地域経済への波及効果が実現することをねらいとする

この三つのポイントについて、「エコツーリズムの技法」で、高梨洋一郎は次のように説明している。

観光資源の存在

自然環境を舞台にした観光資源があることである。旅行者が鑑賞したり体験したりするために、わざわざお金や時間をかけて出向いて行くだけの対価に値する観光資源があることである。具体例としては、ダーウィンの進化論で有名なガラパゴス諸島や珍しい動植物の宝庫であるアマゾンやボルネオといった熱帯雨林、さらにはニュージーランドのミルフォードトラックやオーストラリアのフレーザー島といった観光客の食欲をそそる観光資源としての魅力が存在することが第一条件である。

逆に、太古からの手付かずの自然であっても観光客が行けるアクセスがないところは観光資源とはならない。したがってエコツーリズム振興は、まずその土地固有の自然の魅力がどれだけあるかを検証することからはじまる。

資源管理の実施

第二には、その美しい自然が損なわれずに維持され、次の世代に残すための適切な管理がおこなわれていること。人が踏み込めば自然はなんらかのダメージを受ける。だから、自然に入り込むことを正当化するエコツーリズムなど考えること自体おかしいという論もある。しかし、それは車に乗るな、文明の利器は使うなという非現実的な理論であり、現代では受け入れられない。

同時に、マスツーリズムが観光客の欲求の赴くままに自然へ侵害を続けていけば、観光公害を加速し、結局は観光そのものが成立しなくなる。富士山が夥しいゴミの山やし尿の垂れ流しで世界遺産に登録したくても認定してもらえなかったこともこの事例である。また、世界遺産に指定された屋久島の縄文杉が殺到する観光客で植生の危機を指摘されている。

こうした観光公害を防ぎ、いまある自然の魅力を持続可能な状態にとどめたり、またもし破壊された場合には、それを再生するための人間の英知や実践活動が必要である。ゴミは捨てないで持ち帰る。決められたルート以外には入らない。枝を折ったり草花を持ち帰らない。し尿を垂れ流さない。こうした自然へのダメージを極力少なくするために守るべきルールやガイドラインがまず必要である。いかに手付かずの自然が存在していても、資源管理のメカニズムが機能しなかったり、ルールがあっても守られなければ、それは単にネイチャーツーリズムに過ぎない。よほど人間の住む世界から離れていないかぎり、現代社会では自然は放っておけば破壊が加速する。自然は積極的に守るのが、エコツーリズムの要諦である。

地元経済への貢献

適切な資源の管理や保全には人手がかかる。エコツーリズムというと環境保護運動として、ボランティア活動が思い浮ぶが、継続的に責任を持った保全活動がない限り資源の管理はどうしても中途半端になる。それにはお金がかかる。

観光客を受け入れる地元の人たちが資源を守ることが収益をもたらし、地域の経済活動となり、生活の向上に役立つという認識がなければ長く続かない。観光は基本的に人間が楽しさを求めて行う消費活動である。観光資源である自然を見にやってきた観光客が、自然を痛めるだけで満足して帰って、自然が荒廃してしまえば意味がない。その地に存在する資源を破損せずにそれを残すことが地元の経済発展につながり、それがまた住民の環境保全意識を刺激する連鎖ができなければ、エコツーリズムはなりたたない。

様々な形で旅行者に応分の負担をもとめ、それが、地元の経済に貢献し地域の人たちの生活向上につながってゆく、それがエコツーリズムの基本的な構図である。経済活動に結びつけたところが、エコツーリズムの新しさである。

わかりやすい例として、アフリカ国立公園のライオンの経済効果がよく挙げられる。ライオンを狩猟の対象として殺してしまえば、八、五〇〇ドル、皮革では一、三二五ドルしか稼げないが、ライオンを殺さずに見るサファリツアーなら、一頭で五一五、〇〇〇ドル稼げるという理屈である。

総括すれば、エコツーリズムとは、環境の保持・保全を図りながら観光を推進しようという概念であり、その実践活動である。観光と環境の調和ある発展をはかろうという新しい二一世紀型の観光や旅のあり方が基本理念である。

エコツーリズムの具体例

現在各地で進行しているエコツーリズムの現況を知るために、エコツーリズムの代表的なデスティネーションにおける具体的手法を紹介する。

ガラパゴス諸島（エクアドル）

エコツーリズムのデスティネーションとして世界的に有名なガラパゴス諸島は、南米エクアドルから西へ一、〇〇〇キロの太平洋上にある。六〇〇万年前の海底火山の爆発によってできた火山島で、一五の主要な島と六〇の小島で構成される。一八三五年にチャールズ・ダーウィンがこの島の調査をきっかけに、「種の起源」を著した。独自の進化を遂げた生物が数多く存在し、現在も、六、〇〇〇種の動植物のうち陸上生物で四七％、海洋生物で三四％がガラパゴス固有種である。

一九五九年にエクアドルの国立公園になり、エクアドル政府とユネスコが共同で、チャールズ・ダーウィン財団を設立して自然保護に乗り出した。一九九七年度統計では年間六万人が訪問し、エクアドルに貴重な外貨収入をもたらしている。周囲は世界的な漁場であり、近年は住民が増加し、珍しい動植物を求めて観光客も増えていた。放っておけば島は乱開発が進み、観光資源も枯渇してしまうことを恐れた米国のチャールズ・ダーウィン研究所がエコツーリズムの手法をエクアドル政府に提言、計画的な観光によって不法な侵入を止めガラパゴスの自然を守るプログラムがスタートした。

ガラパゴス島のエコツーリズムのシステムは、旅行会社アートツアーによれば、以下のようなものである。

船による観光

ガラパゴスへはエクアドルの首都キトーから航空機で到着する。本土の空港で出発前に旅行者は入島申請を行い、入島カードを発行してもらう。このとき一人一〇米ドルを支払う。ガラパゴスの二つの空港のどちらかに到着すると、そこで、一二歳以上の外国人は一人一〇〇米ドルの入島料を徴収される。

実際の観光は、そこで船に乗りいくつかの島を訪れる。島内に宿泊施設の少ないガラパゴスでは、船に宿泊し、観光のときだけ上陸するクルーズ方式が一般的である。クルーズ運航は国立公園局に認められた会社だけで、年間スケジュールも予め承認を受けなければならない。この移動方式が、旅行者の把握・誘導に適しており、エコツーリズムの実施に効果的であるとされている。

ゾーニング

見学する島の中は、居住地として認められている地区をはじめ、観光客が入れるところ、研究者のみ、そして、一切人間が踏み込んではいけないところなどにエリア分け（ゾーニング）がなされている。個々のゾーンへの入場者及び活動が制限されている。旅行者が上陸して見学できる地域（ビジターサイト）は、二〇一〇年現在一六島の陸上の六九カ所、海洋では一七島七九カ所で、見学できるのは陸地面積の一％以下である。

ビジターサイトでは決まったトレイル（歩行路）を歩かなければならない。少しでもルール違反をすれば即刻、船に帰される。それでも、人間の怖さをしらないこの島のゾウガメやイグアナといった太古の動物が目の前にやっ

写真8-1　リンドブラッドガラパゴスツアー　リンドブラッド・エクスペディションズ社提供

てくる。観光客は、「動物に触らない」、「たとえ石でも移動しない」、「動物を持ち込まない」、「動物の撮影にフラッシュは使わない」、「飲食・喫煙禁止」などのルールを守らなければならない。

見学は言語毎のグループ単位で行われ、一グループは一六人が上限であり、ゆっくりとガイドの説明が聞ける上に、ガイドは旅行者の行動を細かく把握できる（写真８―１）。

ナチュラリストガイド

エコツアーには自然解説員である通訳（インタープリター）が同行するのが原則である。インタープリターの存在がエコツアーのキーと言っても言い過ぎでない。ほかの条件がすべて整っても、観光客だけで自然体験をするのは不可能であり、また公害をもたらす恐れもある。何故通訳というかというと、自然と人との間に立って自然が発するメッセージをわかりやすく伝える、つまり自然の声を通訳するという意味である。したがって、観光ガイドとは異なり、自然環境、とくにその地域の自然や動植物についての深い知識を有することが条件となる。ガラパゴスでは国立公園局が認定したナチュラリストガイドが、観光客への説明と監視役を勤める。ナチュラリスト資格は知識や能力により三段階で、最高のグレード３では、大学・大学院で地理学、生物学、海洋学などを専攻して三か国語以上が話せる。ガイドには、知識と同時に、それを旅行者にわかりやすく説明する技術も求められる。

観光客が落とす金が国庫に入り、そのなかからガラパゴスの自然を守る費用が捻出される。船でなければアプローチできない基本的な条件がガラパゴスのエコツーリズムを支えている。しかしこうした管理観光の下でも問題は発生している。第一には、こうした観光客の増加を反映しての人口増加である。住民の居住地や生活のための開発の影響、および住民が持ち込む外来種の動植物の問題である。第二には、周辺での違法の漁である。こうした問題への対策として、入島料の一部の地元への還元、新たな移民の禁止、船会社の新規登録禁止等の措置がとられている。

国立公園や世界遺産なども、地理的に一定のゲートを通らないと入り込めない形であれば、料金を徴収できる。オーストラリア、ニュージーランド、アメリカではそうした形で資源管理の費用を徴収している。ゲートの中に観光客用のゾーンをつくるゾーニングの手法は各地で採用されている。世界でもっとも美しいハイキングコースと言われるニュージーランドのミルフォードトラックは、三泊四日の山歩きが世界中のハイカーの憧れになっているが、一日あたり四〇名に限定されているため、ピークシーズンは何年も待たなければならない。

フレーザー島（オーストラリア）

フレーザー島はオーストラリア人が一生に一度は訪れてみたいと願っている憧れの島と言われる。

ブリスベーンから北へ飛行機と船を乗り継いで二〜三時間の距離にあるフレーザー島は、南北一二三キロ、最大幅二二キロ、海抜最高二四〇メートルで、全島が砂地であるにもかかわらず緑で覆いつくされている。珍しい動物が棲み、植生も豊かで周囲は毎年シーズンになると南氷洋から鯨が子育てのために北上、ホエールウォッチングが楽しめる。巨大な天然の地下水層をもち、大小四〇もの淡水湖がある。

その歴史は、一八三六年、フレーザー艦長の率いる帆船が漂着したときにはじまる。そのときには、すでに先住民アボリジニが住んでいた。やがてヨーロッパ人が、建材として優れた木材の伐採と鉱物資源に目をつけて砂の採掘をはじめた。景観は瞬くうちに失われていった。一九七〇年、島の対岸のハービーベイの市民グループが環境保護のために立ち上がり、行政や開発企業との長い闘争の結果、ようやく一九九一年に木材伐採は禁止され、一九九二年にフレーザー島はオーストラリアで一一番目の世界自然遺産に指定された。

フレーザー島がとくに有名になったのは、ここにキングフィシャーベイリゾート&ビレッジというエコツーリズム型のリゾートホテルが誕生して以来である。それまで宿泊施設のなかった島で、周囲の豊かな自然環境をゆっくり観察したり、体験することができるようになった。本来、自然破壊の元凶とされるリゾートホテルが、「持続可能な開発」の理念を基に建設され、その経営の柱はエコツーリズムである。

建設時には細心の注意が払われた。外来種の植物を泥と一緒に持ち込まないように、工事のトラックは毎回、水でタイアや車体を洗った。電気は水中ケーブルで本土から購入する。廃棄物はリサイクルできるものと、できないものに分別して処理する。紙、ガラス、アルミニウム、プラスチックは本土に戻す。地下層にたまった水をくみ上げて使用するが、その純度は世界でももっとも高いといわれる。植物は島内の植生だけを育成し、種の保存にこころがけている。

観光はすべて、リゾートレンジャーと呼ばれる自然解説員が同行してガイドしてくれる。ディンゴという野生の犬を探したり、ホエールウォッチングをしながら、宿泊客は環境の大切さを学んだり、心身の安らぎをとり戻す。島の自然環境を守るために、レンジャーたちは、オーバーユースにならないよう見学コースを定期的に変更したり、自然の解説に力を入れるなど単なる観光スポットのガイドでない様々な工夫を行っている。

当初赤字だったリゾートの経営が近年黒字に転換した。環境保全の一環だと言って行政がすべての費用を出していたのではエコツーリズムは拡大しない。民間が環境保全・循環型ビジネスとして取り組んで、収益をあげてはじめて大きな効果がでてくる（小林二〇〇二）。

西表島（沖縄）

沖縄の最西南端に位置する西表島《いりおもてじま》は、イリオモテヤマネコの発見で一躍脚光を浴びた動植物の宝庫である。島全体に鬱蒼としたジャングルが生い茂り、水辺ではマングローブの林が豊かな植生を育み、同時に、固有の文化が色濃く残る島である（写真８―２）。

写真 8-2　西表島　水牛車で由布島へ（阿比留勝利氏提供）

西表島は日本のエコツーリズムの先進地と言われている。一九七二（昭和四七）年の沖縄の日本返還後、外部資本による観光開発が盛んになり、父祖が築いて来た土地が奪われることに危機感を抱いた若者たちが、伝統文化保存運動（工芸村運動）をはじめた。

自然保護派と開発派の軋轢のなかで、一九六七（昭和四二）年に発見されたイリオモテヤマネコの保護のために島民を島から移住させるという外国人学者の提案が一九七五（昭和五〇）年に公表され、島民を動揺させた。ヤマネコの生態調査の結果、島の伝統的生活を守ることがヤマネコ保護につながることがわかり、自然環境を変えずに観光収入を得るというエコツーリズムの道を模索することになった。一九九六（平成八）年に西表島エコツーリズム協会が発足した。

西表島のエコツアーは、イリオモテヤマネコやアカショウビンなどの動植物観察、マングローブ林やジャングル散策、カヌーやシーカヤッククルーズなど多彩で魅力的である。しかし、海津ゆりえは、規制がないままエコツアー業者数が増えたことによる河川の混雑、環境負荷の増大、ゴミやし尿、ガイドの質など多くの問題があると指摘している（海津二〇〇七）。

小笠原諸島（東京）

小笠原諸島は東京から南一、〇〇〇キロの海上にある大小三〇の島々で、行政区分は東京都に属する。年間平均気温二三度の亜熱帯海洋性気候の群島である。大陸から離れた海洋島で、様々な固有動植物が棲息し、生物多様性に富んでおり、東洋のガラパゴスと言われることもある。世界有数の透明度の海に、鯨、イルカ、ウミガメ、マンタなどが多く生息している。

民間空港がなく、島民と旅行者は、東京から片道二五時間半の、週一便の定期船で往復している。産業基盤が脆弱で早くから、観光が重視され、エコツーリズムが話題になる以前の一九八八（昭和六三）年に、日本で最初のクジラを観るホエールウォッチングをはじめた。二〇〇〇（平成一二）年の都知事来島の機会に、エコツーリズムの導入が指示され、二〇〇四（平成一六）年にはエコツーリズム基本計画を発表した。エコツーリズムのルールとガイドラインをまとめた「小笠原ルールブック」という小冊子が旅行者に配布されている。

現在行われているエコツアーのうち、最大はホエールウォッチング（消費額で全体の四二％）、次がダイビング（二三％）で、ナイトツアー、シーカヤック、フィールドガイドが続く。ガイドが同行するツアーが主体である。二〇〇四年の観光客数は二七、〇〇〇人、平均宿泊は一・九泊、観光消費額は一二億円とされている。

行政と民間の協力で順調に進歩しているかに見える小笠原のエコツーリズムも、近年消費額減少が明らかである。対策として新たな資源開発や施設建設が検討されているが、小笠原の自然環境はガラパゴスなどに比較すると小規模であり、開発には環境破壊への細心の注意が必要とされている。また、島民が望んでいる航空路線開設も、現在の長い船旅が旅行者にとっていい意味で離島小笠原のイメージを形成する要素であるので、マイナスになるとの指摘もある（一木二〇一一）。

エコツーリズムの抱える課題

二一世紀観光の新しい理念としてのエコツーリズムは、しかし、その実践の場では多くの問題を抱えている。ここでは、そのいくつかを指摘しておく。

発展途上国の反発

発展途上国における観光開発の現場での問題点を橋本和也・佐藤幸男編「観光開発と文化　南からの問いかけ」が指摘している。ヴァヌアツ、ソロモン群島、ニューカレドニアなど太平洋の島嶼地域でのフィールドスタディの事例を基に、問題提起をしている。

エコツーリズムのデスティネーションは、発展途上国に集中している。その開発の多くは先進国や世界銀行の働きかけや資本提供によっておこなわれる。何故なら、先進工業国では、エコツーリズムの対象となり得るような自然環境はすでに消耗しつくしてしまっているからで、手つかずの自然を求めれば、途上国しかない。先進国は、自分たちの住む地域が「文明」を、途上国が「自然」を担うという役を割り当てている。

また、先進国のエコツーリズム推進者は、エコツーリズムという地球を救うための「正義」をおこなうのだから、その対象地に住む人も当然に、自然保護の精神を持って、エコツーリズムを歓迎してくれると思いこんでいる傾向がある。しかし、途上国側の思惑はしばしばこの思想と大きく乖離している。途上国は、太平洋島嶼地域の例に見るごとく、人口も資源も少なく、国家財政は貧しく、多くの場合、海外からの援助で国を維持している。

自分たちの唯一の資源である美しい自然を武器に観光開発をする以外の手段を持たない。観光開発は、他の産業振興に比較すれば、上下水道、ガスなどの基本社会基盤さえ整えれば、比較的少額の資本投下でおこなえるのである。地元から見れば、これから観光開発の恩恵を受けようと期待しているときに、自然を開発しつくした先進国の人々のために、現金収入の道からは遠い「自然環境保全」を押し付けられるのはおかしいと考える。

エコツーリズムの理想論は、必ずしも地元民には共有されていない。彼らにとっては、エコツーリズムも開発の一手段でしかない。極端な言い方をすれば、地元側はしばしば、現金収入のためには自然破壊ですら受容れるというのである。解決の道は、この両者のギャップを双方が認識するところから、議論をはじめるべきだとの主張である。

日本のエコツーリズムの特徴

先に紹介したガラパゴス諸島や、オーストラリアのカカドゥ国立公園、ボルネオやコスタリカの熱帯雨林などに比べられるようなエコツアーのデスティネーションは日本にはない。日本での代表的なエコツアーデスティネーションは北海道と沖縄諸島であるが、狭い国土に人口が多いわが国では、海外の例のような壮大な大自然を期待するのは難しい。わずかに残る自然に過度に旅行者が集中し、結果として自然破壊につながる例も多い。

実施面でも、国立公園などにゲートを設け入場料を徴取したり、保護区内に見学用の通路を設けるなどの手法は、私有地が複雑に入り組んでいる日本では難しい。それでは、日本でのエコツーリズムは無理かというと、そうではない。

高梨洋一郎が日本型エコツアーとして提唱しているのは、日本人の昔からの自然と生活の共存の場であり、身近な自然としての里地・里山・里海を舞台にすることである。人の生活や生産行為が自然（森林、山地、海など）に密着して共棲してきた里地・里山は、そこに育まれた歴史や文化を体験する場でもある。これまで誰も観光地として考えていなかったところに地域固有の観光資源を発見・発掘し、エコツアーとして提案するという考えである。

当然、それができるのは、地元に住む人々である。エコツアーの実施段階では、地元の自然環境、動植物、生態系などの自然、生活文化、歴史、産業などの知識をもったインタープリターの存在が重要である。すでに全国各地で、里地・里山での自然・動植物観察や自然体験が実施されている（高梨二〇〇一）。

国は最近、観光政策のなかで、「着地型観光」という言葉をよく使う。これまでの旅行が、旅行者の住む発地で企画されているのにたいして、旅行者を受け入れる地域から提案する観光という意味で、地域をもっともよく知っている地元が主体的な観光開発を目指す新しい手法である。エコツアーの多くは地域から発信される「着地型観光」である。先駆的な例としては、一九九〇年代にはじまった軽井沢星野温泉での、宿泊客を中心として専門のインストラクターによる自然体験プログラム（バードウォッチング、星空ウォッチング、ウォーキングなど）をおこなっているＮＰＯ法人ピッキオがある。

日本におけるエコツアーの実例を紹介している日本エコツーリズム協会の「エコツアー総覧」を一見すると、すでに全国で多彩な試みが地域主導でおこなわれていることがわかる。それぞれは小さなプロジェクトであり、主催団体も、ＮＰＯ法人、企業、行政など小さな組織である。プログラムは地域限定で、一般に地味なものだが、それぞれの企画に、地域でこうした運動に邁進している人たちの強い熱意を感じる。

この総覧を見れば、日本のエコツーリズムの行くべき方向がおぼろげながら理解できる。今後の課題は、こうした情報を広く旅行者（市場）に伝えていくことと、目的地へのアクセスを含めてこれらのプログラムに参加しやすい旅行商品の造成である。

ビジネスとしてのエコツーリズム

エコツーリズムは、地域主導、行政とNPOの介入など、これまでの発地の観光産業主導型旅行とは異なる構造であるが、民間企業の存在が重要であることは変わりない。キングフィシャーベイリゾートの例でも見たように、民間企業がビジネスとして成果を挙げてはじめて恒久的なエコツーリズムが定着する。

日本でのエコツーリズム普及のために重要なのは、各地域で企画されているエコツアープログラムの商品化である。一つ一つは、小規模の各地域や都市に限定されたエコツアープログラムを、全国の旅行者が参加しやすい形の完成した商品に造成し、販売するマーケティングとプロモーション機能である。これは、観光産業、なかでも、全国ネットワークを有する旅行会社に期待される業務である

一時、エコツーリズムを観光産業にとって新しいビジネス領域として期待する声が高かった。エコツアーは遠隔地への内容の濃い、旅行費の高い旅行であり、観光産業の新しい収益源になるという考えである。業界のコーディネーター役である旅行会社は、日本旅行業協会が一九九三（平成五）年に、「地球にやさしい旅人宣言」を出したように、早い時期からこのテーマに着目していた。

株式会社JTBは、一九八五（昭和六〇）年から全国の観光地クリーンアップキャンペーンで、地元とともに観光地の清掃・美化に取り組んでいる。二〇〇二（平成一四）年からは、募集人員を限定した本格的なエコツアー「ファーブル」を発売した。最近は、旅行により排出した二酸化炭素（CO2）を相殺する植林やクリーンエネルギーなどの費用を旅行者に負担してもらうカーボンオフセットの仕組みをとりいれた「CO2ゼロ旅行」を提案している（加藤二〇一一）。

しかし、エコツーリズムが業界で取り上げられてから二〇年を経た現在、観光産業が全体として今もこの分野に大きな関心をもっているかどうかは疑問である。旅行の実施面での課題も多い。エコツアーは、これまでの観光旅行に比較すると、グループあたりの人数が少ない、旅程が個性的、手配が複雑、訪問先との交渉が面倒、通常の観光ではない様々な情報提供が必要、専門インタープリターの存在など難題が多い。そして、結果としての

高額な旅行費、販売では顧客への説明の難しさと数えあげれば、企画、手配、販売すべてが難しい商品である。専門知識をもった企画担当者の育成も必要となる。

一方、市場潜在力については適当な統計が見つからないが、二〇〇二年の「エコツーリズム教本」によれば、オーストラリアで本格的エコツーリスト比率が全体の二七・六％とあるが、やや高すぎる数字という印象である。二〇歳から四〇歳がもっとも多く、学歴が高く高所得層が多いとしている。

日本でのエコツーリズム市場は、財団法人日本交通公社のアンケート調査によれば、エコツーリズムへの関心を示す旅行者は、旅行市場全体の五～六％と聞いている。急速に成長する魅力あるマーケットと判断するのは早計ではないか。

一方で、エコツーリズムの理念は、観光産業にとって、基本的な責務であることは皆承知している。好むと好まざるとにかかわらず、今後の観光ビジネスの基本思想でなければならない。エコツーリズムの理念なしでは、産業として社会的に認められないことは確かである。

観光産業として考えられる現実的な方法は、一〇〇％本格的なエコツアーでなくても、一般観光の旅程に、オプショナルプログラムでエコツアーを提供するなど、あらゆる機会に、少しずつエコツアーを提供していくことではないだろうか。すでに行われている例では、北海道のウトロでの、ドライスーツを着ての流氷ウォーク（一時間半で五千円）を、普通の道内旅行の一部として提案するような形である（知床ナチュラリスト協会）。

全国の各地域にある無数のエコツアープログラムを、旅行会社が自らの商品の一部に取り込み、旅行会社のネットワークを通じて販売することあたりが直ぐ取り組むことのできる現実的な手法ではないだろうか。

エコツアーといえども、ビジネスとしては、旅行者を満足させる魅力のあるものでなければならない。面白くなければ、理念だけでは買ってくれない。理念としてのエコツーリズムの論旨は明快であるが、実際の商品としてのエコツアーは様々な課題を抱え、まだその方向を模索しているという印象である。地域における努力の成果として発信されている多くのエコツアー企画も、社会全体への浸透度は充分とはいえない。観光産業もそれぞれに悩みを抱えている。これから、エコツアーが一つの旅行形態として確立されるのか、あるいは、エコツーリズムは観光の基本理念として定着して、エコツアーは普通の観光に吸収されて、エコツアーという表現もなくなるのか。今後の展開はわからないが、いずれにしても、長い時間がかかるであろう。なぜなら、一番大事なのは旅行者の意識が変わることなのだから。

三　旅行者意識の変革〜持続可能な社会

なによりも大事なことは、「持続可能な観光」という理念が、旅や観光の長い歴史の結果として、今、現れたことである。国連世界観光機関がこの概念の定義として述べているように、「『持続可能な観光』は、すべての観光地において、マスツーリズムを含めたあらゆる観光形態に適用される原理であり、精神である。その目的は、環境と生物多様性の保全、観光地の社会・文化の尊重、地元への経済効果の三点である。」

エコツーリズム以外にも、これから様々な形の観光に、この理念がとりいれられて、新しい観光が出現することが期待される。

もう一つ、旅行者を受け入れる地域住民の立場から「持続可能な観光」をどう位置づけるかという問題がある。観光開発が地域にもたらす功罪については、リゾート法による開発ブームのところでも触れた。この時代の開発が行政や開発企業主導であったのにたいして、「持続可能な観光」では、住民の日常生活と地域文化の遵守が目的であるから、開発の主体も住民が中心となる。

近年よく言われる「観光まちづくり」の進め方として、阿比留勝利は、「観光からのまちづくり」（観光資源の開発・活用から地域効果をあげてまちづくりをする）と「まちづくりからの観光振興」（個性豊かな地域は観光対象になるとする思想を基に、地域個性を発現するまちづくりが観光・交流を誘発する）の二つの手法の重層的合わせ技によることを提案している。さらに、今後、一層重要性が増すのは「まちづくりからの観光振興」であり、住民参画のまちづくりが基本であることを強調している（阿比留二〇一〇）。
「持続可能な観光」は、「持続可能な地域社会」においてしか実現できないことを再認識したい。

第二節　現代社会における観光の評価～観光はなぜ評判が悪いのか

観光行動は時代ごとに様々な批判を受けながらも、絶えず拡大・伸張し、今や現代社会において誰も否定できない大きな社会現象になった。その理由の一つは観光がもたらす巨大な経済効果であることは間違いない。国連世界観光機関は、観光を「二一世紀のもっとも成長が期待できる産業」としている。そして、外貨収入獲得のために、どの国も外国人旅行者の誘致に熱心にとりくんでいる。

しかし、経済的効用が観光のすべてではない。現在の地球人口約七〇億人のうち、二〇一一年で九・八億人が国境を越えて旅行をしている。旅行者の目的地は世界中に平均しているわけではないから、人気のある地域への集中は激しい。フランスは人口六、五〇〇万人（二〇一一年現在）の国土に二〇〇九年で年間七、七〇〇万人の外国人が訪れた。これは極端な例にしても、いまや現代人は意識する、しないにかかわらず、常に外国人旅行者、そしてさらに数の多い自国の国内旅行者とともに生きている。

経済だけでなく、私たちの日常生活と文化にもこの巨大な人の流れは大きな影響をおよぼす。にもかかわらず、観光に向けられる社会一般の視線は決していつも好意的で温かいとは言えない。現代社会において、観光と観光旅行者はどのように評価され、位置づけられているのか、そして、それはなぜなのかという問題を考えてみたい。

一　観光・観光旅行者とはなにか

まず、このテーマを考える前提として、観光とはなにかという観光の定義について整理しておきたい。観光の定義については、いろいろな説があるが、日本の観光研究の先駆者のひとりであった井上万寿蔵は、こう定義している。

観光とは、人が日常生活圏を離れ、再び戻る予定で、レクリエーションを求めて、移動すること。（一九六七：昭和四二年）（岡本二〇〇一）。

この定義に従えば、観光の特徴は、第一に、生活の場、仕事の場である日常生活圏を離れる非日常性である。第二に再び元の場所に戻る予定で、あくまで日常生活の基盤を維持しつつ旅行にでる一時性（したがって、移動するのは短い時間であること。欧米人のバカンスですら、精々一か月のことだ）である。第三に、移動する時間は、労働時間でもないし、休息時間でもない。あくまで余暇時間であり、目的は広い意味での遊び・娯楽・気晴らしである。なぜレクリエーションという言葉を使ったのかはわからないが、レクリエーションに、再生とか再生産（Re-creation）の意味を籠めているのかもしれない。

そして、聖地巡礼でも、教育目的でもないこうしたレジャーを目的とする観光が社会的に認知されたのが、象徴的に言えば、トマス・クック以来の我々の時代なのである。

また、国連世界観光機関は世界各国への国際旅行到着者数（海外旅行者数）を集計・公表しているが、その統計基準上の、国際旅行者とは「訪問の目的が、訪問国内で報酬を得るための活動を行うこと以外の者で、一泊以上一二ヵ月を超えない期間、居住国以外の国で通常の生活環境を離れて旅行する人」としている。一年以上の移動は旅行ではなく、別の身分になる。

一方、観光旅行者について、ホスト・ゲスト論で有名な米国の人類学者バレーン・スミスは、「旅行者とは非日常を体験することを目的として、自宅からはるか離れた土地を訪れる一時的な有閑者」としている（スミス・西山一九九一）。

繰り返しになるが、旅行者は、やがて元の日常生活に戻ることを前提として、一時的に生活圏を離れているのである。当人はもちろん、周囲の人々もそれを承知している。訪問先での身分は、住民ではなく、一時的な滞在者である。一見、何の責任も持たない気楽さを旅行者は享受することができる。

この日常↓非日常↓日常の繰り返しの構造について、米国の人類学者ネルソン・グレイバーンは、現代の観光は、かっての時代の祭礼、巡礼などの宗教儀礼にあたるもので、日常的な仕事の時間と非日常的で自発的な聖なる時間とが交互に繰り返されるという「聖なる旅」理論を唱えた。これは熊野巡礼の俗世界から離脱して一度死んだ後、聖なる世界を通過することにより、再生して、俗界にもどるという構造に重なる。グレイバーンによれば、ヨーロッパの観光の原点は、宗教上の真理を求める巡礼であり、これが現在の文化観光に継承されているという（グレイバーン・小島一九九一）。

観光を「聖なる旅」と位置づける考えは、人によってはやや違和感があるかもしれないが、先に紹介したマッカネルも「観光旅行者は本物を求めて神聖化された自然や文化を訪れる」(MacCannelle 1999) と言っているし、ディズニーランド聖地説もある。観光行動に聖なるイメージを認める共通した思想が欧米の観光研究の底流にあるのかもしれない。

現代の観光旅行者の社会的位置づけとして、もう一つ忘れてはならないのは、第一章で述べた旅行者と訪問地およびそこに住む住民との関わりである。バレーン・スミスが一九七七年に発表したホスト・ゲスト論では、観光を、これまでのように旅行者が観たい対象を観て満足すれば完結する行為ではなくて、ゲストである旅行者とホストの住民との「社会的相互作用」と位置づけた。

それを追うように、一九七〇年代から、環境保全や地元文化の尊重という「持続可能な観光」の理念が登場した。現代の旅行者は、観光行動に一定の倫理やモラルが求められるようになったのである。

ホスト・ゲスト論では、両者の相互的関わりの具体的な形として、人類学者イマニュエル・デュカは、ホストとゲストの接触には、三つのパターンがあるとしている。第一は、商品・サービスの売買による交流、第二には、地域活動の場（ビーチや酒場など）における表面的な出会いや交流、第三には情報交換による相互理解の交流としている。この中でもっとも一般的なのは第一のパターンである。（安村二〇〇一）。

旅行者が訪問先で体験する地元との接点は、なによりもまず、ホテル、交通機関、ガイドなど観光に関わるビジネスの従事者であることはよく理解できる。しかし、それ以外の住民も、たとえ旅行者と直接接触する機会がなくても、両者が、相互におよぼす影響は大きいと考えたい。

ホスト・ゲスト論から学ぶべきことは、基本理念として旅行者と住民が相互に密接に関与し、影響を与える存在であることを理解する意義であり、両者が相互に相手に敬意をはらう姿勢が社会習慣として定着することが大事なのではないか。

現実には、こうした流れに一見逆行するような動きもある。一九八〇年代に実現したバリ島ヌサ・ドゥア地区での大規模高級リゾート開発は、観光開発による地域社会への悪い影響を避けるために、住民社会が存在しない場所に切り離した形で行われたと報告している（山下一九九九）。

これを、「旅行者の隔離」、あるいは「ツーリスト・ゲットーの形成」と批判する識者もいるようだ。また、この議論を敷衍して、観光イベントや博物館などの模型文化も、その目的の一つは、旅行者の過度の到来から観光資源や地元の生活を守ることだという解釈もある。

しかし、こうした現象を簡単に批判することは正しくないだろう。様々な問題が提起される観光の現場において、ホストとゲストの共棲のための現実的な対応策として、こうした手法も選択肢の一つとして理解できるのではないか。

二　観光にたいする批判

ここまでたどってきた観光の歴史のそれぞれの時代に、観光にたいする批判があった。「観光」という含蓄の深い格調高い語源をもつ言葉が、一〇〇年余りで、どこかにうさんくさい語感をもつ言葉になったことは、第一章で述べた。

ここまで、何度も引用した「バリ観光人類学のレッスン」で人類学者山下晋司は言っている。

　観光という言葉はなにかと評判がよくない。観光開発にともなって環境が破壊される、伝統文化が消滅させられるか商品化されるという批判がある。また、観光とは一部の裕福な人々の特権であって、新植民地主義であるという批判がある。観光用と言えば、安物のおみやげとか、本物でない文化ショーなどを連想してしまう。正直に言わせてもらえれば、わたしもそうした観光が嫌いだ。

誠に残念なコメントであるし、指摘されたことについては色々な議論があると思うが、社会一般にこうした見解があるという一例として引用させてもらった。そして、この観光への批判的な視線は、一般の旅行者たちにも、多少なりとも、共有されていることも否定できない。旅行者は、自分以外の旅行者が嫌いなのである。

一九世紀半ばに、トマス・クックのはじめたパッケージツアーへの批判についてはすでに述べた。しかし、観光を軽視する視線は、二〇世紀になっても変わらない。空前の大衆観光の実現が、一層この動きを顕在化したと見ることもできる。

この議論で常にとり上げられるのは、米国の歴史学者ダニエル・ブーアスティンの観光疑似イベント論である。原著は一九六二年発行、邦訳「幻影の時代　マスコミが製造する事実」は一九六四年に刊行され、その後多くの版を重ねた。この本の第三章「旅行者から観光客へ──失われた旅行術」は、痛烈なマスツーリズム批判を展開している。

その大要は、この数一〇年、移動手段の進化、社会の中産階級化、旅行費用の低廉化を背景に、今までにない多くのアメリカ人が国外へ旅行するようになったが、それが旅行者の視野を拡げ、他国民にたいする理解を深めたようには見えない。旅行体験は、かってのロマンティックな感動的経験から、変質し、希薄化している。二〇世紀以前は、旅行は、不便で費用のかかる本当の冒険であり、少数の教養ある特権階級だけが味わう経験だった。今や、こうした一七～一八世紀以来のエリートの能動的な旅行者が没落し、面白いことだけを受動的に受け入れる観光客（ツーリスト）が登場した。

観光客目当てのアトラクションは、すべてが人為的で、観光客は外国そのものを見るのでなく、そこにある観光用の疑似イベントを見るのである。巧みにこしらえられた模倣品の方が原物よりももっと美しく見える。旅行の商品化が、旅行の大衆化を促進した。よく準備された旅行では、観光客は目的地に住む人と交渉する必要はなく、地元との唯一の接点はチップと買い物である。旅行者の興味の大部分は、旅行で受ける印象が、新聞、映画、テレビに出てくるイメージに似ているかどうかを知りたいという好奇心から生まれる。われわれは現実によってイメージを高めるのでなく、イメージによって現実を確かめるために旅行する。

明快、かつ鋭く断定する分析は、現代観光の本質をつく論点が多く、一読して強い印象を受けた。しかし、違和感を感じた部分も多い。その後、この本への反論や批判も多くでて、疑似イベント論に関する議論が広く展開したようであるが、ここでは、感想を三点述べたい。

第一には、近代前期のエリートの旅行を理想の姿として、二〇世紀の中産階級の観光の堕落と対比していることに注目したい。そこには知識階級の旅行こそ真の旅行だとする強烈な選良意識がうかがえる。こうした階級制度的偏見は、時代錯誤としか思えない。旅行の表面的な形態は時代により変わってきたが、旅行者の意識が劇的に変わったという議論には抵抗がある。旅行者の本質は、グランドツアーの時代も現在も、それほど変わってはいないのではないか。

第二には、ブーアスティンが批判した疑似イベントの客観評価が大きく変わったことである。この本が書かれた一九六〇年代はじめは、大衆観光の爆発的な膨張がまさにはじまろうとするときであった。半世紀経った今、ブーアスティンの主張は部分的には正しかったと言える。現在まで、観光の拡大を背景に、疑似イベントは、一層普及し、常態化してきた。テーマパークの隆盛はその一例と言える。しかし、現在の思想としては、疑似イベント（疑似という表現は今は使われない）はブーアスティンのように否定的には捉えられず、観光旅行者の観光地の理解や住民とのコミュニケーションを促進し、「持続ある観光」を進める重要な手段として理解する肯定的な見方が一般的である。それどころか、観光イベントを、現代の旅行者の注目を喚起して、彼らが満足の行く観光体験をするために不可欠な行為と積極的に評価する考えがあっても不思議ではない。

第三に、ブーアスティンのいうような受動的で、自主的な判断ができない愚かな観光客のイメージは、五〇年後の今、まったく異なる様相を呈している。現代の旅行者の旅行にたいする意識、姿勢、実際の旅行形態の多様化や個性化をみれば、ブーアスティンの描いた観光客イメージとは大きく異なるのである。ブーアスティンが思っていたより、観光客の観光への取り組みは、思慮深く知的で賢明なものなのである。

全体の印象としては、ブーアスティンは、過去のエリートの理想を求める旅への思い入れが強く、観光が誰にとっても人生を生きる中での喜びであるという本質的な価値を理解できなかったのではないか。

しかし、ブーアスティン体験を経た二一世紀の今もなお、観光はとるに足りない、真剣に議論するようなことではないという声を聞くことがあるのは、なぜだろうか。

考えられるのは、第一には、観光は遊びであり、われわれの文化の基幹となる行為ではないという思想が根底にあるのではないか。日本人がとくにこうした考え方をする傾向が強いのかどうかはわからないが、どこかに、遊びや楽しみを低く見る意識があるように思われる。しかし、近代観光は、余暇時間のレジャー・遊びの世界であり、それが観光の存在意義なのである。これを否定すれば、観光は価値のないものになる。いまだに、楽しみのための観光を認めたくない人がいるのだろうか。

第二には、大衆観光への批判である。クックの時代の上流階級が、中産階級の旅行にたいして示したような排他的な階級意識がまだあるとは信じがたい。それでは、知識階級の偏見であろうか。知的階級が理想とするような目的をもった人生探求や自分発見の理想の旅との比較において、現代人の観光の軽さに反感をもつからであろうか。確かにブーアスティンの唱えた疑似イベント観光に反感を抱く理想家タイプの人々がいても不思議ではない。

先に紹介したディーン・マッカネルは、一九七六年の著作で「今日の知識階級は、観光旅行者を馬鹿にすることがしゃれた行為だと考えている。」と述べている（MacCannell 1999）。考えてみれば、大衆観光（マスツーリズム）という観光の普及・拡大を意味する表現が、いつのまにか観光内容の質の低さの同義語になったのもおかしなことである。

第三には、古来から旅行や観光につきまとううさんくさいイメージへの反感ではないか。中世の敬虔な信仰心をもった巡礼者も、旅の途次、俗世界の楽しみや享楽に一時的に身を任せたことがなかったとは言えない。江戸時代の伊勢詣は神への信心を建前に掲げながら、宿場での放蕩が旅の大きな楽しみであったことが指摘されている。観光や旅は、非日常生活空間において、人間の本性が素直に現れるきわめて人間くさい行為であったことは否定できない。現代の旅行者は、一定の社会的・倫理的な責任が求められ、全体としては品がよくなったことは確かであろうが、それでも、一部の旅行者の潜在意識は、反道徳的な行動に奔る可能性を秘めているのかもしれない。しかし、一九世紀以前の旅行者がすべて常に高潔な旅行をしたとは思えないから、これを二〇世紀以降の大衆観光だけに帰するのは正しくない。観光にはこうした側面があることを、率直に認めることが観光の議論をはじめる前提ではないだろうか。

こうして、色々考えてみても、観光軽視論の類いの議論の根拠は、私には未だに判然としない。むしろ、学者や専門家の論議にこだわらず、普通の旅行者の視点で考えてみたい。観光は全体としては社会的現象だが、観光行動を決めるのは旅行者一人一人である。観光は、どこまでも個人的な行為であり、観光に出かけるかどうか、出かける場合は、どこへどのような観光をするかは、旅行者個人が判断することである。先の観光の定義でレクリエーションとされている内容も、旅行者一人一人で異なる。そこに、なぜ旅行の形についての価値判断がなされるのか。これは他人が侵害することのできない完全な個人の領域であり、おおげさに言えば、一人一人の生き方の選択なのだから。

誰がどんな理屈を言おうが、観光は、それぞれの人が自分の望む形で、日常から離れて楽しい、充実した時間を過ごすことであり、これは人間の基本的な権利であるということができる。しかも、この権利は長い歴史を通じて先人たちの様々な努力の成果として獲得した現代人にとって貴重な遺産である。観光と言おうが、旅行と言おうが、私たちの生活の中に定着した事実で、もはやいいとか悪いとか、議論の対象となるものではない。大事なことは、一人一人が自ら選択した観光体験を楽しみ、豊かな生き方をすることではないだろうか。

これからの観光の赴く方向や求められる形については、様々なことが考えられるが、確かなことは、旅行者の観光に求めるものは、限りなく個性化・多様化し、同時に深化するものと思われる。

三　観光産業への不満と期待

疑似イベント論の中で、ブーアスティンは、「旅行者は色々な土地に住んでいる人々に出会うために世界を周遊した。しかし今日の旅行代理店の機能の一つは、このような出会いをさまたげることである。彼らは、旅行している土地から観光客を隔離するために、絶えず新しい能率的な方法を考案している。」と断定した。きわめて悪意に満ちたコメントであるが、少なくとも現時点での実態とはまったく異なる。現代の旅行者は、観光産業の意のままに行動するような純朴な存在ではなく、的確にいい旅行商品を選別する判断能力を備えている旅慣れた人びとなのである。

「たしかに観光の現場では、巨大な観光産業的システムが、ゲストもホストも無人格的まなざしの主体と客体として、秩序と効率の中へ編みあげようと暴力的な力をふるっている。」（葛野二〇〇七）という分析も、旅行者の主体性を軽視した議論としか思えない。

しかし、ブーアスティンの旅行会社批判が正当でなかったとしても、観光産業への批判は、現在もなお多くある。観光産業の問題は、なにより、社会一般の人びとの観光ビジネスを見る目の厳しさである。観光産業の存在そのものを否定する議論はもはや現実的ではないが、観光産業が旅行者の期待する役割を十分果たしていないと考えている人は多いだろう。

多くの旅行者は観光産業の職業専門性にたいして信頼感をもっていない。航空・鉄道のような施設産業の存在理由は、理解され易いが、ソフトの情報産業である旅行会社などの業務の専門性は評価されないことが多い。旅行会社の仕事は、誰でもできる簡単なことだと考えられる向きがある。

こう見てくると、観光への不信感や軽視の姿勢は、観光産業への不満や不信が一因なのではないかとさえ思える。ここまで、巨大化し経済波及効果も大きく、これからの成長が期待される産業部門にたいする社会一般の評価は、残念ながらあまり高いとは言えない。そして、これはわが国だけでなく、観光先進諸外国においてもほぼ同じ状況なのである。

こうした状況に至った責任の多くは、観光産業自体にあることは否定できないだろう。長い間、観光産業は、環境破壊から、地元文化の変質まで含めた広い意味での観光公害の元凶と非難を受けてきた。そうした非難に反論し、マイナスイメージを払拭する企業努力を行ったかと言えば、きわめて心許ない。旅行拡大期の旅行者の観光地での不適切な行為を、改善するような努力を充分やっていなかったとも言われる。環境破壊問題でも、観光産業が積極的に、旅行者への啓蒙をおこなうことも少なかった。

最近ではようやく、「持続可能な観光」や「エコツーリズム」など環境問題へ参画する動きが観光産業にも見られるようになった。こうした姿勢が、業界として社会的信頼を獲得することに貢献するのは当然だが、もっと根本的に、こうした行為は、自分たちの業界としてビジネスを守ることであると認識することが必要であろう。

このテーマについて、欧州最大の旅行会社トゥイ（ＴＵＩ）グループの姿勢は明快である。多くの系列会社を含めてＴＵＩの経営の重要方針として「持続可能な開発」を掲げ、そのビジョンは、「環境への負荷が最小で、訪問地の文化と住民を尊重し、その地域への経済貢献ができる旅行」を提供しようとするものである。その背景には、訪問地（デスティネーション）の環境と文化こそ会社の成功にとって最重要な資産であるとの基本認識がある（ＴＵＩ二〇一二）。

確かに、デスティネーションが破壊・消滅すれば、観光産業は成り立たない。ＴＵＩが求める条件に合わない目的地や施設への旅行は売らないという果断な処置をとるとしているのは当然の見識である。現実には、わが国の多くの観光産業に属する企業がこれだけ明快な方針を明らかにしていたとは言えないし、結果としては、観光産業自らが観光地の資産価値低下の片棒を担いだこともあっただろう。

ＴＵＩはこの政策の具体的行動の一つとして、旅行が目的地に及ぼす負の効果を最小限にするために、「持続可能な旅行」を選択するよう顧客に強く勧めるとしている。難しいことではあるが、観光産業も旅行者の意識を高める啓蒙運動に勇気を持ってとり組まなければならない時代になったのである。

第一章で、ホストとゲストと観光産業の三者が形成する観光システムという構図を紹介した。観光産業はホストとゲストを結びつける仲介役として、観光にとって絶対に必要で不可欠な存在であり、その役割は重い。観光産業の役割は、旅行者に適切な旅行サービスを提供するという機能だけではない。伝統文化のイベント化のところでも述べたように、観光産業は、観光文化の伝達、継承、さらには新しい文化の創造という一連の行為のなかで重要な役割を果たすべき使命を担っているのである。そして、これは最終的には観光産業のビジネスの一部であると、私は理解している。

社会全体の観光産業への不満は、同時に期待なのだと思う。観光という貴重な文化が、これからの社会で今まで以上に評価を高めていくために、そして、私たちがこれまで以上に幸せな観光体験ができるようになるために、旅行者と社会の観光産業への期待は限りなく大きい。

引用・参考文献

第一章

家島彦一（二〇〇三）イブン・バットゥータの世界大旅行　一四世紀イスラームの時空を生きる　平凡社新書
白幡洋三郎（一九九六）旅行のススメ　中公新書
沢木泰昭「観光丸」蒸気船から宇宙船へ　観光文化一四〇号（二〇〇〇七月）～一五六号（二〇〇二一月）（財）日本交通公社
岡本伸之（二〇〇一）観光と観光学　岡本伸之編　観光学入門　ポスト・マス・ツーリズムの観光学（第一章）有斐閣アルマ
大橋健一（二〇〇一）観光と文化　岡本伸之編　観光学入門　ポスト・マス・ツーリズムの観光学（第八章）有斐閣アルマ
マックス・E・スタントン・西山徳明訳（一九九一）ポリネシア文化センター　バレーン・スミス編　三村浩史監訳　観光・リゾート開発の人類学（第一三章）頸草書房（一九八九年刊行の第二版の翻訳）
Valene L. Smith（1977）Hosts and Guests: The Anthropology of Tourism University of Pennsylvania Press
安村克己（一九九八）ゲストとホスト　前田勇編　現代観光学キーワード事典　学文社
安村克己（二〇〇一）観光―新時代をつくる社会現象　学文社

第二章第一節

安村克己（二〇〇一）観光の歴史　岡本伸之編　観光学入門　ポスト・マス・ツーリズムの観光学（第二章）有斐閣アルマ
J. C. Holloway（2002）The Business of Tourism（6th edition）FT PrenticeHall
塩野七生（二〇〇一）すべての道はローマに通ず　ローマ人の物語X　新潮社
塩野七生（二〇〇六）ローマ人の物語　賢帝の世紀（中）新潮文庫

第二章第二節

木村尚三郎（一九九一）市民の一日、農民の一年　堀米康三編　生活の世界歴史六　中世の森の中で　河出書房新社

J. C. Holloway（2002）The Business of Tourism（6th edition）FT PrenticeHall
関哲行（二〇〇六）スペイン巡礼史～地の果ての聖地を辿る　講談社現代新書
渡邊昌美（一九八〇）巡礼の道　西南ヨーロッパの歴史景観　中公新書
清水芳子（二〇〇三）銀河を辿る―サンティアゴ・デ・コンポステラへの道　新評論
壇ふみ・池田宗弘・五十嵐見鳥（二〇〇二）サンティアゴ巡礼の道　新潮社
木俣元一（二〇〇四）フランスロマネスクを巡る旅　新潮社
ピエール・バレ、ジャン・ノエル・ギュルガン　五十嵐みどり訳（一九八六）巡礼の道星の道　平凡社
豊島修（一九九〇）熊野信仰と修験道　名著出版
小山靖憲（二〇〇〇）熊野古道　岩波新書
加藤秀俊（一九八二）新・旅行用心集　中公新書
清水芳見（二〇〇三）イスラームを知ろう　岩波書店
坂本勉（二〇〇〇）イスラーム巡礼　岩波新書
前田高行（二〇〇四）巡礼と恍惚（http://www2.pf-x.net/~informant/midculture/pilgrimage.htm）
谷川廣之（二〇〇三）観光の巡礼　堀川紀年編　国際観光学を学ぶ人のために　世界思想社

第三章第一節

J. C. Holloway（2002）The Business of Tourism（6th edition）FT PrenticeHall
本城靖久（一九八三）グランドツアー　良き時代の良き旅　中公新書
岡田温司（二〇一〇）グランドツアー　一八世紀イタリアへの旅　岩波新書
財団法人全国修学旅行研究協会　修学旅行の歴史　修学旅行の発祥と意義（http://shugakuryoko.com/）
白幡洋三郎（一九九六）旅行のススメ　中公新書
日本修学旅行協会（二〇〇九）教育旅行白書～修学旅行を中心として
朝日新聞（二〇〇七）生徒が決める修学旅行　二〇〇七年一〇月一三日
阿部謹也（二〇〇〇）中世を旅する人々　遍歴する職人　阿部謹也著作集三　筑摩書房
朝日新聞（二〇〇六）放浪修業　陰る伝統　二〇〇六年一二月二七日

第三章第二節

塩野七生（二〇〇一）すべての道はローマに通ず　ローマ人の物語X　新潮社
J. C. Holloway（2002）The Business of Tourism（6th edition）FT PrenticeHall
蛭川久康（一九九〇）バースの肖像　イギリス一八世紀社交風俗事情　研究社
蛭川久康（一九九八）トマス・クックの肖像　社会改良と近代ツーリズムの父　丸善ブックス
ジョン・アーリ　加太宏邦訳（一九九五）観光のまなざし　現代社会におけるレジャーと旅行　法政大学出版局
佐藤誠（一九九〇）リゾート列島　岩波新書
川島昭夫（一九八二）リゾート都市とレジャー　角山栄・川北稔編集　路地裏の大英帝国―イギリス都市生活史　平凡社
山田登世子（一九九八）世紀末リゾート　水の記憶の旅　筑摩書房
ピエール・ラシーヌ　津幡修一監訳（一九八七）自由時間都市―リゾート新時代の地域開発　パンリサーチ出版局
自由主義経済推進機構編著（一九八七）緑陰日本構想　大成出版社

第四章第一節

J. C. Holloway（2002）The Business of Tourism（6th edition）FT PrenticeHall
川島昭夫（一九八二）リゾート都市とレジャー　角山栄・川北稔編集　路地裏の大英帝国―イギリス都市生活史　平凡社
蛭川久康（一九九八）トマス・クックの肖像　社会改良と近代ツーリズムの父　丸善ブックス
本城靖久（一九九六）トーマス・クックの旅　近代ツーリズムの誕生　講談社現代新書
ピアーズ・ブレンドン　石井昭夫訳（一九九五）トマス・クック物語―近代ツーリズムの創始者　中央公論社
株式会社日本旅行ホームページ　会社情報沿革

第四章第二節

飯田芳也（二〇〇八）フランスバカンス制度についての一考察　城西国際大学観光学部紀要
フランス政府観光局ホームページ（http://www.tourisme.gouv.fr Direction du Tourisme）．
安村克己（二〇〇一）観光の歴史　岡本伸之編　観光学入門　ポスト・マス・ツーリズムの観光学（第二章）有斐閣アルマ

J. C. Holloway（2002）The Business of Tourism（6th edition）FT PrenticeHall
飯田芳也（二〇一一）わが国におけるクルーズ発展の可能性　城西国際大学観光学部紀要

第五章第一節

日本旅行業協会（二〇〇九）数字が語る旅行業
J. C. Holloway（2002）The Business of Tourism（6th edition）FT PrenticeHall
櫻田薫（二〇一二）トラベルジャーナルＳＣＲＡＰ二〇一二年四月三〇日
白幡洋三郎（一九九六）旅行のススメ　中公新書
ＪＴＢニュースリリース　ポピュラーな社員旅行　二〇〇八年八月二六日
飯田芳也（二〇〇七）男たちの休暇旅行　マンケーション　トラベルジャーナルＳＣＲＡＰ二〇〇七年六月二五日

第五章第二節

小林健（二〇〇九）日本初の海外観光旅行　九六日間世界一周　春秋社
有山輝雄（二〇〇二）海外観光旅行の誕生　吉川弘文館
白幡洋三郎（一九九六）旅行のススメ　中公新書
小田実（一九七九）何でも見てやろう　講談社文庫
海老坂武（二〇〇二）戦後が若かった頃　岩波書店
日本交通公社七〇年史（一九八二）日本交通公社社史編纂室
秋山和歩（一九九五）戦後日本人海外旅行物語　巨いなる旅の時代の証言　実業之日本社
今井成男・大庭英雄・棒富雄（二〇一一）観光概論　第八版　ＪＴＢ能力開発
安田彰（二〇一〇）あこがれの喪失と旅ごころの回復─文芸に見る旅情の変遷─　亜細亜大学経営学部ホスピタリティ・マネジメント創刊号
五木寛之（一九六七）青年は荒野をめざす　文藝春秋
今井成男・古田正一・棒富雄（二〇〇二）観光概論　第五版　ＪＴＢ能力開発
加藤秀俊（一九六八）日本人と海外旅行─現代文化接触　中央公論

ＪＴＢReport（二〇一一）日本人海外旅行のすべて
山口誠（二〇一〇）ニッポンの海外旅行―若者と海外メディアの五〇年史　ちくま新書
下川祐治（二〇〇七）日本を降りる若ものたち　講談社現代新書
山下晋司（一九九九）バリ観光人類学のレッスン　東京大学出版会

第六章第一節

観光白書（二〇一一）国土交通省平成二三年度
宮原安春（一九九一）軽井沢物語　講談社
佐藤誠（一九九〇）リゾート列島　岩波新書
今井成男・古田正一・棒富雄（二〇〇二）観光概論　第五版　ＪＴＢ能力開発
今井成男・大庭英雄・棒富雄（二〇一一）観光概論　第八版　ＪＴＢ能力開発
朝日新聞（二〇〇八）もう後戻りできない　二〇〇八年五月三日
金子照美（一九九六）田園リゾートの時代―グリーン・ツーリズムとその底流―　清水弘文堂
日本弁護士連合会（一九九一）リゾート法の廃止を求める決議　一九九一年一一月一五日
総務省（二〇〇三）リゾート地域の開発・整備に関する政策評価書
国土交通省（二〇〇三）総合保養地域の整備―リゾート法の今日的考察
財団法人ロングステイ財団（二〇一二）http://www.longstay.or.jp
マレーシア・マイ・セカンドホーム・プログラム（二〇一〇）(http://www.tourismmalaysia.or.jp/long/long_5.html)
飯田芳也（二〇〇八）フランスバカンス制度についての一考察　城西国際大学観光学部紀要

第六章第二節

根本祐二（一九九〇）テーマパーク時代の到来―魅力ある地域創造のニュービジネス　ダイヤモンド社
能登路雅子（一九九〇）ディズニーランドという聖地　岩波新書
今井成男・大庭英雄・棒富雄（二〇一一）観光概論第八版　ＪＴＢ能力開発
今井成男・古田正一・棒富雄（二〇〇二）観光概論　第五版　ＪＴＢ能力開発

神近義邦（一九九四）ハウステンボスの挑戦　講談社
上之郷利昭（一九九二）ハウステンボス物語　プレジデント社
日本経済新聞（二〇一〇）観光ビジネス都市めざす　二〇一〇年六月三〇日
井崎義治（一九九七）ラスベガスの挑戦　株式会社朝日ソノラマ
梅澤忠雄都市計画設計事務所　ラスベガスの都市開発戦略とテーマパークホテル

第七章第一節

今井成男・古田正一・棒富雄（二〇〇二）観光概論　第五版　ＪＴＢ能力開発
増島実（二〇〇一）アジアのコロニアルホテル　ＰＡＲＣＯ
大橋健一（二〇〇七）文化装置としてのホテル　山下晋司編　観光文化学　新曜社
山口由美（二〇〇七）箱根富士屋ホテル物語　千早書房
富田昭治（二〇〇三）ホテルと日本近代　青弓社
竹内孝夫（一九九七）帝国ホテル物語　現代書館
帝国データバンク　ホテル・旅館の倒産動向調査　二〇一一年六月八日
今井成男・大庭英雄・棒富雄（二〇一一）観光概論　第八版　ＪＴＢ能力開発
旅行年報（二〇一一）財団法人日本交通公社
パラドール観光公社公式ページ（http://www.parador.es）
上野健太郎・竹山祐子（一九九五）スペインパラドール紀行　日本交通公社
香川博人（二〇〇四）スペインパラドール紀行―歴史遺産に泊まる　平凡社
ポザーダ公式ホームページ（http://www.pousadasportugal.com）
柏井壽（二〇〇三）極みの日本旅館、いま、どこに泊まるか　光文社新書

第七章第二節

鶴岡市観光連盟ホームページ（http://www.tsuruokakanko.com/kushibiki/kurokawa/）
オーバーアマガウ受難劇公式ホームページ（http://www.passionplay-oberammergau.com/）

大橋健一（二〇〇一）観光と文化　岡本伸之編　観光学入門　ポスト・マス・ツーリズムの観光学（第八章）有斐閣アルマ
山下晋司（一九九九）バリ観光人類学のレッスン　東京大学出版会
永渕康之（一九九八）バリ島　講談社現代新書
D・J・グリーンウッド・小島将訳（一九九一）切り売りの文化　バレーン・スミス編　三村浩史監訳　観光・リゾート開発の人類学（第八章）勁草書房
山下晋司（二〇〇七）楽園の創造　山下晋司編　観光文化学（九章）新曜社
Dean MacCannell（1999）The Tourist A New Theory of the Leisure Class University of California Press
ダニエル・ブーアスティン　星野郁美・後藤和彦訳（一九六四）旅行者から観光客へ—失われた旅行術　幻影の時代　マスコミが製造する事実　東京創元社

第八章第一節

安村克己（二〇〇一）観光—新時代をつくる社会現象　学文社
海津ゆりえ（二〇〇一）観光と環境　岡本伸之編　観光学入門　ポスト・マス・ツーリズムの観光学（第七章）有斐閣アルマ
高梨洋一郎（二〇〇一）エコツーリズムの技法　論文集　新しい国際観光マーケティング（財）国際観光サービスセンター
アートツアーガラパゴス現地情報（二〇一二）（http://www.galapagos.jp）
小林寛子（二〇〇二）エコツーリズムって何？　フレーザー島から始まった挑戦　河出書房新社
海津ゆりえ（二〇〇七）エコツーリズム—西表島　山下晋司編　観光文化学（みどころ九）新曜社
一木重夫（二〇一一）小笠原諸島　真板昭夫・石森秀三・海津ゆりえ編　エコツーリズムを学ぶ人のために　世界思想社
橋本和也・佐藤幸夫編（二〇〇三）観光開発と文化　南からの問いかけ　世界思想社
NPO法人ピッキオ（http://npo.picchio.jp/）
加藤誠（二〇一一）旅行会社の新たな取り組み　真板昭夫・石森秀三・海津ゆりえ編　エコツーリズムを学ぶ人のために　世界思想社
エコツアー総覧　日本エコツーリズム協会 http://ecotourism.jp
スー・ビートン　小林英俊訳（二〇〇二）エコツーリズム教本　先進国オーストラリアに学ぶ実践ガイド　平凡社
知床ナチュラリスト協会（http://www.shinra.or.jp/ryuhyo/）
世界観光機関（UNWTO）ホームページ（http://sdt.unwto.org/en/content/about-us-5）。

阿比留勝利（二〇一〇）まちづくりからの観光振興　城西国際大学観光学部紀要

第八章第二節

岡本伸之（二〇〇一）観光と観光学　岡本伸之編　観光学入門　ポスト・マス・ツーリズムの観光学（第一章）有斐閣アルマ
バレーン・スミス・西山徳明訳（一九九一）バレーン・スミス編　三村浩史監訳　観光・リゾート開発の人類学（序論）勁草書房
ネルソン・グレイバーン・小島将訳（一九九一）観光活動　聖なる旅　バレーン・スミス編　三村浩史監訳　観光・リゾート開発の人類学（第一章）勁草書房
Dean MacCannell（1999）The Tourist A New Theory of the Leisure Class University of California Press
安村克己（二〇〇一）観光―新時代をつくる社会現象　学文社
山下晋司（一九九九）バリ観光人類学のレッスン　東京大学出版会
ダニエル・ブーアスティン　星野郁美・後藤和彦訳（一九六四）旅行者から観光客へ―失われた旅行術　幻影の時代　マスコミが製造する事実　東京創元社
葛野浩昭（二〇〇七）観光のまなざしと人類学のまなざし　山下晋司編　観光文化学　新曜社
ＴＵＩホームページ（二〇一二）(http://www.tui-group.com/en/sustainability)

おわりに

わが国の観光の飛躍的な拡大期にほぼ重なる年月を、旅行会社の社員として観光の現場で過ごした。退職後、縁があって、地域の大学に新設された観光学部の教員を務める機会を得た。そこで担当した授業の一つが、「観光文化論」であり、この講義の内容が本書の基本となっている。

現代は経済活動としての観光の存在があまりに大きく、観光学部のカリキュラムも人材育成と実務教育が主流で、観光の基本的な学習の機会が少ないとの思いが強かったので、この授業では観光の基本を、若い人たちと一緒に勉強したいと考えた。過去の歴史に多くの時間を割いたのも、原理論ではなく、実態としての観光の姿の変遷を知ってもらうことが大切だと判断したからである。

学生のみなさんが、この授業をどれだけ評価してくれたかはわからないが、私にとっては、それまで関わってきたビジネスの立場とは異なる視点で観光の基本を考えることができて、印象に残る授業だった。

今回、このような形で本書を公にすることができたことは、私にとって望外の喜びである。観光研究を専門とする学生のみなさんだけでなく、観光の入門書として一般の方にも読んでいただき、観光とはなにかを考えるきっかけになってくれれば大変うれしい。

取りあげたテーマが私の独断に偏っていることは否定できないし、見当違いや理解不足も多いのではないかと案じているが、そうした点のご指摘や私の主張への反論をお聞かせいただければ幸いである。

この本の出版ができたのは若い日の職場での同僚であり、大学でも一緒に仕事をした畏友、現帝京大学教授の溝尾良隆さんの推薦によるもので、深く感謝の気持ちをお伝えしたい。出版を引き受けてくださった古今書院の関田伸雄課長には多くのご指導とご助言をいただいたことに厚くお礼を申し上げたい。また、掲載した写真の多くをかっての職場の同僚や知人のみなさまから提供していただいたご厚意に感謝している。

二〇一二年七月

飯田　芳也

著者紹介

飯田芳也　いいだ　よしや

一九三九年大阪府生まれ。一九六二年早稲田大学第一文学部仏文科卒業。同年、財団法人日本交通公社（現株式会社ジェイティービー）入社。パリ支店長、国際旅行事業部長、取締役欧州支配人（ロンドン駐在）、同北海道営業本部長を歴任。その後、特殊法人国際観光振興会（現独立行政法人日本政府観光局）理事、財団法人札幌国際プラザ特別顧問を経て、二〇〇七年から二〇一一年まで城西国際大学観光学部客員教授。

著書に『コンベンションの発展を願って』日本コングレス・コンベンション・ビューロー　二〇〇二年
『インバウンド概論』（共著）JTB能力開発　二〇一〇年

書　名　観光文化学―旅から観光へ
コード　ISBN978-4-7722-3147-3　C1033
発行日　2012（平成24）年10月9日　初版第1刷発行
著　者　飯田芳也

発行者　株式会社古今書院　橋本寿資
印刷所　三美印刷株式会社
製本所　三美印刷株式会社
発行所　古今書院
〒101-0062　東京都千代田区神田駿河台2-10
電　話　03-3291-2757
ＦＡＸ　03-3233-0303
振　替　00100-8-35340
ホームページ　http://www.kokon.co.jp/
検印省略・Printed in Japan